m

William F. Stark

Das letzte Mal ums Horn

Das Ende einer Legende,
erzählt von einem, der dabei war

Aus dem Amerikanischen
von Heike Steffen

marebuchverlag

Die Deutsche Bibliothek verzeichnet diese Publikation
in der deutschen Nationalbibliografie;
detaillierte bibliografische Daten sind im Internet
unter http://dnb.ddb.de abrufbar.

Originalausgabe
1. Auflage 2003
© 2003 by **mare**buchverlag, Hamburg
© by William F. Stark

Redaktion Eigel Wiese, Hamburg
Umschlaggestaltung Ⓢ sans serif, Berlin
Typografie Farnschläder & Mahlstedt, Hamburg
Herstellung Jan Enns, Wentorf bei Hamburg
Schrift DTL Dorian
Druck und Bindung Clausen & Bosse, Leck
Printed in Germany
ISBN 3-936384-81-9

Von **mare** gibt es mehr als Bücher:
www.mare.de

Inhalt

Zum Geleit – Kap Horn, junge Männer
und der Geist des Abenteuers
7
Prolog – Eine Nacht auf See
11

Epilog – Ein Leben an Land und ein Schiff,
das auf See geblieben ist
213
Anhang I – Die Besatzung
225
Anhang II – Die Gesellschaft der Cap Horniers
233

Kap Horn, junge Männer
und der Geist des Abenteuers

von Peter Stark

Das erste Segelschiff, das Kap Horn umrundete – jene gefürchtete, sturmumtoste Spitze Südamerikas –, war im Jahr 1616 ein holländischer Kauffahrer auf der Suche nach einer neuen Route zu den Gewürzinseln. Das letzte lastentragende Segelschiff umrundete das Horn im Jahr 1949 – 333 Jahre oder ein Drittel Jahrtausend nach dem ersten –, und mit dieser Fahrt fiel der letzte Vorhang des großen Zeitalters der Segelschiffe. Das erste Schiff um Kap Horn war ein kleines hölzernes Expeditionsschiff, das seinen Laderaum mit ein paar Tonnen kostbarer Gewürznelken füllen wollte, das letzte eine riesige finnische Viermastbark, die sechzigtausend Sack Weizen von Australien nach England beförderte. Unter der Mannschaft befand sich ein einzelner zweiundzwanzigjähriger Amerikaner – mein Vater.

Auch ich habe einige Abenteuer in der Wildnis erlebt und darüber geschrieben, und doch bin ich voller Bewunderung für das, was mein Vater und Tausende von Kap-Horn-Matrosen der vergangenen Jahrhunderte geleistet und was sie durchgemacht haben. Hunderte haben die Fahrt nicht überlebt. Kap Horn war für den Seemann auf einem Windjammer das, was der Mount Everest heutzutage für den Bergsteiger ist, oder vielleicht eher das Pendant zum K2 in Pakistan, dem zweithöchsten, jedoch weitaus schwierigeren Berg, der für seine brutalen Anforderungen an die Klettertechnik und seine todbringenden Stürme berüchtigt ist.

Das ganze Ausmaß der Kap-Horn-Fahrten ist in der heutigen Welt, in der wir die Ziele unserer Reisen immer schneller erreichen und immer allen Komfort geboten bekommen, kaum mehr begreiflich. Es waren die größten Segelschiffe, die die Welt je gesehen hatte, länger als ein Footballfeld. Für eine Fahrt um Kap Horn ging der Seemann eine bindende Verpflichtung ein, er heuerte für eine Reise von unbekannter Dauer an, die ein Jahr oder auch mehrere dauern konnte und den gesamten Globus umspannte. Im wilden und fernen Südpazifik würde er möglicherweise vier Monate lang kein Land und keine andere Menschenseele zu Gesicht bekommen als seine Mannschaftskameraden. Die Schiffe hatten keine Elektrizität, keine Heizung, keinen Funk – keine Möglichkeit, Hilfe zu rufen, sollte ein Unglück geschehen.

Der Höhepunkt der Reise war die Anfahrt auf Kap Horn und die Umrundung selbst. Das Schiff nahm gewaltige, eiskalte Seen über Deck, und die Seeleute mussten während der Arbeit an den Winschen immer wieder zu den Strecktauen springen und sich festklammern, um nicht über Bord gespült zu werden. Um die Segel vor den antarktischen Stürmen zu bergen, die durchs Rigg pfiffen, klammerten sich die Matrosen in einer Höhe von gut fünfundvierzig Metern über dem Deck an die vereisten Rahen, wenn das Schiff in der tiefschwarzen Nacht überholte.

Für mich ist dies das Abenteuer aller Abenteuer und gehört fast schon ins Reich des Unvorstellbaren. Ich bin voller Bewunderung nicht nur für die Seeleute, sondern auch für die Kapitäne, die mit vollkommener Ruhe und Gelassenheit in den Stürmen um Kap Horn ihre Ordern gaben und die gigantischen Schiffe auf dem schmalen Grad zwischen Unversehrtheit und Tod balancierten. Mir fällt keine andere Unternehmung in unserer heutigen Welt ein, die mit dieser Monate währenden Tortur vergleichbar wäre. Bei den Fahrten kleinerer, moderner Segelschiffe steht ein Netz aus Funk und modernster Sicherheitsausrüstung zur Verfügung, außerdem verbringen die Seeleute nicht einen Großteil der stürmischen Fahrt in einer Höhe von zehn bis fünfzehn Stockwerken über dem Deck.

Mein Vater steht in der langen Tradition junger Männer, die auf einem Segelschiff zur See fuhren – als Abenteurer. Jahrhundertelang diente die Seefahrt, ob im Rang eines Kabinenjungen oder Decksmannes, als Initiationsritus für Jungen, die die Welt sehen wollten, die Fesseln der Heimat und des Festlandes abwerfen, die Zeit der Kindheit und Jugend hinter sich lassen und in der Welt der Erwachsenen akzeptiert werden wollten, gleichgültig, wie brutal und wie gefährlich diese sein mochte.

Dass dem Menschen ein tiefes Bedürfnis nach Abenteuern und Initiationsriten dieser Art innewohnt, liegt auf der Hand, wenn man sich die unzähligen Angebote für Outdoor-Unternehmungen ansieht, die allein zu diesem Zweck aufgelegt werden, und die Hunderte von «Expeditionen», die sämtliche Berge, Flüsse und Seen unseres Planeten heimsuchen, um immer neue Rekorde aufzustellen: die erste Fahrt im Ruderboot in die Antarktis, die erste Überquerung des Atlantiks auf dem Surfbrett, die erste Fahrradtour von Europa zum Mount Everest mit anschließender Besteigung, die erste Besteigung des Everest auf dieser oder jener Route, die erste Besteigung ohne Sauerstoff, ohne Sherpas, ohne Beine.

Es gehört zum Wesen des Menschen, besonders des jungen Menschen, die eigenen Grenzen zu erkunden und sich selbst beweisen zu wollen. Und die alten Frachtsegler lieferten den idealen Rahmen für den Initiationsritus eines jungen Mannes. Auf

9

den alten Windjammern um Kap Horn hatten die Seeleute jeden Tag Gelegenheit, an die eigenen Grenzen zu gehen. Es macht mich traurig, dass die alten Schiffe verschwunden sind, und ich glaube, dass sie ein Vakuum hinterlassen haben, das moderne Schiffe nicht auszufüllen vermögen. Allein diese Leere wäre Grund genug, die alten Windjammer wieder unter Segel zu setzen.

Prolog

Eine Nacht auf See

In vielerlei Hinsicht war es ein ganz normaler Sturm über dem Südlichen Eismeer. Wir standen noch mehrere hundert Meilen vor Kap Horn. Ich stemmte mich unten auf dem Vordeck mit meinen Wachkameraden gegen eine Winsch, und in der letzten Stunde war ein steifer Wind aufgekommen, und die Temperatur war gefallen. Das Schiff jagte mit starker Krängung vorwärts, sodass wir uns an allem festklammern mussten, was wir zu fassen kriegten, um nicht über Bord zu gehen, und nahm gewaltige schwarze Seen mit gespenstisch weißen Kronen über, die über die Reling brachen und uns um die Beine spülten. Niemand war überrascht, als von oben auf dem dunklen Brückendeck die schrille Pfeife des Ersten Steuermanns ertönte: drei lang gezogene Pfiffe.

Alle Mann an Deck. Nichts Neues. Wir befanden uns auf einem der letzten frachtfahrenden Windjammer der Welt – der sechsundneunzig Meter langen Viermastbark *Pamir*, die unter finnischer Flagge segelte und in einem der so genannten Weizenrennen Getreide von Australien nach England beförderte. Auf der sechstausend Meilen langen Fahrt über das stürmische Südliche Eismeer Richtung Kap Horn hatten wir bereits so viele Alle-Mann-Wachen hinter uns gebracht, dass ich aufgehört hatte zu zählen.

«Der Alte geht auf Nummer Sicher heute», schrie einer meiner Wachkameraden im tosenden Wind.

In der Mannschaft wurde endlos darüber diskutiert, wie viel Segel jeweils an den gut zweiundfünfzig Meter hohen Masten gesetzt werden sollten. Mehr Segelfläche bedeutete eine schnelle Passage und steigende Chancen, unseren Rivalen zu schlagen, doch in den stürmischen Winden, mit denen wir auf der Fahrt über das Südliche Eismeer fast ständig zu kämpfen hatten, wuchs mit mehr Segelfläche auch die Gefahr, dass das Schiff sich quer legte und kenterte.

Wir gehorchten den Pfiffen und erklommen das Fallreep zum Brückendeck. Unten in den Logisräumen rollte sich die Freiwache nach nur ein oder zwei Stunden kostbaren, aber nun unterbrochenen Schlafes aus den klammen Kojen, das nasse Ölzeug von der letzten Wache vermutlich noch am Leib.

In Gruppen von zweien oder dreien trafen wir auf dem krängenden Brückendeck ein und versuchten in der Dunkelheit, die in Ölzeug gekleideten Gestalten zu erkennen, die dort schemenhaft auszumachen waren. Im schwachen, orangefarbenen Licht der Kerosinlampe aus dem Kompasshaus, einem Aufbau vor dem Ruder, der den großen Kompass beherbergte, sah ich das markante skandinavische Gesicht des Ersten Steuermanns Liewendahl. Er war das Sprachrohr des Kapitäns. Neben ihm stand der Alte selbst – der finnische Kapitän Verner Björkfelt, ein untersetzter, wortkarger Mann und außerordentlich erfahrener Schiffsführer. Er schwieg und blickte hin und wieder zu den riesigen Segeln hinauf, während der Erste Steuermann die kleinen Grüppchen, die sich auf dem Deck einfanden, an die verschiedenen Plätze im Rigg beorderte, um die Segel zu bergen.

«McCoy, McMeikan, Stark!», schrie er. «Vorroyal fest!»

Bei diesem Befehl lief mir ein Schauder über den Rücken, der mit dem eisigen Wind aus der Antarktis, die nur wenige hundert Meilen südlich lag, nichts zu tun hatte. Das Vorroyal ist das höchste Segel am vorderen Mast – gute siebzehn Stockwerke über Deck. Ich war der einzige Amerikaner in der Mannschaft und hatte schon viele Male auf dieser Reise an dem Vorroyal gearbeitet, und auch wenn ich mich inzwischen an die großen Höhen gewöhnt hatte, konnte ich ihnen noch immer nicht viel abgewinnen.

Bald kämpften wir drei in der Dunkelheit hoch über dem Deck bei pfeifendem Wind mit dem schweren, steifen, schlagenden Segeltuch, um es bahnenweise einzuholen und mit kurzen Leinen an der Rah festzumachen. Als wir fertig waren, machten wir uns an den Abstieg. Unsere Hände waren von der wochenlangen harten Arbeit in der Kälte aufgerissen und bluteten. McCoy und McMeikan verschwanden langsam unter mir in die Nacht, als ich eine Leine bemerkte, die nicht ordentlich festgemacht war. Also blieb ich, wo ich war, und belegte sie, wie es sich gehörte. Dann machte ich mich ebenfalls auf den Weg nach unten.

Der stürmische Wind trieb einen leichten Regen vor sich her. Die Temperatur sank, und während wir oben waren, hatte sich eine Eisschicht auf dem Rigg gebildet. Als ich über die Wanten zum Deck hinabstieg, spürte ich unter meinen Händen das Eis auf den Querstreben, den Webeleinen.

So etwas hatte ich noch nie zuvor erlebt. Ich packte die vereisten Webeleinen, so fest ich konnte. Ich war erst gute sieben Meter abgestiegen und noch immer fünfundvierzig Meter über dem Deck, als eine gewaltige See quer gegen das Schiff donnerte. Der Mast neigte sich zur Seite. Mir riss es die Füße weg. Ich hing in der stockdunklen Nacht an den vereisten Wanten und suchte mit meinen Füßen vergeblich nach den Webeleinen. Ich spürte, wie meine Hände abrutschten. Ich wusste, es konnte nur noch Sekunden dauern, bis ich den Halt verlor und in das Südliche Eismeer stürzte.

Ich bin nicht besonders religiös, doch in jener Nacht schrie ich ein Gebet in den Wind.

«Lieber Gott, lass mich heil runterkommen!»

1. Kapitel

Das Schiff in der Themse

Am letzten Tag der Weihnachtsferien des Jahres 1948 lernte ich zwei junge britische Marineoffiziere kennen, und diese flüchtige Begegnung sollte mein Leben verändern. Wir saßen zusammen mit anderen jungen Après-Ski-Gästen verschiedenster Nationalitäten um einen Tisch in einer holzvertäfelten, kaminbeheizten Stube in Kitzbühel.

«Ein großer Rahsegler, ein Windjammer – ein riesiger Windjammer –, und er lag in der Themse vor Anker», sagte einer.

Sie machten einen recht geschniegelten Eindruck, und sie schienen ein paar Jahre älter zu sein als mein Freund Frank Hotchkiss und ich. Frank und ich waren Austauschstudenten aus Dartmouth und studierten mit einem Stipendium im Rahmen des «Junior-year abroad»-Programms an der Züricher Universität. Über die Weihnachtsferien waren wir mit dem Zug nach Kitzbühel gekommen. Ein englisches Mädchen am Tisch hatte erzählt, dass unsere Tischnachbarn englische Marineoffiziere seien. Sofort drehte sich die Unterhaltung um Schiffe und ums Meer. Ich war noch keine zweiundzwanzig Jahre alt, aber ich hatte in den letzten fünf Jahren bereits den Großteil meiner Sommerferien auf Schiffen gearbeitet. Ich liebte das Meer und alles, was damit zu tun hatte.

«Er hatte vier Masten und war bestimmt hundert Meter lang, mindestens», sagte einer der Offiziere. «Er wird nach Australien fahren, um dort Weizen zu laden.»

15

«Wann habt ihr ihn gesehen?», fragte ich.

«Kurz bevor wir London verlassen haben», antwortete der erste. «Vor ein paar Wochen.»

Ich traute meinen Ohren kaum. In den dreißiger Jahren, als ich noch zur Grundschule gegangen war, hatte ich im *National Geographic* sämtliche Artikel über die «Weizenrennen» verschlungen, die von einer Flotte riesiger Rahsegler ausgetragen wurden. Diese Schiffe nahmen in Australien Getreide an Bord, fuhren über die stürmischsten Meere entlang der Antarktis und um Kap Horn und trugen ihre Fracht einmal um die halbe Welt nach England – ganz allein mit Segelkraft. Es waren die letzten Rahsegler der Welt, die noch als kommerzielle Frachtschiffe eingesetzt wurden – die letzten Standartenträger der großen Ära der Segelschiffe. Doch schon in den dreißiger Jahren, als ich, noch ein Schuljunge, über sie gelesen hatte, waren sie eine aussterbende Gattung gewesen. Ich war davon ausgegangen, dass keines dieser majestätischen Schiffe den Krieg überlebt hatte.

«War er voll bemannt?», fragte ich aufgeregt.

Doch die Offiziere wussten nichts Genaueres über jenen großen Rahsegler in der Themse.

Später wünschte man sich eine gute Nacht, und alle verschwanden in ihren Zimmern im Tennerhof Hotel über der Stube im Erdgeschoss. Frank und ich bewohnten gemeinsam eine große Suite mit zwei Doppelbetten, einem Wohnzimmer mit Kamin und einem Balkon, der zur berühmten Hahnenkamm-Skipiste hinausging – bezahlbar war diese Unterkunft für uns nur deshalb, weil der amerikanische Dollar in der daniederliegenden österreichischen Nachkriegswirtschaft viel wert war. Das Land hatte sich nach dem Anschluss an das Deutsche Reich zehn Jahre zuvor erst vor einem Monat wieder für den Tourismus geöffnet. In den österreichischen Städten, die wir auf der Zugfahrt durchquert hat-

16

ten, wurde gehämmert und verputzt, um die ausgebombten Gebäude wieder instand zu setzen, doch in Kitzbühel, wo glockenbehangene Pferdeschlitten auf den schneebedeckten Straßen verkehrten, hatte der Krieg kaum Spuren hinterlassen.

Obwohl wir den ganzen Tag auf der Piste verbracht hatten und überaus luxuriös gebettet waren, konnte ich in jener Nacht nicht schlafen. Unruhig wälzte ich mich hin und her, das Schiff wollte mir einfach nicht aus dem Kopf gehen. Die großen Windjammer – wenn es denn noch mehr als einen gab – würden gewiss nicht mehr allzu lange ihren Dienst tun. Nach dem Krieg veränderte die Welt sich rasch, und Segelschiffe wurden zu Relikten einer fernen Vergangenheit. Aber ich war in Europa. Und das Schiff war in Europa. Vielleicht war dies meine einzige Chance.

Vielleicht sollte ich nach London fahren, dachte ich, als ich unter der dicken Daunendecke im Tennerhof lag und vor meinem Fenster das Sternenlicht den glitzernden Schnee auf dem Hahnenkamm erhellte. Vielleicht könnte ich auf jener Viermastbark in der Themse anheuern. Auf einem Windjammer um Kap Horn! Wie oft hatte ich als Kind davon geträumt!

Am nächsten Morgen stand ich früh auf, und bevor wir das Hotel verließen, um mit dem Zug nach Zürich zurückzukehren, rief ich vom einzigen Telefon im Tennerhof aus bei Lloyd's in London an. Lloyd's war eine Vereinigung mehrerer Schiffsversicherer, die Ende des 17. Jahrhunderts in Edward Lloyds Londoner Kaffeehaus gegründet worden war und seither genauestens Buch führte über Verbleib und Wohl und Wehe vieler Schiffe auf der ganzen Welt. Man bestätigte mir, was der Marineoffizier am Vorabend erzählt hatte. Ja, die finnische Viermastbark *Passat* habe in der Themse vor Anker gelegen, sei aber inzwischen auf dem Weg nach Australien. Dort sollte sie ihr Schwesterschiff *Pamir* treffen, die aus

Neuseeland kam. Beide würden Getreide laden und es auf der Route um Kap Horn nach Großbritannien befördern.

Während der Arlberg Express sich durch die Berge auf Zürich zu schlängelte, redete ich nicht viel mit Frank. Ich dachte über meine nächsten Schritte nach. An die Züricher Universität zurückzukehren und das Wintersemester im Hörsaal zu verbringen schien mir wenig reizvoll. Ohnehin waren meine akademischen Leistungen wenig spektakulär. Es bestand keine Anwesenheitspflicht – die Professoren zeichneten das Testatheft bei der ersten und letzten Sitzung des Semesters ab –, und so hatte ich bereits im letzten Semester festgestellt, dass ich, wenn ich Lust hatte, für mehrere Tage aus Zürich verschwinden konnte. Außerdem war das Angebot für Amerikaner hauptsächlich auf bestimmte geisteswissenschaftliche Fächer beschränkt – ich hörte eine Vorlesung über die Oper und eine über italienische Kunst. Mir war schnell klar geworden, dass fünfeinhalb Stunden Meistersinger oder Professor Teolidis' ausschweifende Erläuterungen über die fehlenden Arme der Venus von Milo nicht halb so unterhaltsam und aufregend waren, wie sich ohne militärische Erlaubnis über die österreichische Grenze zu stehlen, was ich bereits im letzten Semester getan hatte, bevor das Land sich für den Fremdenverkehr geöffnet hatte. Ich sollte hinzufügen, dass zwar einige der ehemaligen GIs die ganze Sache ähnlich locker sahen wie ich, dass die große Mehrheit meiner zweiundfünfzig Kommilitonen ihr Studium jedoch sehr ernst nahm.

Die Universität bedeutete mir wenig, dieses Schiff jedoch war alles für mich. Ein Schiff wie dieses hatte seit meiner Kindheit im Zentrum meiner Begeisterung für die Seefahrt gestanden. In der Sonntagsschule, die ich mit acht oder neun Jahren besuchte, hingen mehrere Bilder von Schiffen, unter anderen ein Schwarzweißfoto eines großen Kap-Horn-Windjammers, der unter vollen Segeln majestätisch durch die Wellen gleitet. Während die Sonntagsschullehrerin ihren Stoff herunterleierte, verbrachte ich Stunde um Stunde damit, mir auszumalen, wie es wohl wäre, an Bord dieses Schiffes zu sein. Dann marschierte ich zum Hafen des Milwaukee Yacht Club am Lake Michigan, ungefähr eine Meile von unserem Haus entfernt, setzte mich hin und starrte auf ein Schiff, das in meinen Kinderaugen eine entfernte Ähnlichkeit mit einem Kap-Horn-Windjammer aufwies: ein gut dreißig Meter langer Schoner namens *Pinta*, auf dem zur Zeit der Prohibition Alkohol geschmuggelt worden war.

Ich wollte auf den Windjammer. Aber er war bereits auf dem Weg nach Australien und würde unterwegs keinen weiteren Hafen anlaufen. Während der Arlberg Express uns nach Zürich brachte, spielte ich mit dem Gedanken, nach Australien zu reisen, um dort auf einem der Schiffe anzumustern.

Kaum in Zürich angekommen, rief ich noch einmal bei Lloyd's an, um mehr über die Schiffe zu erfahren. Man riet mir, mich direkt an die Londoner Schiffsagentur Clarkson zu wenden. Nach mehreren Versuchen hatte ich endlich deren Sprecher John Smythe an der Strippe.

«Beide Schiffe sind voll bemannt», sagte er recht kurz angebunden. «Meiner Meinung nach wäre es reine Zeit- und Geldverschwendung, ins Blaue hinein nach Australien zu reisen, um anzuheuern.»

Seinen entmutigenden Worten zum Trotz spukten mir die Schiffe weiter im Kopf herum. Dies war ohne Zweifel meine einzige Chance – so gering sie auch sein mochte –, auf einem Windjammer um Kap Horn zu fahren. Am folgenden Tag rief ich noch einmal bei Clarkson an. Ich musste herausfinden, wann ungefähr die beiden Schiffe in Australien erwartet wurden und wie lange es dauern würde, bis die Fracht geladen war und sie wieder die

Segel setzten, um die Heimreise anzutreten. Ich hatte den Plan noch nicht aufgegeben, nach Australien zu fliegen, obwohl ich keinen Schimmer hatte, woher ich das Geld nehmen sollte, um eine Reise um den halben Erdball zu bezahlen – 16 000 Kilometer für einen Job, der vielleicht, vielleicht aber auch nicht auf mich wartete.

Wieder sprach ich mit John Smythe und erzählte ihm von meinen letzten Erfahrungen auf See. Ich hatte mich auf eine zweite Abfuhr gefasst gemacht, doch ich erhielt eine freundliche, wenn nicht sogar wohlwollende Reaktion. John Smythe hat mit seinen Erzählungen und Ermutigungen wahrscheinlich mehr als alles andere meine Entschlossenheit bekräftigt, und ohne ihn hätte ich mein Vorhaben vermutlich verworfen. In den nächsten Tagen telefonierten wir noch einige Male miteinander, und die Gespräche wurden immer länger. Er kam aus Liverpool und entstammte einer Familie von Seefahrern. In den zwanziger und dreißiger Jahren war er selbst auf Windjammern gefahren, zunächst als einfacher Matrose und später als Offizier, und hatte Kap Horn sieben Mal umrundet. Im Zweiten Weltkrieg hatte er in der britischen Marine gedient und sich danach für eine ruhigere Tätigkeit am Schreibtisch bei Clarkson entschieden. Er war ein außerordentlich erfahrener Seemann, doch vor allem – und das war für mich entscheidend – verstand er die Faszination, die ein Kap-Horn-Windjammer auf einen jungen Mann ausüben kann.

«Wie Sie vielleicht wissen», sagte er, «verfügt keines der Schiffe über Funk, und keines wird auf dem Rückweg einen Hafen anlaufen. Nur wenn ein anderes Schiff sie sichtet und uns per Funk ihre Position durchgibt, erfahren wir, wo sie stehen, aber das ist äußerst unwahrscheinlich.»

Er fügte hinzu, dass die *Passat* bereits seit über einem Monat auf See war. Die durchschnittliche Reisedauer von England um das afrikanische Kap der Guten Hoffnung nach Australien betrug mit den vorherrschenden Westwinden drei Monate. Sie würde also im März im südaustralischen Port Victoria eintreffen, um ihre Fracht zu übernehmen. Jetzt war es Anfang Januar.

«Das Beladen», fuhr er fort, «wird zwischen zwei und sechs Wochen dauern. Aber das ist alles nur geschätzt.»

Erst in einem unserer letzten Telefonate sagte John den alles entscheidenden Satz. «Ich weiß nicht, wie lange Sie nach Port Victoria brauchen», sagte er, «aber wenn Sie dort unten sind, bevor die Schiffe in See gehen, kann ich fast dafür garantieren, dass auf einem von beiden eine Stelle frei sein wird.»

Mehr brauchte ich nicht zu hören. Ich wusste noch nicht, wie, aber ich würde rechtzeitig in Australien sein.

Schon in jungen Jahren hatte ich festgestellt, dass ich mich selten einsam fühlte. Im Gegenteil, ich fand es oft hinderlich, in Begleitung zu reisen. Also erzählte ich niemandem von meinen Plänen. Ich wollte mich allein auf den Weg machen.

Aber das war gar nicht so einfach. Das erste Problem war mein Status unter der GI Bill of Rights. Laut dieser Verordnung, die Soldaten des Zweiten Weltkriegs eine höhere Ausbildung ermöglichen sollte, konnten mir noch zwei Studienjahre finanziert werden. Zwei Tage nach dem letzten, ermutigenden Telefonat mit John Smythe fuhr ich mit dem Zug nach Genf, dem Sitz des einzigen Schweizer Büros für Angelegenheiten der US-Soldaten. Der dortige Personaloffizier namens Frederick Trimble, der kaum älter war als ich, erklärte mir, dass meine Ansprüche aus der GI-Verordnung nur dann nicht erlöschen würden, wenn ich mich in gegenseitigem Einvernehmen aus dem Züricher Programm verabschiedete – mit anderen Worten, ich konnte nicht einfach abhauen und die Brocken hinwerfen.

«Haben Sie den Leiter Ihres Programms von Ihren Plänen in Kenntnis gesetzt?», fragte er.

«Nein», antwortete ich. «Aber das werde ich tun, sobald ich wieder in Zürich bin.»

Kurz darauf stand ich im Büro von Dr. Erhard Mueller aus Baltimore, der die Stipendiaten in Zürich und Basel betreute und sich aus irgendwelchen Gründen, die ich nie ganz begriffen habe, von meinem Vorhaben persönlich beleidigt fühlte. In den vergangenen vier Monaten hatte ich den übergewichtigen, glatzköpfigen Mann nur bei den seltenen Gelegenheiten zu Gesicht bekommen, wenn er vor den Studenten eine Rede gehalten hatte. In meinem Tagebuch aus jener Zeit beschreibe ich ihn mit Worten wie «Schleimer» und «schwülstig».

Unser Gespräch war kurz. Er machte klar, dass ich auf keinen Fall aus dem Programm ausscheiden könne, ohne meine Ansprüche zu verlieren. Er fügte hinzu, dass er, sollte ich tatsächlich gehen, höchstpersönlich dafür Sorge tragen würde, dass weder meine Familie noch Dartmouth diesen Schritt je vergaßen.

Wenige Stunden später hatte sich das Ergebnis unseres Gesprächs unter den Studenten herumgesprochen. Einige der aufmüpfigeren GIs bestürmten mich, Trimble in Genf anzurufen, damit er nach Zürich kam und mit Mueller redete. Ich lehnte dankend ab. Das Wasser stand mir ohnehin schon bis zum Hals.

Doch die GIs ließen nicht locker, schließlich sei ich der Einzige, der Trimble kannte. Also rief ich am nächsten Morgen in Genf an. Zwei Tage später war Trimble in Zürich.

Es war offensichtlich, dass er und Dr. Mueller bereits über die Angelegenheit gesprochen hatten. Für den nächsten Nachmittag wurde im kleinen Hörsaal der Universität eine öffentliche Versammlung anberaumt. An der Tür drückte man uns einen Zettel in die Hand. Er war verfasst von Dr. Mueller. Es ging um mich.

Mein Name wurde nicht genannt, vielmehr wurde ich als «der Anstifter» bezeichnet. Außerdem als derjenige Student, der den Leistungstest in Deutsch im November als Zweiundvierzigster von zweiundfünfzig abgeschlossen hatte, im Januar als Einundfünfzigster von zweiundfünfzig. Und als derjenige, der seiner Bewerbung fürs Stipendium aus freien Stücken einen Brief beigefügt habe, in dem es hieß: «… außerdem möchte ich Ihnen versichern, dass es mir nicht darum geht, mir in Europa eine schöne Zeit zu machen, sondern dass mir ernsthaft daran gelegen ist, an einer der besten Universitäten der Welt studieren zu dürfen.» Was stimmte, genau das hatte ich bei meiner Bewerbung geschrieben. Und ich hatte es ernst gemeint, damals. Doch jetzt wollte ich aus dem Programm aussteigen, weil ich etwas gefunden hatte, das mir sehr viel wichtiger war.

Der Hörsaal war gerammelt voll. Die gesamte Professorenschaft aus den Programmen in Zürich und Basel war anwesend, außerdem zahlreiche Studenten. Dr. Mueller erklomm das Podium. Ohne mich beim Namen zu nennen, schimpfte er über den Studenten, der hinter allem stecke. Erst jetzt begriff ich, was er mit dem «Anstifter» meinte.

«Nicht nur, dass er selbst aus dem Programm aussteigen will», polterte Dr. Mueller vom Podium herab, «nein, er hat angekündigt, ein halbes Dutzend Kommilitonen mitzunehmen.»

Ich hob die Hand. Dr. Mueller erteilte mir das Wort. Ich erklärte, dass ich auf keinen Fall jemanden mitnehmen wolle und mich auch geweigert hatte, Mr. Trimble nach Zürich zu bitten.

Danach meldete sich jemand, der hinter mir saß, zu Wort. Er war Amerikaner, nannte seinen Namen und fügte hinzu, dass er in Zürich ein Aufbaustudium absolviere.

«Ich bin aus reiner Neugier zu dieser Veranstaltung gekommen», verkündete er mit leicht entschuldigendem Tonfall.

23

Unser beider Erklärungen schienen die Gemüter etwas zu beruhigen, schließlich war klar geworden, dass ich nicht der Anführer einer Massenabwanderung von Stipendiaten war. Dr. Mueller bat um weitere Kommentare aus dem Publikum und schloss bald die Sitzung. Als wir aus dem Hörsaal marschierten, wurde mir bewusst, dass ich nicht in Zürich bleiben konnte und wollte. Es war mir egal, was mit meinen Ansprüchen aus der GI-Verordnung passierte. Ich wollte die Uni nicht mehr von innen sehen. Ich wollte auf dieses Schiff.

Mit dieser Entscheidung galt ich endgültig als Unruhestifter und Rebell, zumindest in den Augen Dr. Muellers. Ohne Zweifel würde er diese Einschätzung auch der Verwaltung des Dartmouth College mitteilen. Doch bevor sein Bericht in Hanover eintraf, wollte ich schon längst über alle Berge sein.

Die nächsten zwei Wochen verbrachte ich damit, meine Bücher und einige Kleidungsstücke zu verkaufen, ich ließ mich für die Einreise nach Australien impfen und füllte Fragebogen zu meinem Gesundheitszustand aus. Ich schrieb meiner Schwester Marguerite, die zu jener Zeit am Connecticut College studierte, schilderte ihr in groben Zügen meinen Plan und bat sie, mir Geld zu leihen und unseren Eltern gegenüber den Mund zu halten. Ich hatte keine Ahnung, wie sie meine Entscheidung aufnehmen würden, das College zu verlassen, um für einen Windjammer um die halbe Welt zu reisen. Aber ich hatte noch so viel zu erledigen, dass es mir auch relativ egal war.

Marguerite war so freundlich, mir etwas Geld zu schicken, aber damit war das Problem noch lange nicht gelöst – ich brauchte Geld für den Flug nach Sydney. Eine Überfahrt auf einem Frachtschiff konnte ich mir zwar leisten, aber die Fahrt durch den Sueskanal dauerte fast zwei Monate, sodass diese Option nicht zur Debatte stand.

John Smythe kannte mein Problem. Eines Tages erhielt ich einen Brief von ihm mit einer Anzeige aus einer Londoner Zeitung: «Rom–Sydney für ein Drittel des normalen Preises». Es handelte sich um eine neue, kleine Charterfluggesellschaft. Dass ein Angebot, das so viel günstiger war als alle anderen, irgendeinen Haken haben musste – auf diesen Gedanken kam ich nicht. Ohne zu zögern, kaufte ich eine Zugfahrkarte von Zürich nach Rom. Am Abend vor meiner Abreise schmissen meine Kommilitonen in einer unserer Lieblingskneipen in der Altstadt eine Abschiedsparty für mich. Mit dabei war auch Walter, ein liebenswerter Deutscher, der im Krieg auf der Seite der Alliierten gekämpft hatte und in der gleichen Züricher Pension wohnte wie ich.

Meine letzte Erinnerung an die Zeit in Zürich ist unsere nächtliche Trambahnfahrt zurück aus der Altstadt. Einige der GIs hängten sich den Großteil der Strecke aus der Tram – die Lieblingsbeschäftigung der Draufgänger unter den Jugendlichen. Drinnen im beheizten Wagen stimmten wir die Weltkriegsballade «Lili Marleen» an, die Walter enthusiastisch dirigierte.

Ein würdiger Abschluss meiner Studententage in Zürich.

2. Kapitel

Yvette

I n der Abflughalle des römischen Flughafens riefen die Zollbeamten jeden Passagier namentlich auf. Bis auf eine Ausnahme
waren es ausschließlich Männer. Einer nach dem anderen traten
sie mit ihren Koffern an den Schalter, und die Beamten kontrol-
lierten jedes einzelne Gepäckstück. Es waren ungefähr dreißig
Leute, die auf den Flug warteten, und ihre Kleidung rangierte
vom besten Sonntagsstaate zu abgelegten amerikanischen Ar-
meejacken. Alle hatten braun gebrannte, sonnengegerbte Haut,
schwielige Hände und gesplitterte Fingernägel. Wie sich herausstellte, handelte es sich um italienische Bauern, die in Australien als Einwanderer ein neues Leben beginnen wollten. Langsam
schwante mir, warum das Ticket nur ein Drittel des normalen
Preises kostete.

Ich hatte den Zoll bereits passiert, lehnte an einem der Schalter und sah zu, wie die italienischen Bauern einer nach dem anderen gefilzt wurden. Dann rief einer der Zollbeamten einen
französischen Namen auf: «Madame Elsing.» Sie war keine Italie-
nerin, und sie sah ganz gewiss nicht aus wie eine Bäuerin. Vielmehr trat eine umwerfend gut aussehende Frau Mitte zwanzig
mit kastanienbraunem Haar und beigefarbenem Trenchcoat an
den Schalter. Als ich Jahre später zum ersten Mal Cyd Charisse
auf der Leinwand sah, hätte ich schwören können, Yvette Elsing
zu sehen.

Nach wenigen Minuten war ihr Gepäck abgefertigt, und sie

setzte sich ganz in meine Nähe. Dies war der Beginn der aufwühlendsten zehn Tage meines Lebens. Im ersten Moment unserer Bekanntschaft jedoch ging mir so vieles im Kopf herum – der Flug, die Segelschiffe, Australien –, dass ich sie nur höflichkeitshalber ansprach.

«Fliegen Sie auch mit dieser Maschine?», fragte ich sie in der Hoffnung, nicht allein mit den italienischen Bauern reisen zu müssen.

«Ja», sagte sie mit starkem französischem Akzent. «Ich bin auf dem Weg nach Batavia.»

Batavia ist das heutige Jakarta auf der Insel Java, ehemals Hauptstadt des Kolonialreiches Holländisch-Ostindien. Erst kürzlich, nach dem Zweiten Weltkrieg, hatten die Indonesier die Waffen gegen die Holländer erhoben, um den Kolonialherren die Unabhängigkeit abzutrotzen.

«Batavia?», sagte ich mit leicht spöttischem Tonfall. «Sind Sie sicher, das Sie dahin wollen? Sie fliegen mitten rein in den Krieg.»

«Ich werde mir wohl ein Gewehr besorgen müssen», antwortete sie, und ihre dunkelbraunen Augen blitzten schelmisch.

«Wie um alles in der Welt sind Sie an diese Fluggesellschaft geraten?», fragte ich.

«Ich hatte bei der KLM gebucht», erzählte sie, «aber Indien steht auf der Seite der Indonesier und verweigert holländischen Flugzeugen die Überflugerlaubnis. Dies ist die einzige Möglichkeit, auf dem Luftweg nach Batavia zu gelangen.»

Die ganze Wartezeit über unterhielten wir uns. Ihr englisches Vokabular war begrenzt, doch die Wörter, über die sie verfügte, verwandte sie mit Charme und Sinn für Humor. Ich erfuhr, dass sie die letzten zehn Jahre in Rabat, der Hauptstadt von Marokko, gelebt hatte, wo ihr Vater ein hoher Beamter der französischen Botschaft war. Wie sie sagte, mochte sie Amerikaner, weil sie un-

28

beschwert und freundlich seien, und war in Rabat mit einem Amerikaner namens Jerry zusammen gewesen.

«Wenn meine Mutter dabei ist, sage ich seinen Namen immer absichtlich falsch, sodass er wie ‹Chéri› klingt», sagte sie lachend. «Es treibt sie in den Wahnsinn.»

Doch Jerry der Amerikaner war passé. Mit Zustimmung ihrer Eltern hatte sie wenige Monate zuvor einen fünfundvierzigjährigen Holländer namens Hans George geheiratet, dem in Batavia mehrere Radiosender gehörten, die er leitete. Sie war nun auf dem Weg zu ihm, um ihr gemeinsames eheliches Leben anzutreten.

In diesem Moment kam ein gut gekleideter Italiener auf uns zu. Mit vollendeten Manieren und in tadellosem Englisch forderte er uns auf, an Bord zu gehen. Wir folgten ihm aufs Rollfeld. Keine fünfzig Meter vor uns stand unser Flugzeug. Ich bin sicher, dass der vollendet höfliche Italiener nichts davon merkte, doch der Anblick des Flugzeugs erschreckte uns. Wir hatten zwar nicht gerade eine Skymaster oder eine Constellation erwartet, wie sie zu jener Zeit auf internationalen Flügen zum Einsatz kamen, aber auch nicht eine so winzige, wenig vertrauenerweckende zweimotorige Maschine mit ägyptischer Registrierung und ägyptischer Schrift auf Tragflächen und Rumpf. Sie sah nicht aus, als könne sie dreißig Passagiere aufnehmen, geschweige denn um den halben Globus fliegen. Wenigstens wusste ich jetzt, warum das Ticket so viel billiger war als alle anderen. Schon die Modellbezeichnung unseres Fliegers sprach Bände: Er gehörte, wie ich später erfuhr, zu einem umgebauten Typ, der unter dem Namen DC-2½ firmierte.

Wir folgten dem Mann die kurze Treppe hinauf zur hinteren und einzigen Tür. Das Äußere des Flugzeugs hatte uns stutzig gemacht, beim Anblick des Innenraums blieb uns die Spucke weg.

Entlang des schmalen Mittelgangs standen auf einer Seite zehn einzelne Sitze, auf der anderen jeweils zwei. Wirklich beunruhigend aber war, dass der Gang steil nach oben führte, weil das Flugzeug nur vorn ein Fahrwerk hatte, auf dem es nun stand. Wir beugten uns also vor und kämpften uns hinter dem Italiener den Gang hinauf, als gelte es, einen steilen Hügel zu erklimmen.

«Die beiden vorderen Sitze sind für Sie», sagte er. «Hier haben Sie mehr Platz für die Beine.»

Gut einen Meter vor uns stand die halbhohe Trennwand zwischen Hauptkabine und der deutlich kleineren vorderen Kabine. Dort gab es zwei Sitze, die etwas größer waren als unsere, einen Waschraum und dahinter die Tür zum Cockpit.

Wir setzten uns, Yvette auf den Fensterplatz und ich am Gang.

«Ich wünsche Ihnen beiden eine angenehme Reise», sagte der Mann fröhlich.

Als er ging, sah mich Yvette mit einem gewinnenden Lächeln an – ein Lächeln, das ich schon bald lieben lernte.

«Toi, toi, toi», sagte sie.

An der hinteren Tür begrüßte unser Platzanweiser die Besatzung. Freundlich lächelnd gingen sie an uns vorbei nach vorn: der Pilot, der einen recht zurückhaltenden Eindruck machte, der fünfunddreißigjährige Kopilot Emille, den wir näher kennen lernen und ins Herz schließen sollten, und die junge, attraktive Stewardess Helene, die, wie sich herausstellte, ausgesprochen liebenswert war, aber vollkommen hilflos, sobald sie unter Druck geriet. Später erfuhren wir, dass ihr Onkel einer von drei Mitinhabern der Fluggesellschaft war, genau wie das vierte Besatzungsmitglied, ein groß gewachsener, aristokratisch wirkender Italiener.

Die drei Eigentümer waren gute Freunde, die im Zweiten Weltkrieg Offiziere der italienischen Luftwaffe gewesen waren.

Nach dem Krieg hatten sie die Fluggesellschaft – *Italien Interna-tional Charter Ltd.* – gegründet, um Routen zwischen Europa und Afrika zu bedienen. Erst kürzlich hatten sie von der australischen Regierung den Zuschlag bekommen, italienische Bauern nach Australien zu fliegen, womit der Staat die Erschließung und Be-siedelung des Landes vorantreiben wollte. Dies war ihr erster Flug nach Australien, und der Miteigentümer begleitete uns, um mit eigenen Augen zu sehen, welche Schwierigkeiten auftauchen mochten, wenn Australien und Neuseeland von nun an regelmä-ßig angeflogen wurden. Er und die Stewardess nahmen die bei-den Sitze hinter der Trennwand ein und erlaubten mir und Yvette freundlicherweise, die Toilette der Besatzung in der vorderen Kabine zu benutzen. Im hinteren Teil des Flugzeugs befanden sich eine kleine Küche und die Toilette für die Passagiere.

Als alle Italiener an Bord gekommen waren und mit einigem Hin und Her ihre Plätze eingenommen hatten – wobei das Flug-zeug unter ihrem Gewicht bedrohlich schwankte –, ließen der Pi-lot und Emille den Motor aufheulen, und wir preschten mit Voll-gas die Rollbahn hinunter. Yvette umklammerte meine Hand. Das voll beladene Flugzeug trennte sich schwerfällig vom Boden, und die erste Etappe unserer langen Reise hatte begonnen. Erst als wir sicher in der Luft waren, ließ Yvette meine Hand wieder los.

«Yvette», sagte ich und sah sie an. «Ich hoffe, Sie sind sich dar-über im Klaren, dass Sie soeben einen Präzedenzfall geschaffen haben.»

Ich sah ihr an, dass sie keine Ahnung hatte, was ich meinte, aber ich beließ es dabei und freute mich im Stillen, dass sie nach meiner Hand gegriffen hatte.

Die Propellermotoren machten einen derartigen Lärm, dass man sich bestenfalls dem Sitznachbarn verständlich machen konnte, und schon bald fand ich Gefallen an dieser Zweisamkeit mit Yvette. Während wir von Rom übers Mittelmeer nach Zypern flogen, unterhielten wir uns, lasen, schauten aus dem Fenster und schliefen. Um die Mittagszeit verteilten Emille und die Stewardess Lunchpakete an die Passagiere. Die italienischen Bauern, von denen die meisten zum ersten Mal in einem Flugzeug saßen und sich selbst etwas zu essen mitgebracht hatten, waren freudig überrascht über das unerwartete Geschenk.

Mehrere Männer mussten auf zwei Seesäcken in der kleinen Küche sitzen, wobei immer reihum getauscht wurde. Offensichtlich war das Flugzeug überbucht worden, und es fehlten Sitzplätze, was am späten Nachmittag zu einem kleineren Drama führte, bei dem mir die Hauptrolle zufiel.

«Mr. Stark», wandte sich die Stewardess ohne Vorwarnung an mich. «Sie sind an der Reihe, auf den Seesäcken Platz zu nehmen.»

«So weit kommt es noch», sagte ich. «Davon steht nichts auf meinem Ticket.»

Ich hatte keine Ahnung, wie viel – wenn überhaupt – die Italiener für ihr Ticket bezahlt hatten, aber ich war überzeugt, dass ich tiefer in die Tasche gegriffen hatte. Außerdem wollte ich den Platz an Yvettes Seite nicht aufgeben.

Die Stewardess, von meiner Weigerung komplett aus dem Konzept gebracht, rief nach Emille. Er fing an, auf mich einzureden. Er tat mir Leid, denn sein geschniegelter Chef saß ganz in der Nähe und hörte mit.

«Emille», unterbrach ich seinen Vortrag. «Ich bin bereit, meine Zeit auf den Seesäcken abzusitzen, unter einer Bedingung.» Ich deutete mit dem Kopf in Richtung des Chefs. «Ich will mit ihm dort sitzen.»

Damit hatte die Seesack-Diskussion ein Ende.

Yvette hielt mich für einen Helden – genau wie ich.

Von Anfang an wollte ich nicht mehr von ihrer Seite weichen. Schon an jenem ersten Tag beschlich mich die unbestimmte Angst, Yvette zu verlieren. Während wir uns dem Ende der ersten Etappe näherten, musste ich mich immer wieder ermahnen, mich nicht allzu sehr auf sie einzulassen. Schließlich war ich aufgebrochen, einen Windjammer zu finden und nicht ein Liebesabenteuer.

Hätte man mich zu jenem Zeitpunkt gefragt, warum Windjammer mir so viel bedeuteten, ich weiß nicht, ob ich eine überzeugende Antwort hätte geben können. Sicher, schon seit meiner Kindheit hatte ich davon geträumt, auf einem solchen Schiff zu fahren, auf der windgepeitschten, gischtbesprühten Back zu stehen, während das gewaltige Schiff durch die Dünung drängte. Aber es war mehr als das, mehr als eine jugendliche Begeisterung für Segelschiffe.

Als kleiner Junge war ich in bestimmten Situationen ängstlich gewesen, und mein Vater – ein starker und furchtloser Mann – drängte mich, mutiger zu sein. Zum Beispiel hatte ich im Alter von fünf oder sechs Jahren Angst vor den Knallern, die die älteren Jungen am Vierten Juli losließen. Mein Vater ärgerte sich darüber und schob mich in die Garage beim Sommerhaus meiner Großeltern am See und zeigte mir, wie man mit Feuerwerk umging, bis ich keine Angst mehr hatte. Je älter ich wurde, umso mehr Freude hatte ich an den sportlichen Unternehmungen, die er mir zeigte, am Kanufahren, am Schwimmen im Fluss und an gewagten Sprüngen von den Felsen am Ufer, am Eisbootfahren und Football mit vollem Einsatz – bis ich sie schließlich lieben lernte. Und es waren solche körperlichen Leistungen – neben harter Arbeit und guten Schulnoten natürlich –, die meinem Vater Respekt abnötigten.

Von Anfang an hatte die Fluggesellschaft sich nicht zu einer klaren Aussage über die Dauer unserer Reise nach Sydney hinreißen lassen. Als ich das erste Mal gefragt hatte, war von drei oder vier Tagen die Rede gewesen. Beim Einchecken am Flughafen wurde bereits auf ungefähr fünf Tage erhöht. Doch als wir erst in der Luft waren und es kein Zurück mehr gab, wurde offensichtlich, dass wir länger brauchen würden als fünf Tage – viel länger. Sehr zu unserer Überraschung teilte Emille uns mit, dass das Flugzeug keine Nachtflugerlaubnis habe, versicherte uns jedoch, dass für alle Zwischenstopps Zimmer für die Übernachtung reserviert worden seien. Unsere erste Station war Nikosia, die Hauptstadt von Zypern.

Als das Flugzeug am späten Nachmittag landete, wurden wir mit dem Bus zu einem einfachen Hotel in der Nähe des Flughafens gefahren. Yvette und ich bekamen Zimmer zugeteilt, die Italiener wurden irgendwo anders hin verfrachtet, und auch die Crew verschwand von der Bildfläche. Abends aßen Yvette und ich auf Kosten der Fluggesellschaft im Speisesaal des Hotels frischen Fisch und tranken guten einheimischen Wein. Ich war überrascht, dass uns auch nach dem langen Flug niemals der Gesprächsstoff ausging, obwohl wir uns auch nicht unwohl fühlten, wenn mal geschwiegen wurde.

Nach dem Essen gingen wir in der stillen, stockdunklen Nacht spazieren und ließen uns in einem kleinen, schwach erleuchteten Park auf einer Bank nieder. Das Gespräch kam auf unsere Familien.

«Hatte dein Vater mal eine Geliebte?», fragte Yvette mich unvermittelt.

«Keine Ahnung», erwiderte ich lachend. «Hab ich noch nie drüber nachgedacht.»

Worüber ich hingegen nachdachte, seit wir das Hotel verlassen hatten, war die Frage, ob ich es wagen sollte, mit dieser unglaublich attraktiven, verheirateten Französin auf Tuchfühlung zu gehen. Ihre Frage nach einer möglichen Geliebten meines Vaters machte mir Mut. Ich schloss sie in die Arme. Sie schmiegte sich eng an mich.

«He, Amis, kommt rüber!», schrie jemand in gebrochenem Englisch von der dunklen Straße ganz in der Nähe. «Hier wird gefeiert!»

Der Zauber unserer Umarmung war gebrochen. Wir gingen zum Hotel zurück und wünschten uns eine gute Nacht.

Unser Etappenziel für den nächsten Tag war die Insel Bahrain im Persischen Golf. Während wir auf dem Flughafen von Nikosia auf die Startbahn rollten, griff ich nach Yvettes Hand. Sie lachte, als ich mich mit gespielter Angst festklammerte, bis wir Flughöhe erreicht hatten.

Es war ein unruhiger Flug, und einige der Bauern auf den hinteren Sitzen hatten mit Übelkeit zu kämpfen. Emille und die Stewardess zeigten ihnen, wie die entsprechenden Beutel zu benutzen seien, doch kurz darauf hatte es auch die Stewardess selbst erwischt. Helene war totenbleich, und Yvette setzte sich neben sie und bot ihre Hilfe an. Helene schüttelte dankend den Kopf, doch ich war beeindruckt von Yvettes Anteilnahme.

Die Nacht verbrachten wir auf Feldbetten in einem riesigen Schlafsaal der Royal Air Force – für die beiden Frauen war ein kleiner Bereich abgeteilt worden – und flogen am nächsten Tag über den Persischen Golf und das Arabische Meer weiter nach Karachi, Pakistan.

Emille bemerkte nebenbei, dass weder er noch der Pilot je zuvor in diesem Teil der Welt geflogen seien.

Yvette drehte sich mit fragender Miene und ihrem wundervollen Lächeln zu mir, als wollte sie sagen: «Worauf haben wir uns hier nur eingelassen?»

Wir brachen in schallendes Gelächter aus.

In Karachi wurden wir zu einem modernen Hotel am Stadtrand gefahren. In der großen Lobby verhandelte Emille mit dem Hotelmanager, während wir herumstanden und warteten, Yvette ganz in meiner Nähe. Der Manager sah zu uns herüber und schien eine uns betreffende Frage zu stellen. Emille nickte. Dann kam ein Hoteljunge auf uns zu und nahm Yvettes und mein Gepäck. Er führte uns zu einem Fahrstuhl und fuhr mit uns nach oben, wo er eine Tür zu einem geräumigen Doppelzimmer öffnete.

Es war nicht das erste Mal, dass ich eine Nacht mit einem Mädchen verbrachte. In meinem zweiten Jahr auf der Highschool wohnten wir in Milwaukee in einem Haus am Steilufer mit Blick über den Lake Michigan, und genau wie viele andere Mittelstandsfamilien hatten auch wir ein Hausmädchen. Eine Zeit lang war das Sally, ein dunkelhaariges, temperamentvolles Mädchen von neunzehn Jahren, die auf einer Farm in Wisconsin aufgewachsen war. Anfänglich nahm Sally mich praktisch nicht zur Kenntnis, und ihr Schweigen schüchterte mich ein. Eines Abends im Winter jedoch, meine Schwester übernachtete bei einer Freundin, und meine Eltern waren übers Wochenende nach Chicago gefahren, schloss ich mich aus Versehen selbst aus, als ich den Fußweg vor dem Haus freischaufeln wollte. Ich trug weder Mantel noch Handschuhe, die Temperaturen sanken, und der Wind wurde stärker. Zuerst wurden meine Hände steif vor Kälte, dann wurden sie weiß.

Endlich hörte Sally in ihrem Zimmer im dritten Stock mein Klingeln. Sie kam zur Tür und sah mich schniefend auf der Treppe stehen. Sie führte mich in ihr Zimmer und taute meine Hände in einer Waschschüssel mit lauwarmem Wasser auf. Sie erzählte mir von ihrem Onkel, der mehrere Finger verloren hatte, nachdem er auf seiner Farm von einem Schneesturm überrascht worden war, und ich machte ihr Komplimente über die geschmackvolle Einrichtung ihres Zimmers. Mein Lob freute sie sichtlich. Als sie mir schließlich die Arme trocknete und die Hemdsärmel hinunterrollte, fragte sie mich völlig unvermittelt, ob ich schon einmal mit einem Mädchen geschlafen hätte. Ich brach in schallendes Gelächter aus und musste eingestehen, kaum je ein Mädchen geküsst zu haben. Wir verbrachten die Nacht zusammen und führten eine heimliche Beziehung, bis sie uns wenige Monate später verließ.

Doch meine Romanze mit Sally und alle nachfolgenden schienen mir wie kindische Liebeleien verglichen mit dem, was ich schon nach kurzer Zeit für Yvette empfand. Nach unserer ersten gemeinsamen Nacht in Karachi frühstückten wir zusammen im Speisesaal des Hotels. Die anderen Passagiere und die Crew saßen ganz in der Nähe. Unser Freund, der allgegenwärtige Emille, kam an unseren Tisch.

«Ich nehme an, Ihre Unterbringung heute Nacht war zufrieden stellend», sagte er.

«Mehr als zufrieden stellend», antwortete ich.

Dann sagte Yvette etwas auf Französisch. Emille antwortete ebenfalls auf Französisch, und die beiden brachen fast zusammen vor Lachen.

«Was hast du gesagt?», fragte ich sie, als Emille gegangen war.

Aber sie behielt es für sich, sosehr ich auch versuchte, es ihr aus der Nase zu ziehen. Sie hatte einen schelmischen Humor.

Zuerst war ich verwundert, dass sie so ohne weiteres die Nacht mit mir verbrachte. Sie war vier Jahre älter als ich, und es schien sie nicht im Mindesten zu bekümmern, dass sie ihr Ehegelübde brach, das sie erst wenige Monate zuvor abgelegt hatte, noch dazu war sie auf dem Weg zu ihrem Ehemann. Wenn ich jetzt, nach all den Jahren, zurückschaue, wird mir klar, dass sie aus einer völlig anderen Welt kam als ich, der ich im eher prüden Mittleren Westen aufgewachsen bin. Ihr Vater war ein kultivierter Mann und hochrangiger französischer Diplomat, und es würde mich nicht wundern, wenn er eine Geliebte gehabt hätte, die vielleicht sogar allgemein anerkannt war, was in der französischen Gesellschaft eher möglich zu sein scheint als bei uns. Außerdem vermute ich, dass Yvettes Eltern sie in gewissem Maße zu der Heirat gedrängt haben. Sie hatte mehrere Freunde gehabt – Jerry den Amerikaner zum Beispiel –, die bei ihrer Mutter allesamt auf wenig Begeisterung gestoßen waren. Vielleicht war ein fünfundvierzigjähriger holländischer Geschäftsmann – fast zwanzig Jahre älter als Yvette – in den Augen ihrer Mutter der ideale Partner, wenn auch Yvette möglicherweise anders darüber dachte. Außerdem war Yvette zwar ein sehr einfühlsamer Mensch, schien aber nichts im Leben allzu wichtig zu nehmen. Sie hatte etwas Unbeschwertes, Sorgloses an sich. Lachend erzählte sie mir, dass sie in ihrer Hochzeitsnacht so viel Champagner getrunken hatte, dass sie ohnmächtig wurde und zu Bett gebracht werden musste.

Wie auch immer, ich verschwendete nicht allzu viele Gedanken an ihren Mann und ihre Ehe, ich war viel zu sehr von ihrem Charme bezaubert. Wir beide mieden dieses Thema. Zwischen uns ging alles so schnell, die Flugreise war so chaotisch und in unser beider Leben standen so einschneidende Veränderungen bevor, dass Yvette und ich schlicht und einfach im Hier und Jetzt lebten und weder an die Vergangenheit noch die Zukunft dachten.

Wir setzten unseren Flug über Asien fort und verbrachten jede Nacht in einer anderen Stadt. Die transkontinentale Romanze zwischen Yvette und mir wurde mit jedem Tag inniger. Emille sorgte diskret dafür, dass wir in jedem Hotel ein gemeinsames Zimmer bekamen. Bei unserem nächsten Zwischenstopp in Delhi musste einer der Bauern auf einer Bahre aus dem Flugzeug zu einem Krankenwagen getragen werden, der bereits auf dem Rollfeld auf ihn wartete. Er litt an Bauchschmerzen, die sich seit der ersten Nacht in Nikosia stetig verschlimmert hatten. Am nächsten Morgen erschienen weder er noch sein Freund, der ihn im Krankenwagen begleitet hatte, am Flughafen. Als ich den für gewöhnlich so redseligen Emille fragte, was los sei, wollte er nicht recht raus mit der Sprache. Dann bemerkten wir einen indischen Mann in westlicher Kleidung, der in einer Traube aus Polizisten und Soldaten durch das Flughafengebäude ging, und Emille brach sein Schweigen, um voller Begeisterung zu verkünden, dass wir soeben den neuen indischen Präsidenten gesehen hätten.

Bei unserem Flug über Asien bekamen wir einen Querschnitt eines Kontinents zu sehen, der sich im Übergang von der kolonialen Welt der Vorkriegszeit zur nationalen Souveränität befand. In keinem Land würden wir das so hautnah miterleben wie in Vietnam.

Der nächste Halt nach Delhi hieß Kalkutta, wo Yvette und ich eine wunderschöne Nacht im eleganten Grand Hotel verbrachten.

«Das sieht hier ja aus wie in Casablanca», sagte ich, als ich die Ventilatoren an der Decke und das elegante Dekor sah.

«Wie im Film oder wie in der Stadt?», fragte sie. «Wie im Film, ja, aber nicht wie die Stadt. Ich habe in der Nähe von Casablanca gewohnt. Die Stadt ist dreckig und arm.»

Wir flogen weiter nach Saigon. Hundert Jahre hatten sich die Franzosen immer wieder in Vietnam breit gemacht, bis sie es schließlich gegen Ende des 19. Jahrhunderts als Kolonialmacht ganz in Besitz genommen hatten. Nach dem Zweiten Weltkrieg – und ungefähr drei Jahre bevor unsere DC-2 ½ dort landete – hatten vietnamesische Nationalisten die Unabhängigkeit von Frankreich erklärt. Frankreich verweigerte dem Land die Souveränität, und die Nationalisten unter Ho Chi Minh hatten gegen das französische Regime zu den Waffen gegriffen und damit einen Unabhängigkeitskrieg begonnen, in den viel später auch die amerikanischen Streitkräfte verwickelt werden sollten. Am späten Nachmittag des 4. März 1949 flog unsere kleine Maschine mitten hinein in jenen ersten Guerillakrieg in Indochina.

Nicht weit von uns auf dem Flugfeld landeten ein halbes Dutzend viermotorige Transportmaschinen voller französischer Soldaten. Wir wurden nur nachlässig kontrolliert und dann in einen privaten Bus verfrachtet, der uns in ein schäbiges Hotel in der Innenstadt von Saigon brachte. Als wir das kleine Foyer betraten, erlebte ich den Piloten und den Besitzer zum ersten und einzigen Mal auf der gesamten Reise einigermaßen ratlos; sie spielten mit dem Gedanken, lieber zum Flughafen zurückzukehren und im Flieger zu schlafen, als hier in der Stadt eine unruhige Nacht zu riskieren. Und wieder einmal war es Emille, der die Dinge in die Hand nahm. Er verschwand für ungefähr zwanzig Minuten, und als er zurückkam, führte er uns alle – einschließlich der Crew und des Besitzers – in den Speisesaal des Hotels.

Wir waren die einzigen Gäste. Die kurze, tropische Dämmerung war vorüber, und es war bereits dunkel. Neben jedem Tisch standen mehrere Wannen mit Eiswasser, in dem Bierflaschen schwammen. Emille forderte uns auf zuzugreifen und sorgte dafür, dass die Wannen niemals leer wurden, und schon bald stieg der Geräuschpegel wie bei einer Cocktailparty in der Heimat. Dann wurde das Abendessen serviert: Reis und ein Pfannengemüse mit Fleisch und Soße – und Stäbchen. Yvette fiel fast vom

Stuhl vor Lachen, als die Italiener bei dem Versuch, Reis zum Munde zu befördern, schier verzweifelten. Ihr liefen die Tränen über die Wangen, auch wenn sie selbst sich nicht viel geschickter anstellte.

Bald war es zu spät, zum Flugzeug zurückzukehren. Wir erfuhren, dass in der ganzen Stadt nach Einbruch der Dunkelheit eine absolute Ausgangssperre galt. Aus allen Ecken hörten wir Schüsse durch die Dunkelheit hallen. Es war klar, dass niemand vor Morgengrauen das Hotel verlassen würde. Vielleicht war es das Gefühl der Isolation und die Gewalt, die draußen in der Dunkelheit tobte, die Emilles Party diesen Nach-uns-die-Sintflut-Geist verliehen. Wir saßen noch viele Stunden beisammen, bis wir zu den Schlafräumen in barackenähnlichen Gebäuden geführt wurden, mit Betten so hart wie Holzplanken. Wie die meisten anderen Männer fiel auch ich unverzüglich in tiefen, bierseligen Schlaf.

Am nächsten Morgen, als der Himmel im Osten heller wurde und wir im Bus saßen, der uns vom Hotel zum Flughafen brachte, hörte ich Yvette zum einzigen Mal auf der langen Reise klagen. Die ganze Nacht drang Schnarchen und Husten aus dem Nebenzimmer, dazwischen fielen hin und wieder Schüsse. Sie hatte nicht ein Auge zugetan.

«Und du, *Biel*, hast lauter geschnarcht als alle anderen.»

Wir alle hatten es eilig, wieder an Bord unseres kleinen Fliegers zu gelangen. Als alle ihre Plätze eingenommen hatten und die Motoren angelassen wurden, sah Yvette mich mit ihrem wundervollen Lächeln an.

«Das ist ein Gefühl wie nach Hause kommen.»

Doch Saigon und der Krieg sollten sich uns bald noch einmal in Erinnerung bringen. Nach nur zwei oder drei Stunden Flug sahen wir, wie der Pilot, der Kopilot und der Miteigentümer im offenen Cockpit aufgeregt diskutierten. Allem Anschein nach ging langsam das Benzin zur Neige, da das Flugzeug in Saigon offensichtlich nicht voll getankt worden war. Pilot und Inhaber beschlossen, einen kleinen Flughafen eine gute Stunde entfernt anzufliegen.

Schon bald rauschten wir auf eine briefmarkengroße, grasbewachsene Landebahn mitten im Dschungel hinab und kamen mit einem Ruck vor ein paar rostigen Baracken zum Stehen. Die wenigen Flughafenmitarbeiter beeilten sich, unser Flugzeug zu betanken. Als wir wieder zum Ende der kleinen Start- und Landebahn rollten, spürten wir, dass der zusätzliche Treibstoff zusammen mit dem holperigen Untergrund unserer kleinen Maschine völlig neue Geräusche und eine völlig neue Gangart entlockte.

Yvette packte meine Hand. Diesmal hatte sie wirklich Angst.

«Die Landebahn ist viel zu kurz für das Flugzeug, wir sind zu schwer», neckte ich sie.

Auf der Stelle bereute ich meinen dummen Witz. Der Pilot wendete am Ende des Rollfelds und bretterte mit Vollgas die Startbahn hinunter. Und für alle, einschließlich der italienischen Bauern, für die die Fliegerei noch recht neu war, war klar ersichtlich, dass das Flugzeug auf dem holperigen Rollfeld tatsächlich zu schwer und zu langsam war. Selbst wenn wir rechtzeitig abhoben, war es fraglich, ob wir die hohen Tropenbäume überfliegen würden, die sich wie eine Wand vor uns aufbauten.

Der italienische Mitinhaber, der, wie ich später erfuhr, im Zweiten Weltkrieg als Bomberpilot gedient hatte, hastete nach vorn. Wir hielten direkt auf die Bäume zu, und wir flogen ein ganzes Stück zu tief. Ich hörte Geschrei vorn im Cockpit.

Dann geschah das Wunder. Während die Bäume immer näher kamen, teilte sich plötzlich der Wald wie das Rote Meer für Moses. Keiner an Bord hatte diese Schneise gesehen. Sie war mehrere hundert Meter breit und vier oder fünf Kilometer lang. Der Pilot steuerte das Flugzeug sicher hindurch, und wir gewannen an Geschwindigkeit und an Höhe. Bald waren wir auf eintausend Metern.

Dann brach die Hölle los. Die Bauern klatschten und jubelten. Mehrere Flaschen mit Weinbrand wurden hervorgeholt. Der Bauer auf der anderen Seite des Ganges bestand darauf, dass Yvette und ich einen Schluck aus seinem Flachmann nahmen. Der italienische Mitinhaber hatte seinen Wachposten im Cockpit aufgegeben und war zu seinem Sitz zurückgekehrt. Dann drehte sich dieser so überaus aristokratisch wirkende Mann zu Yvette und mir, ein breites Grinsen im Gesicht, und streckte uns enthusiastisch den gehobenen Daumen entgegen.

Unter klarem Himmel setzten wir den Flug nach Borneo fort. Wieder ging es die meiste Zeit über Wasser, diesmal das Südchinesische Meer, bis wir Borneo sichteten. Dort würde Yvette von Bord gehen und einen KLM-Flug nach Batavia nehmen, während ich mit den italienischen Bauern weiter nach Sydney flog. Seit den Schrecksekunden beim Start hatte sie meine Hand nicht mehr losgelassen.

Ich glaubte, Yvette sei eingeschlafen, ihr Kopf lag an meiner Schulter. Doch dann sagte sie auf einmal mit schläfriger Stimme: «Wahrscheinlich sollte ich mich glücklich schätzen, dass meine einzige Rivalin um dein Herz ein Segelschiff ist.»

Jetzt war ich an der Reihe. Ich hatte meine kleine Rede ein halbes Dutzend Mal einstudiert und sie eigentlich für unseren Abschied in Borneo aufheben wollen, aber jetzt hatte sie davon angefangen.

«Gäbe es dieses Schiff nicht und hätte ich nicht die Hoffnung, Kap Horn umsegeln zu können», sagte ich, «ich würde mit dir nach Batavia gehen. Und ich würde alles in meiner Macht Stehende tun, um deine Ehe zu zerstören, und ich wette, ich wäre erfolgreich.»

Sie antwortete nicht, sondern schmiegte sich nur enger an mich. Ich hatte meine Worte mit Bedacht gewählt, dennoch fiel es mir immer schwerer, mich daran zu halten. Unsere Affäre hatte ungezwungen begonnen, doch in diesen wenigen, dafür umso innigeren Tagen unseres Flugs über Asien hatte ich mich in sie verliebt, und, so schien es, auch sie sich in mich. Am Anfang hatte ich geglaubt, es würde einfach sein, ihr Lebewohl zu sagen und weiter meinem großen Traum nachzujagen, der Umsegelung von Kap Horn, doch jetzt, da der Moment des Abschiednehmens immer näher rückte, stieg ein Gefühl der Panik in mir auf. Ich musste eine Entscheidung treffen. Es gab keinen Mittelweg, keinen Raum für Kompromisse. Yvette oder der Windjammer. Ich zweifelte nicht, wie meine Entscheidung ausfallen würde, aber ich wusste auch, es würde mir das Herz zerreißen. Und ich ahnte, dass ich diese Entscheidung in den nächsten Wochen und Monaten noch bereuen würde.

Und darin hatte ich mich nicht getäuscht.

3. Kapitel

Schlechte Nachrichten

Der verwaiste Sitz neben mir erfüllte mich mit Schmerz, als die DC-2 ½ ohne Yvette von Borneo über den sonnenbeschienenen Indischen Ozean und das ausgetrocknete australische Hinterland flog. Der Abschied war schwer gewesen, doch jetzt saß ich wieder im Flugzeug, und jede Meile zwischen Yvette und mir bedeutete eine Meile näher am Windjammer. Zwei Tage später landete das Flugzeug in Sydney. Und gleich bei unserer Ankunft schaffte ich es, alle meine Aussichten auf einen Platz auf den Windjammern aus purer Dummheit zu verspielen, weil ich meinen Mund nicht halten konnte. Zumindest glaubte ich das.

Zehn Tage nachdem wir mit unserem eigentümlichen kleinen Flugzeug Rom verlassen hatten, waren wir am späten Nachmittag endlich am Ziel. Zusammen mit den Immigranten und der Besatzung stieg ich aus dem lädierten Flieger und marschierte über das Rollfeld zum Terminal, als ich mit Verwunderung am Eingang zum Flughafengebäude eine Menschenmenge bemerkte. Ich fragte mich, ob es Verwandte der italienischen Immigranten sein konnten, die bereits ein neues Leben in einem neuen Land führten.

Die Immigranten mussten jede Menge Fragen beantworten und Formulare ausfüllen. Weil ich ein Touristenvisum hatte und nicht einwandern wollte, blieb mir der meiste Papierkram erspart. Doch einer der Beamten fragte mich nach Zweck und Dauer meines Aufenthalts. Auch wenn es ein wenig idiotisch klang, erzählte ich ihm offen und ehrlich, dass ich von Europa hierher gekommen sei, um auf einem Windjammer zurück nach England zu segeln.

Kaum hatte ich das gesagt, kamen zwei Männer auf mich zu und stellten sich als Reporter einer in Sydney erscheinenden Tageszeitung vor. Sie schrieben über die einkommenden Flugzeuge und hatten mein Gespräch mit dem Beamten verfolgt. Abwechselnd bombardierten sie mich mit Fragen.

«Woher kommen Sie?»

«Warum haben Sie den weiten Weg nach Australien auf sich genommen?»

«Wissen Ihre Eltern, dass Sie hier sind?»

Die beiden waren jung und machten einen recht anständigen Eindruck. Ich konnte ihnen schlecht die Antwort verweigern, ohne unhöflich zu werden, also blieb ich so vage wie möglich.

«Hören Sie mal», unterbrach ich sie schließlich. «Ich weiß, Sie brauchen eine Story, aber erstens glaube ich nicht, dass meine Geschichte eine Story wert ist, und zweitens will ich auf gar keinen Fall in der Zeitung stehen. Ich habe den Job auf dem Schiff noch nicht, und ich fürchte, es wird dabei bleiben, wenn der Schiffsagent oder der Kapitän in der Zeitung von einem ‹durchgeknallten Ami-Jungen› lesen.»

«Vielleicht würde die Publicity Ihnen helfen», sagten sie, als sie sich verabschiedeten, «aber wenn Sie nicht wollen, o. k.»

Damit war die Sache für mich erledigt. Als ich im Bus vom Flughafen in die Stadt saß, wurde mir klar, wie wenig ich eigentlich über die Schiffe und ihre Zielhäfen wusste. Von den Londoner Schiffsagenten hatte ich erfahren, dass nur noch zwei Segelschiffe auf den Getreidefahrten eingesetzt wurden, die *Pamir* und die *Passat*, beide unter finnischer Flagge, und dass sie gegen Ende Februar in Australien eintreffen sollten. Sobald sie ihre Fracht an

Bord genommen hatten, würde sie ihre 16 000 Meilen lange Reise nach England um Kap Horn herum antreten. Das war alles, was ich wusste. Ich hatte die vage Vermutung, dass sie einen Hafen im Spencer Gulf nahe der Kornkammer Südaustraliens anlaufen würden, um dort Getreide zu laden. In Sydney, das an der Ostküste lag, war ich immer noch gute eintausend Kilometer von Südaustralien und seiner Hauptstadt Adelaide entfernt.

Als ich in der Innenstadt von Sydney aus dem Bus stieg, bekam ich ein Schiffsjournal in die Finger, und ich erfuhr, dass die *Pamir*, die von Neuseeland kam, bereits in Südaustralien eingetroffen war, während sich die *Passat* aus England noch auf See befand. Ich erfuhr auch die Namen der Agenten, die die Schiffe betreuten – Crosby und Maine in Adelaide. Mein nächster Schritt war klar: Auf nach Adelaide und ins Büro von Crosby und Maine. Also buchte ich kurz entschlossen für den nächsten Morgen einen Flug.

Am frühen Abend nahm ich ein Zimmer im Petty's, einem kleinen, aber sehr gemütlichen Hotel in der Innenstadt. Dann wollte ich Mr. Jack Scanlen einen Besuch abstatten, einem Freund meines Vaters, den er ursprünglich geschäftlich kennen gelernt hatte und der in einem Vorort von Sydney lebte. Genau wie mein Vater besaß auch er eine kleine Süßwarenfabrik. Auf einer seiner Geschäftsreisen, die ihn um die ganze Welt führten, hatte er ein paar Tage in unserem Haus verbracht. Ich hatte ihn als freundlichen, dynamischen Menschen in Erinnerung.

Mit dem Bus fuhr ich in den recht noblen Vorort, in dem die Scanlens wohnten. Es war niemand zu Hause. Die Nachbarn luden mich ein, bei ihnen zu warten, und schon kurze Zeit später kam das Hausmädchen der Scanlens zurück und ließ mich hinein. Sie erzählte mir, dass Mr. Scanlen den Abend in Sydney im Theater verbrachte und spät heimkommen würde. Mrs. Scanlen war für einige Tage «mit den Mädels vom Club» zum Golfspielen gefahren. Die herzliche Frau bot mir einen Stuhl an und bereitete mir mit echter australischer Gastfreundschaft ein opulentes Abendessen aus Steak und Eiern, das ich hungrig verschlang.

Es war gegen Mitternacht, als Mr. Scanlen heimkehrte, und kurz darauf traf auch seine fünfundzwanzig Jahre alte Tochter Marjorie mit ihrem Freund ein. Mr. Scanlen begrüßte mich herzlich, wenn auch einigermaßen überrascht über meinen unerwarteten Besuch. Er und die anderen lauschten gespannt, als ich ihnen meine Geschichte erzählte: Wie ich die Züricher Universität verlassen und in einem winzigen Flugzeug quer über Asien nach Australien geflogen war, all das mit dem festen Ziel, auf einem Windjammer anzuheuern.

«Was halten deine Eltern davon?», fragte Mr. Scanlen, als ich geendet hatte. Vermutlich die erste Frage, die jedem Vater sofort in den Sinn kommen würde.

Meine Eltern wähnten mich noch immer auf der Universität in Zürich. Ich hatte sie noch nicht eingeweiht, weil ich nicht wollte, dass mir irgendjemand einen Strich durch die Rechnung machte. Ich war nicht sicher, ob sie versuchen würden, mich umzustimmen, oder ob sie mir ihren Segen geben würden. Meine Mutter, da war ich ziemlich sicher, würde entsetzt sein, dass ich mein Studium geschmissen hatte, um auf einem Segelschiff anzuheuern, und sie würde vor Angst vergehen, ich könnte auf der Fahrt um Kap Horn aus dem Rigg fallen oder über Bord gespült werden. Mein Vater würde die Sache vermutlich mit gemischten Gefühlen betrachten: Er würde sich Sorgen machen, dass ich die Uni verlassen hatte, und zugleich würde er sich im Stillen über mein aufregendes Abenteuer freuen. Auch ihn hatten in jungen Jahren solche Abenteuer und Reisen fasziniert, doch er war schon früh in die Süßwarenfabrik seines Vaters eingetreten und hatte gehei-

ratet und war selbst Vater geworden, bevor er seine Träume ver-
wirklichen konnte.

Der Einzige in der Familie, von dem ich ganz sicher war, dass
er meinen Traum, auf einem Windjammer anzuheuern, voll und
ganz unterstützte, war mein Großvater mütterlicherseits, Robert
Hayssen. Er war zu jener Zeit achtundsiebzig Jahre alt, und ich
hatte seit meiner Kindheit ein sehr enges Verhältnis zu ihm gehabt. Er liebte gefährliche Abenteuer und romantisches Helden-
tum. Er war der Sohn deutscher Einwanderer, die sich lange vor
dem Bürgerkrieg in Sheboygan, Wisconsin, niedergelassen und
dort mehrere Unternehmen geführt hatten, unter anderem eine
recht große Fabrik für sanitäre Anlagen und eine kleine Brauerei.
Opa Hayssen, wie ich ihn nannte, vertrat nach alter deutscher
Tradition die Überzeugung, dass ein junger Mann nachgerade die
Pflicht habe, die Welt zu durchwandern, Erfahrungen zu sam-
meln und sich weiterzuentwickeln, bevor er eine Familie grün-
dete und die Rolle des Ernährers und Familienoberhauptes über-
nahm. Um die Jahrhundertwende war er selbst als junger Mann
durch Deutschland gereist. Neben vielen anderen Abenteuern
wäre er beinah als Fähnrich in die deutsche Kavallerie eingetreten (lange vor dem Ersten Weltkrieg), bis ihm klar wurde, dass er
seine amerikanische Staatsbürgerschaft würde aufgeben müssen
und dass man aus dem Militär nicht so ohne weiteres wieder aus-
treten konnte, sobald man sich verpflichtet hatte. Er blieb stets
ein Draufgänger. Als er längst in Milwaukee eine Familie gegründet hatte und ein Unternehmen führte, setzte er sein Geld und
seinen guten Ruf mit Vorliebe bei großen und riskanten Geschäf-
ten aufs Spiel. Was auch immer alle anderen von meinem Vorhaben halten mochten, ich war sicher, Opa Hayssen würde auf meiner Seite stehen.

«Ich habe meinen Eltern noch nichts davon erzählt», beantwortete ich Mr. Scanlens Frage. «Ich werde ihnen schreiben, sobald ich in Adelaide bin und weiß, ob ich auf einem der Windjammer anmustern kann oder nicht.»

Da es schon spät geworden war, fuhren Mr. Scanlen, Marjorie und ihr Freund mich zurück in die Stadt. Als sie mich vor dem Hotel absetzten, sagte Mr. Scanlen, er werde meinen Eltern schreiben und ihnen versichern, dass ich wohlauf sei und durchaus in der Lage, auf mich selbst aufzupassen, und dass sie sich keine Sorgen zu machen brauchten. Ich war dankbar für seine Unterstützung.

Doch zu jenem Zeitpunkt war ich bereits so fest entschlossen, auf einem der Windjammer anzuheuern, dass auch der Unmut meiner Eltern mich nicht aufgehalten hätte.

Früh am nächsten Morgen stand mir die erste echte Katastrophe ins Haus. Am Flughafen hatte ich eine halbe Stunde Wartezeit und kaufte mir eine Zeitung, doch als ich die Schlagzeilen überflog, wurde ich starr vor Schreck. Über einem zweispaltigen Artikel unten auf der Titelseite prangte die Schlagzeile: «Amerikanischer Student schmeißt Uni für Fahrt auf einem Windjammer».

Ich rannte zum Zeitungsstand zurück und kaufte eine Ausgabe der zweiten in Sydney erscheinenden Tageszeitung. Auch hier fand sich auf der Titelseite ein Artikel über mich, diesmal unter der Überschrift «Ausreißer fliegt zur See». Eine clevere Schlagzeile, wie ich heute zugeben muss, aber zu jener Zeit wurde mir übel, als ich sie las. Ich hatte meine Lektion über Reporter gelernt, nur leider zu spät. Als ich an Bord des Flugzeugs ging, konnte ich nur noch hoffen und beten, dass die beiden Zeitungen nicht mit einer in Südaustralien kooperierten. Ich war überzeugt, dass meine Erfolgsaussichten sanken, je mehr öffentliche Aufmerksamkeit ich auf mich zog.

Im Flugzeug las ich die beiden Artikel ein ums andere Mal. Machten sie sich über mich lustig, stellten mich als verwöhnten amerikanischen Jungspund dar? Oder war ich eine Art Held, der sich den Wunschtraum der wilden Jugend erfüllte?

Wenn ich jetzt, so viele Jahre später, zurückblicke, denke ich, ich hatte von beidem etwas – zumindest aus meiner Sicht. Ich stammte aus einer wohlhabenden, wenn auch nicht gerade reichen Familie, und ich hatte eine Eliteschule besucht. Ich war nicht darauf angewiesen, als Matrose auf einem Windjammer oder irgendeinem anderen Schiff anzuheuern, wie viele Seeleute, die ich kennen gelernt hatte und die nichts anderes kannten, die keine andere Ausbildung besaßen und keine andere Perspektive für die Zukunft hatten. Einerseits war ich privilegiert, denn ich hatte die Wahl, zur See zu fahren, weiter an der Universität zu studieren oder im Süßwarenunternehmen meines Vaters zu arbeiten. Andererseits setzte ich eine uralte Tradition fort, die für arme wie privilegierte junge Männer gleichermaßen galt: alle Fesseln des Lebens auf dem Festland hinter sich zu lassen und das große Wagnis einer Fahrt auf einem Segelschiff anzutreten. Es gab unzählige Beispiele vor mir, sowohl in der Literatur als auch im wirklichen Leben, unter anderen Richard Henry Dana, der im Jahr 1836 Harvard verlassen hatte, um auf einem Windjammer um Kap Horn zu fahren und nach seiner Rückkehr den Klassiker *Zwei Jahre vor'm Mast* zu schreiben.

Während ich die Artikel über mich studierte und das Flugzeug mich nach Adelaide und meinem Schicksal entgegentrug, beschloss ich, auch dann nicht nach Hause zurückzukehren, wenn ich nicht auf einem Windjammer anheuern konnte. Das war nicht zuletzt eine Frage der Selbstachtung: Ich wollte nicht wie ein Trottel dastehen, weil ich für nichts und wieder nichts um die halbe Welt gereist war. Aber es hatte auch damit zu tun, dass ich mich mittlerweile mit Haut und Haaren dem Traum von der Reise auf dem Windjammer verschrieben hatte und es nicht ertragen hätte, unverrichteter Dinge heimzukehren. Sollte ich scheitern, würde ich mich nach Norden wenden und quer durch Australien nach Thursday Island fahren.

«T. I.», wie die Insulaner ihre Heimat nannten, liegt in tropischen Gewässern zwischen der australischen Halbinsel Cape York und Neuguinea. Von Borneo aus war ich über den Indischen Ozean nach Darwin an der Nordküste Australiens geflogen, hatte dort übernachtet und am nächsten Tag auf dem Weg nach Süden Meile um Meile endloser Wüste und Buschland überflogen, bis zu einer etwas grüneren Region in Zentralaustralien. Die letzte Nacht meiner Flugreise hatte ich in einem Schafsnest namens Cloncurry verbracht, das mich an eine der heißen, staubigen Städte des Wilden Westens erinnerte.

Dort hatte mich der freundliche Mann von der Flughafenverwaltung zwischen den italienischen Einwanderern ausgemacht, mich mit «Yank» angesprochen und in sein Büro auf ein kühles Bier eingeladen – aus dem bald mehrere kühle Biere wurden. Ein Freund namens Pierre gesellte sich zu uns, ein sehniger, sonnenverbrannter Mann von ungefähr vierzig Jahren mit dunklem, lockigem Haar und französischem Akzent. Pierre hatte mit seinem Mannschaftskollegen Errol Flynn eine unbeschwerte, feuchtfröhliche Zeit auf einem kleinen Handelsschoner in den Gewässern um das Great Barrier Reef verbracht. Mittlerweile besaß er zwei kleine Perlentauchboote, auf denen je vier oder fünf Einheimische arbeiteten, die zu den großen Austernbänken vor Thursday Island tauchten. Als er meine Geschichte von den Windjammern hörte und erfuhr, dass ich Seemann war, bot er mir, ohne zu zögern, eine Stelle als Kapitän auf einem der Perlenboote an. Das andere fuhr unter seinem Kommando. Pierre war der Meinung, allein meine Anwesenheit auf dem Schiff würde sich bezahlt machen.

Das war also Plan B. Sollte ich nicht auf einem Windjammer landen, würde ich nach T. I. gehen und mich Pierres Perlentauchercrew anschließen.

Das Flugzeug landete in Adelaide. Unverzüglich machte ich mich auf den Weg zu den Schiffsagenten Crosby und Maine. Ich hatte das Büro kaum betreten und noch gar nicht den Mund aufgemacht, als die Empfangsdame mich mit einem breiten Lächeln begrüßte.

«Ich wette, Sie wollen auf die *Pamir*», sagte sie.

«Richtig», antwortete ich verdutzt. «Woher wissen Sie das?»

«Sie sind, warten Sie ...», sie blickte auf eine Liste auf ihrem Schreibtisch, «Sie sind der siebenundachtzigste Bewerber, seit die *Pamir* letzten Sonntag eingetroffen ist.»

Das Herz sank mir in die Hosen. Ich hatte den weiten Weg zurückgelegt, nur um mich nun hinter sechsundachtzig anderen Möchtegernmatrosen einzureihen. Es war ausgeschlossen, dass alle auf dem Schiff anmustern konnten. Die Besatzungen der Windjammer waren keine dreißig Mann stark, und vermutlich waren sie ohnehin schon bei Antritt der Fahrt vollzählig gewesen. Auf einmal sah es ganz danach aus, als wären T. I. und ein kleines Perlentauchboot mein Schicksal, und nicht eine Passage um Kap Horn auf einem der großen Windjammer.

Auch wenn die Aussichten düster waren, war ich nicht gewillt aufzugeben, bevor ich nicht alles versucht hatte. Also bat ich, mit einem der Agenten persönlich sprechen zu dürfen, und die Empfangsdame tat mir den Gefallen. Sie führte mich in ein schlichtes Büro. Als der Agent, ein freundlicher Mann mittleren Alters, mich sah, hatte er schon erraten, wer ich war.

«Sie sind also der Yank, der wegen der Windjammer von Rom hergekommen ist», sagte er. «Ich hab's heute Morgen in der Zeitung gelesen.»

«Gibt es wirklich sechsundachtzig Bewerber, die anheuern wollen?», fragte ich.

«Gibt es wirklich», sagte er.

Ich entschuldigte mich lang und breit für das Theater, das die Zeitungen um meine Geschichte veranstalteten. Vielleicht war es das, was sein Herz erweichte, oder es lag an dem weiten Weg, den ich auf mich genommen hatte, jedenfalls schien er zu spüren, dass es mir ernst war.

«Im Moment ist die *Pamir* voll bemannt», sagte er. «Aber ich gebe Ihnen den Rat, nach Port Victoria zu fahren, wo sie ihre Fracht an Bord nimmt. Auch die *Passat* muss jeden Tag eintreffen. Sie können mit beiden Kapitänen persönlich sprechen und so vielleicht den anderen sechsundachtzig zuvorkommen.»

Noch am selben Nachmittag saß ich in einem Bus, der von Adelaide nach Port Victoria fuhr, vier Stunden und einhundertzwanzig Meilen entfernt. Zehn Minuten nachdem wir die Stadtgrenze von Adelaide passiert hatten, das im Jahr 1949 immerhin einige hunderttausend Einwohner hatte, befanden wir uns mitten in jener Landschaft, die in Australien einfach nur «Busch» heißt. Kilometer für Kilometer holperten wir über ausgedörrte Ebenen. Man konnte in allen Richtungen unendlich weit blicken, doch das flache, trockene Land war so spärlich besiedelt, dass selten ein Zeichen menschlichen Lebens zu sehen war.

Alle halbe Stunde hielt der Bus am Tor einer kleinen Farm oder bei einer Ansammlung eingeschossiger Häuser, die man hier Stadt nannte. Auf der staubigen Landstraße gab es keinen Verkehr. Nur Steppenläufer, die vom Wind durch die Gegend getrieben wurden, und ab und an einen Eselhasen, der über die

Straße rannte. Nach ein oder zwei Stunden Fahrt ging die Sonne unter, und der Wind blies kalt gegen den klappernden Bus und ließ die Passagiere frösteln.

Als ich zusammengekauert in dem dunklen Bus saß, kam mir der Gedanke, dass ich mir vielleicht mehr aufgebürdet hatte, als ich bewältigen konnte. Zum ersten Mal seit langer Zeit fühlte ich mich schrecklich allein. Ich musste daran denken, dass meine Familie und meine Freunde auf der anderen Hälfte der Erdkugel waren. Und ich musste an Yvettes warme Umarmung denken. Wie sehr wünschte ich mir, bei ihr zu sein. Außer den Scanlens kannte ich keine Menschenseele in diesem riesigen, fremden und fast leeren Land. Ich hatte keine hundert Dollar mehr in der Tasche. Wie lange würde das reichen? Ich war am Ende – fast pleite und ausgebrannt.

Ich versuchte mich zu erinnern, warum ich hier war. Ich versuchte mir jenes Foto in der Sonntagsschule ins Gedächtnis zu rufen, den Windjammer, der majestätisch durch die Wellen gleitet. Meine Liebe zur See und zu Schiffen hatte begonnen, lange bevor ich dieses Foto zu Gesicht bekam, aber in diesem Bild kristallisierte sich alles, was ich mit dem Meer verband.

Wir lebten im Osten von Milwaukee in einem großen Haus oben auf dem Steilufer mit Blick über den Lake Michigan. Wir hatten Nachbarn zu zwei Seiten, doch zum See hin lag ein großer Park, der mir das Gefühl der Abgeschiedenheit vermittelte, besonders nachts. Bei starkem Ostwind hörten wir ganz nah die Brandung rauschen. Bei dichtem Nebel ertönte immer und immer wieder der traurige Ruf des Nebelhorns. Und das Licht des Leuchtturms auf dem North Point, ungefähr eine halbe Meile entfernt, wanderte Nacht für Nacht über die westliche Wand meines Schlafzimmers.

Dort, so glaube ich, wurzelte meine Liebe zur See.

Die Sommer verbrachten wir in Großvater Hayssens Sommerhaus am Pine Lake, einem kleinen, aber wunderschönen See ungefähr fünfzig Kilometer von Milwaukee entfernt. Ich hatte schon in Booten gesessen, bevor ich richtig laufen konnte: in Jollen, Kanus, Ruderbooten. Wie viele Kinder, die den Sommer am Pine Lake verbrachten, nahm ich mit meiner Jolle an Regatten teil. Mein Vater, der das Kanufahren liebte, paddelte mit mir über den Pine Lake und die Flüsse in den North Woods von Wisconsin, und in einem Sommerlager war ich wochenlang mit einem Kanu durch Ontario gefahren.

Doch diese unbeschwerten Bootstouren hatten ein Ende, als ich sechzehn wurde. In unserer Familie gab es eine Maxime, die wir von meinem preußischen Großvater väterlicherseits und Namensgeber William Frederick Stark geerbt hatten: Mit sechzehn begann der Ernst des Lebens. Es war Zeit, sich sein erstes eigenes Geld zu verdienen. Großvater Stark war als Kind mit seiner Familie aus Deutschland eingewandert, und seine Eltern waren kurz nach ihrer Ankunft in Amerika an der Cholera gestorben. Er wurde von seinen beiden älteren Brüdern aufgezogen. Dank preußischer Beharrlichkeit hatte er sich vom sechzehnjährigen Buchhalter einer Süßwarenfabrik zum Mitinhaber hochgearbeitet.

Im Jahr 1943, als ich sechzehn wurde, war Großvater Stark bereits tot, doch seine eiserne Regel über das erste eigene Geld lebte weiter. Er hatte sein Süßwarenunternehmen in der Großen Depression schließen müssen, doch mein Vater, der dort mitgearbeitet hatte, hatte sich Geld geliehen und eine neue kleine Fabrik für Süßwaren gegründet. In jenem Sommer bot er mir an, in seiner Fabrik in den obersten Etagen eines Lagerhauses in großen Kupferkesseln Karamell zu kochen. Er selbst hatte, als er sechzehn geworden war, als Knecht auf einer Farm in der Nähe von

Milwaukee gearbeitet, was mir noch weniger verlockend schien als die Süßwarenfabrik. Ich wollte Abenteuer erleben und ferne Orte kennen lernen, und nicht auf einem Acker schuften.

Der Zweite Weltkrieg war im vollen Gange, und die meisten tauglichen jungen Männer steckten in Uniform, daher konnte ein gesunder sechzehnjähriger Junge sich praktisch aussuchen, wo er arbeiten wollte. Sehr zum Entsetzen meiner Mutter und zur Verwunderung meines Vaters und getrieben von romantischen Vorstellungen vom Leben auf See, stieg ich im Juni 1943 in den Bus zum Hafen von Milwaukee und marschierte ins Heuerbüro der Seemannsgewerkschaft der Great Lakes. Drei Tage später musterte ich als Logisjunge auf dem gigantischen, dreihundert Meter langen Erzfrachter *Carl C. Conway* an.

Die Arbeit war härter, als ich erwartet hatte. Das Boot dampfte hinauf nach Duluth am Lake Superior, um Eisenerz aus den Minen im Norden von Minnesota zu laden, und lieferte es bei den Eisenhütten in den Hafenstädten der unteren Great Lakes wieder ab. Als einziger Logisjunge der *Conway* schuftete ich jeden Tag von halb fünf Uhr morgens bis acht Uhr abends in den Dunstschwaden der fettigen Kombüse. Am Nachmittag hatte ich zwei Stunden frei, die ich in meiner Koje verbrachte. Um fünf Uhr morgens musste ich eimerweise Kaffee kochen, um Viertel vor sechs weckte ich die Mannschaft, dann putzte ich die Offizierskabinen und beugte mich schließlich über das Spülbecken in der Kombüse – meinem zweiten Zuhause – und schrubbte Berge von dreckigem Geschirr und verkrusteten Töpfen und Pfannen.

Als meine zwei Monate härtester Plackerei um waren, bat mich der Erste Steuermann zu bleiben. Aber ich musste nach Hause, um das erste Footballtraining nicht zu verpassen – denn Football war nach der Seefahrt meine zweite große Leidenschaft. Also ging ich in Duluth von Bord und fuhr mit dem Bus zurück nach

Milwaukee. Meine Arbeit hatte mir, sehr zum Entsetzen meiner Mutter, zahllose Pickel als Andenken an die fettige Kombüse eingebracht und, zur freudigen Überraschung meines Vaters, einen dicken Scheck von der *M. A. Hanna Line.* Später erfuhr ich, dass der Chefsteward keinen zweiten Logisjungen hatte anstellen können oder wollen. Ich hatte meine Sommerferien damit verbracht, die Arbeit von zwei Männern zu tun, und war glücklicherweise entsprechend entlohnt worden.

Doch bei aller Plackerei in der fettigen Kombüse hatte die Zeit auf der *Conway* meine Liebe zur See nicht geschmälert. Im Gegenteil, sie war nur noch gewachsen. Ich fand es aufregend, auf dem Deck des riesigen Bootes zu stehen, das durch die kalten Wellen des Lake Superior pflügte, wobei der dreihundert Meter lange Rumpf sich seiner Bauart entsprechend im Wasser verwandt. Im darauf folgenden Sommer, nach meinem dritten Jahr auf der Highschool, heuerte ich auf einem Lachsfänger in Alaska an. Das sollte für die nächsten Jahre mein letzter Ausflug zur See sein, denn danach war ich endlich alt genug, zur Armee zu gehen, worauf ich wie die meisten meiner Altersgenossen seit Ausbruch des Krieges ungeduldig gewartet hatte. Ich meldete mich freiwillig als Seefliegerkadett und diente eineinhalb Jahre, bis ich im Sommer 1946 entlassen wurde.

Der Bus brauste noch immer durch die australische Nacht, und ich hing weiter den Erinnerungen an meine Seefahrten nach. Gerade meine nächste Fahrt hatte ich in allerbester Erinnerung, oder vielmehr den Landaufenthalt nach der Fahrt über den Atlantik.

Im Herbst nach meiner Entlassung aus der Armee ging ich ans Dartmouth College in Hanover, New Hampshire. In meinem ersten Studienjahr, 1946–47, spielte ich als Halfback im Footballteam der Erstsemester und begann, mich für Geschichte zu interessieren. Das Studienjahr endete im Juni, und ich kehrte nach Milwaukee zurück, um ein Schiff für den Sommer zu finden. Ich heuerte auf dem schwedischen Frachter *Ragneborg* an, wo ich für Pflege und Wartung zuständig war und meine Arbeit in erster Linie darin bestand, die Decksfarbe abzukratzen. Es wurde eine stürmische achtundzwanzigtägige Passage über die Great Lakes, den St.-Lorenz-Seeweg und den Nordatlantik, sodass es zum Farbekratzen wenig Gelegenheit gab, was mir nur recht war. Unser Zielhafen war Göteborg in Schweden.

Im Verlauf der Reise hatte ich mich mit dem Dritten Steuermann angefreundet, dem einzigen Mitglied der schwedischen Besatzung, das Englisch sprach. Als wir in Göteborg vor Anker lagen, blickte ich zur Küste hinüber und erzählte ihm, dass ich gern mehr von seinem Land sehen würde. Er bot an, mir zu helfen, wenn ich aussteigen wolle. Aus dem Munde eines Offiziers war das ein erstaunliches Angebot, schließlich ging es um die seemännische Entsprechung zum Vertragsbruch: wenn man anheuerte, bedeutete das in der Regel, dass man bis zum Ende der Reise an Bord blieb. Was die Sache noch komplizierter machte: Ich hatte keinen Ausweis dabei. Der Dritte war der Ansicht, Mittelschweden sei unter diesen Umständen der sicherste Ort für mich, und er kaufte mir eine Zugfahrkarte und sorgte dafür, dass mein Seesack mit an Land kam.

«Viel Glück», flüsterte er mir in jener Nacht an der Reling zu.

In völliger Dunkelheit tapste ich über die Gangway in die Freiheit und hinein in einen Sommer, wie ihn ein jeder junge Mann sich erträumt.

Einen Tag nachdem ich mit dem Zug in Mittelschweden angekommen war, besuchte ich einen Markt und wollte an einem Stand ein Eis kaufen, doch ich wusste das schwedische Wort für Vanille nicht. Eine junge Frau neben mir half mir, und ich drehte mich zu ihr, um ihr zu danken. Sie hätte ohne weiteres als jüngere Schwester von Ingrid Bergman durchgehen können. Gemeinsam verspeisten wir unser Eis und unterhielten uns. Sie hieß Anne-Marie, war zwanzig Jahre alt und sprach Englisch. Und das Beste von allem war, dass ihre Eltern den Sommerurlaub in weiter Ferne im Norden Schwedens verbrachten.

Einen wunderbaren und sonnenbeschienenen Monat lang wanderte ich mit Anne-Marie in den Bergen und im Seengebiet Mittelschwedens. Diese phantastische Zeit fand nur deshalb ein so schnelles Ende, weil ich nach Dartmouth zurückmusste, um das erste Footballtraining nicht zu verpassen. Anfang August nahm ich auf dem Bahnsteig von Örebro Abschied von Anne-Marie, fuhr zurück nach Göteborg und heuerte als Öler auf einem amerikanischen Schiff nach Virginia an, der *Booker T. Washington*.

Zwei Tage vor Beginn des Footballtrainings und meines zweiten Studienjahres war ich zurück in Dartmouth. In der ersten Trainingswoche jedoch kam es zu einem schweren Zusammenstoß, und ich wurde bewusstlos vom Feld getragen. Ich verbrachte eine Woche in völliger Amnesie in einem Krankenhaus in Hanover. Zwei Neurologen in Hanover und zwei in Milwaukee rieten mir nachdrücklich davon ab, weiter Football zu spielen. Ich war am Boden zerstört, genau wie mein Vater, der an der Universität von Wisconsin Linienrichter gewesen war. Nur weil es in meinem Leben keinen Football mehr gab, bewarb ich mich im nächsten Herbstsemester – dem Beginn meines dritten und vorletzten Studienjahres – um ein Stipendium für Zürich, und ich wurde angenommen. Diese Entscheidung wiederum hatte mich letztendlich hierher gebracht, ans andere Ende der Welt, um auf einem Windjammer anzuheuern.

Diese Grübeleien boten mir wenig Trost, während mich der kalte, klapprige Bus durch die dunkelnde Weite Australiens nach Port Victoria brachte. Bei aller Liebe zur See und zu Schiffen wollte ich im Moment nichts anderes als zu Hause sein. Ich hatte mich schon einmal so gefühlt, im Juni 1947. Ich war zwanzig Jahre alt gewesen und hatte zwei Tage zuvor in Milwaukee auf der *Ragneborg* angeheuert. Die Reise hatte gerade erst begonnen, das Schiff lag für eine Nacht an einer Pier in Cleveland, und ich stand allein auf dem Deck, die Sonne ging unter, ich war der einzige Mensch an Bord, der Englisch sprach, und dachte an die Tage, die vor mir lagen, die Einsamkeit auf See, die lange Fahrt über die Great Lakes und den Atlantik. Das Gefühl der Einsamkeit in jenem Moment war so überwältigend, dass es mich beinah schwindelig machte. Aber das Gefühl ging vorüber, und was folgte, nachdem wir in Schweden angelegt hatten, waren zwei der glücklichsten und unvergesslichsten Monate meines Lebens.

Gegen neun Uhr abends hielt der Bus vor einem kleinen, eingeschossigen Hotel in Port Victoria. Endstation. Ich war der letzte Passagier. Der Nachtportier, der genauso müde aussah, wie ich mich nach meiner 16 000 Kilometer langen Reise fühlte, führte mich in ein kleines, spärlich möbliertes Zimmer. Ich warf mich aufs Bett und schlief auf der Stelle ein.

Am nächsten Morgen erwachte ich bei strahlendem Sonnenschein. Ich fühlte mich ausgeruht und war sehr viel zuversichtlicher als am Abend zuvor. Im kleinen Speisesaal des Hotels bekam ich mein erstes echt australisches Frühstück vorgesetzt: Lammkoteletts, Schinken, Eier, Toast und Tee. Danach spazierte ich pappsatt los, um mich in der Stadt umzuschauen.

Die Stadt war karg und praktisch baumlos, und doch ähnelte sie in vielerlei Hinsicht den kleinen Fischerdörfern im Door

County Wisconsins an den Ufern des Lake Michigan, wie sie vierzig Jahre zuvor gewesen sein mochten, oder den abgelegeneren Fischerdörfern an der Küste von Maine. Port Victoria hatte zu jener Zeit – und daran hat sich bis heute nicht viel geändert – drei- oder vierhundert Einwohner und war von drei Seiten von riesigen Kornfeldern umgeben. Die vierte Seite liegt am Südpazifik.

An der breiten Hauptstraße, die drei Blocks lang war, fanden sich mehrere Geschäfte, das Rathaus, die Post, eine Werkstatt und eine Bank. Die Straße endete am steil zum Meer hin abfallenden Strand, und das letzte Gebäude oben auf der Steilküste war das kleine, weiße Hotel – ein Standort, der für einen Leuchtturm besser geeignet gewesen wäre als für ein Hotel.

Als ich an jenem Morgen nach dem Frühstück oben auf der Steilküste stand, erblickte ich sie zum ersten Mal, die Viermastbark SS *Pamir* (SS stand für Segelschiff), die draußen vor Anker lag. Ich werde diesen Moment niemals vergessen. Sie lag mehr als zwei Meilen vor der Küste im Spencer Gulf, und dennoch wirkte sie riesig wie eine gewaltige, geflügelte Kreatur aus einer anderen Welt, neben der dieser winzige Hafen und die Menschen zwergenhaft erschienen. Ihr schwarzer Stahlrumpf war mit 90 Metern länger als ein Footballfeld. Und die Toppen der Stahlmasten ragten über 52 Meter in den australischen Himmel – ungefähr so hoch wie ein siebzehnstöckiges Gebäude. Ich wusste, dass sie gut zwei Meilen vor der Küste lag, aber sie war so gewaltig, als liege sie nur drei Meter entfernt.

Ihr Anblick erfüllte mich schlicht und ergreifend mit Ehrfurcht. Sie war viel größer, als ich sie mir vorgestellt hatte. In diesem Moment war das Gefühl der Einsamkeit wie weggeblasen, stattdessen packte mich das unstillbare Verlangen, an Bord dieses Schiffes zu sein. Doch noch war ich nicht angemustert. Und es gab ein weiteres Problem: Ich war kein Freund großer Höhen. Ich fragte mich, ob ich es über mich bringen würde, diese unglaublich hohen Masten aufzuentern.

Der Hotelbesitzer, ein leutseliger Mann, hatte mir beim Frühstück erzählt, dass die *Pamir* gerade Ballast löschte, bevor sie Fracht an Bord nahm. Wenn Segelschiffe wie die *Pamir* ohne Fracht fahren, benötigen sie zur Stabilisierung Ballast im Laderaum, in der Regel Sand und Kies.

Er hatte auch erzählt, dass der Kapitän in der Regel einmal am Tag an Land kam, um die Post abzuholen. Und tatsächlich, kurz vor Mittag legte ein kleines Boot von der *Pamir* ab und hielt auf den Hafen zu. Ich ging ihm entgegen. Auf der hölzernen Pier, die fast achthundert Meter ins Meer hinausragte, lief mir der Kapitän in die Arme. Er war Finne, wirkte mit seiner kräftigen und untersetzten Gestalt wie ein Hydrant und sprach sehr gut Englisch. Er trug eine braune Jacke, ein weißes Hemd mit Krawatte, graue Hosen und die weiße Schirmmütze eines Marineoffiziers. Kapitän Verner Björkfelt war zu jener Zeit neunundvierzig Jahre alt. Er war auf einem Bauernhof auf der Insel Brandö aufgewachsen, einer der Ålandinseln, wo die Seefahrt seit Jahrhunderten Tradition war. Genau wie viele Bewohner der Inseln betrieb auch seine Familie Landwirtschaft und Frachtschifffahrt zugleich, und er war als Teenager zum ersten Mal zur See gefahren. Bei der Reederei Erikson, die ihren Sitz auf den Ålandinseln hatte, war er schließlich zum Kapitän aufgestiegen. Er war einer der besten. Die bevorstehende Fahrt der *Pamir* war seine fünfzehnte Kap-Horn-Umrundung unter Segel.

Mir schlug das Herz bis zum Hals, als ich ihn ansprach. Für dieses Schiff war ich 16 000 Kilometer weit gereist – jetzt würde sich herausstellen, ob sich der weite Weg gelohnt hatte.

Ich sagte, ich würde gern auf seinem Schiff anmustern.

«Tut mir Leid», sagte er freundlich, «aber im Moment ist meine Mannschaft vollzählig. Vielleicht fällt noch jemand aus, aber das kann man nie wissen.»

«Ich bin extra aus Europa angereist, um auf Ihrem Schiff fahren zu können», bettelte ich.

«Mag sein, dass Sie einen weiten Weg auf sich genommen haben», sagte er, «aber meine Mannschaft ist vollzählig.»

«Ich würde für die halbe Heuer fahren.»

«Es tut mir Leid», sagte er, «aber mein Schiff ist voll bemannt.»

Ich spürte, dass ich ihn mit meinem Drängen gegen mich aufbrachte, also sagte ich ihm nur noch meinen Namen und dass ich fürs Erste in Port Victoria bleiben würde, falls doch noch eine Stelle frei werden sollte.

Als wir uns trennten, schwankte ich zwischen Frustration und Freude. Es gab zurzeit keine freie Stelle auf der *Pamir* – daran hatte Kapitän Björkfelt keinen Zweifel gelassen –, aber ich glaubte ihm nicht unsympathisch zu sein, und unser kurzes Gespräch war gut verlaufen. Sein leises Lächeln hatte mir verraten, dass es ihn amüsierte, dass ich eine renommierte europäische Universität geschmissen hatte, um als gemeiner Seemann – noch dazu für die halbe Heuer – auf einem finnischen Windjammer anzumustern. Jetzt konnte ich nur hoffen, warten und mich nützlich machen, um meine Kasse aufzubessern.

4. Kapitel

Das Leben am Kai

Noch am gleichen Tag ging ich, auf einen Tipp des Hotelbesitzers hin, zu H. E. A. Edwardes – dem Dorfpatron und gnädigen Herrscher von Port Victoria. Er war ein Mann von Mitte sechzig mit stechend blauen Augen, und er lebte in einem großen Haus in Hafennähe. Seinen Vornamen habe ich nie erfahren, alle Welt nannte ihn Edwardes. Er arbeitete als Agent für Getreide, Schiffe und Düngemittel. Er war Auktionator auf dem monatlichen Markt. Er leitete die örtliche Zweigstelle der *Bank of Adelaide* auf der Hauptstraße von Port Victoria, er war der örtliche Friedensrichter und mischte im Immobiliengeschäft mit. Kurz gesagt, Edwardes war Port Victoria.

In den fast drei Monaten, die ich in Port Vic, wie die Einheimischen ihr Städtchen nannten, verbrachte, traf ich viele Male und aus unterschiedlichsten Gründen mit ihm zusammen. Ich fand schnell heraus, dass Edwardes einer der ehrlichsten und vertrauenswürdigsten Menschen war, die ich je kennen gelernt hatte.

An jenem ersten Tag stellte ich mich vor und fragte, ob es im Hafen Arbeit für mich gäbe. Ich hatte Glück, dass es mit der australischen Wirtschaft nach dem Weltkrieg bergauf ging und es jede Menge Arbeit gab. Australien legte gerade einen beeindruckenden Wachstumsspurt hin.

Edwardes musterte mich mit seinen durchdringenden blauen Augen. Ich wusste nicht, ob er meinen Charakter abschätzte oder meinen Bizeps.

«Ich kann Sie beim Getreideschleppen auf der Pier einsetzen», sagte er.

Ich dankte ihm überschwänglich. Am nächsten Morgen fing ich an. Meine gloriose Berufsbezeichnung: Schauermann. Port Victoria war einer von mehreren kleinen Getreidehäfen in Südaustralien. Das Getreide aus den umliegenden Farmen wurde in Säcke gefüllt, die jeweils gut achtzig Kilo wogen, und in den Kleinstädten entlang der Küste in großen Magazinen gelagert. Jeden Tag kamen ein oder zwei kleinere Küstenschiffe nach Port Vic, um Getreide zu laden und zu den großen Verladeplätzen in Adelaide zu bringen. Wenn so ein kleiner Frachter an der Pier anlegte, wurden zwanzig bis dreißig Kornsäcke auf eine kleine, pittoresk anmutende Pferdekarre geladen und auf den Schienen über die Pier zum wartenden Schiff gezogen.

Dann wurden die Säcke mit Hilfe einer tragbaren Holzrutsche direkt aus dem Pferdekarren auf die Ladefläche des Frachters befördert. Der Schauermann – in der Regel gab es einen oder zwei – wartete auf dem Schiff und hievte sich die achtzig Kilo schweren Säcke unter Zuhilfenahme eines großen Hakens auf die Schulter. Der Sack wurde an seinen Platz geschleppt und ordentlich verstaut, dann holte man sich den nächsten, und so weiter und so fort, bis der Laderaum voll war.

Es war eine höllische Plackerei, und dennoch hatte ich Spaß an der Arbeit. Das Wetter war herrlich, die Sonne brannte vom Himmel, und beständig wehte eine angenehme Meeresbrise. Ich arbeitete barfuß und mit freiem Oberkörper und trug lediglich ein Paar abgewetzter Tiroler Lederhosen.

In gewisser Hinsicht erinnerte mich die Arbeit an das Footballtraining in Dartmouth. Einige Wochen vor Vorlesungsbeginn trainierte die Footballmannschaft zweimal täglich, einmal vor- und einmal nachmittags. Am Abend waren wir regelmäßig ausgehungert und todmüde, und genauso fühlte ich mich nach einem Tag der Kornsackschlepperei. Aber in Port Victoria lockten danach zur Entschädigung ein oder zwei fröhliche Stunden, an die in Dartmouth nicht zu denken war. War der letzte Kornsack des Tages verstaut, kehrte ich mit meinen Mitstreitern in die Kneipe des Hotels ein, die der gesellschaftliche Mittelpunkt von Port Vic war, so wie die Pier im Mittelpunkt des wirtschaftlichen Lebens stand. Dort orderten meine Kollegen eine Runde «Shanty» – neun Zehntel kaltes australisches Bier mit einem Zehntel einer sehr herben Limonade, serviert in einem großen Glas.

Nach einem harten Arbeitstag unter heißer Sonne war so ein Shanty eine Köstlichkeit. Wir tranken jeder ein gutes halbes Dutzend und unterhielten uns über die wichtigen Dinge im Leben, über Politik und Schiffe, Sport und «Sheilas» – ein australisches Wort für Mädchen. Kapitän Björkfelts Bootsführer Jimmy Inglis, ein sanftmütiger Australier, gesellte sich des Öfteren zu uns, wenn er auf den Kapitän warten musste, um zur *Pamir* zurückzukehren. Später siedelten wir in den kleinen Speiseraum des Hotels um, wo wir noch mehr Shantys und ein gewaltiges Abendessen verputzten, bevor ich in meinem spartanischen Hotelzimmer wie ein Stein ins Bett fiel. Der gesellige Höhepunkt am Ende eines jeden Tages auf der Pier.

Schon nach wenigen Tagen wurde ich wie ein Einheimischer behandelt. Dabei war das absurde Ausmaß der öffentlichen Aufmerksamkeit, die mir zuteil wurde, ein Quell endlosen Vergnügens für die Einwohner von Port Victoria. Nicht genug, dass die Zeitungen über meine weite Reise und meinen Wunsch, um Kap Horn zu fahren, schrieben, nein, mittlerweile wurde auch in den Nachrichtensendungen im Radio darüber berichtet.

In den ersten Wochen verging kaum ein Tag, ohne dass ein Reporter im Hotel anrief und fragte, ob ich schon mit dem Kapitän gesprochen habe, ob ich bereits angemustert sei und was ich tun würde, wenn der Windjammer ohne mich in See stieße.

Kurz nach meiner Ankunft und meinem Gespräch mit Kapitän Björkfelt auf der Pier, bei dem er mir mitgeteilt hatte, dass sein Schiff voll bemannt sei, erschien in einer Zeitung in Sydney ein Artikel mit der Schlagzeile: «Schlechte Aussichten für fliegenden Seemann», und darunter: «Adelaide. – Bill Stark, der amerikanische Student, der 16 000 Kilometer geflogen ist, um auf einem Segelschiff anzuheuern, hat wahrscheinlich Zeit und Geld verschwendet.»

Diese Schlagzeilen brachten mich nicht mehr sonderlich aus der Ruhe. Schließlich hatte ich inzwischen mit Kapitän Björkfelt gesprochen und wusste, dass es Hoffnung gab.

Neben meiner Kornsackschlepperei auf den Frachtern fing ich an, kleinere Zeitungsartikel über meine Erlebnisse in Port Vic zu verfassen. Schon in meinen letzten Jahren auf der Highschool hatte ich angefangen, für mich selbst zu schreiben, wozu mich nicht zuletzt mein Vater ermutigt hatte, der stets voller Bewunderung gewesen war für einen Kommilitonen vom College, der sich als Autor von Reiseberichten einen Namen gemacht hatte. Das Schreiben fiel mir nicht leicht, aber es machte mir Spaß. Während meiner Studienzeit in Dartmouth wurden einige meiner Artikel im *Milwaukee Journal Sentinel* veröffentlicht, der größten Tageszeitung in Wisconsin. Dabei handelte es sich entweder um persönliche Erfahrungsberichte oder um historische Skizzen.

In Port Victoria schrieb ich in meinen freien Stunden über die Windjammer. Das Schreiben ging mir ungewohnt leicht von der Hand, und einige Artikel wurden in amerikanischen Tageszeitungen veröffentlicht, andere in australischen Zeitschriften.

Reuters verbreitete einen Artikel über meine weite Reise und meinen Kindheitstraum. Die Geschichte erschien in mehreren Ländern, und ich erhielt einen Scheck in Pfund Sterling mit einem Gegenwert von ungefähr fünfhundert US-Dollar. Natürlich konnte ich das Geld gut gebrauchen, aber die Bitte, noch mehr zu schreiben, war mir sehr viel mehr wert.

In der Zwischenzeit erhielt ich ein Telegramm von meinen Eltern in Milwaukee. Mr. Scanlens Brief war eingetroffen. Sie wünschten mir alles Gute und viel Erfolg bei meinem Vorhaben. Damit war mir eine große Sorge genommen. Später erfuhr ich, dass sie noch einen weiteren Brief aus Australien bekommen hatten, von einer Frau, die in der Zeitung über mich gelesen hatte. Es gefiel ihr nicht, dass meine Eltern nicht wussten, wo ich steckte, und sie fühlte sich verpflichtet, es ihnen mitzuteilen. Der Brief war adressiert mit: «Mr. Stark, Süßwarenfabrik, Milwaukee, USA». Er kam an.

Außerdem erhielt ich einen Brief von Yvette. Ich hatte ihr nach Batavia geschrieben, um ihr mitzuteilen, wo ich war, und sie antwortete prompt. Doch als ich den Umschlag aufriss, musste ich feststellen, dass sie auf Französisch geschrieben hatte. Ich kannte niemanden in Port Victoria, der Französisch sprach, und so unternahm ich einige fruchtlose Versuche, ihn zu lesen, kam aber über das «*Mon très cher Bill*» in der Anrede nicht hinaus und legte ihn schließlich zur Seite. Ich war mit der Arbeit auf der Pier, meinem Schreiben und meinen Gedanken an die *Pamir* so ausgefüllt, dass Yvette ein wenig in den Hintergrund rückte – zumindest für den Moment.

Mit meiner Schreiberei kam ich gut voran, und ich war froh, dass meine Eltern mir keine Steine in den Weg legten, doch meine Aussichten, auf der *Pamir* anheuern zu können, waren unverändert. Eine Woche verging, zwei Wochen vergingen, dann drei Wochen, und die Mannschaft der *Pamir* war noch immer vollzählig. Mittlerweile war der Ballast über die Seite ins Hafenbecken gelöscht worden. Jetzt würde das Schiff die Fracht an Bord nehmen. Sie segelte von den Ballastgründen bis auf ungefähr eine Meile an die Pier heran und setzte ihre riesigen Anker.

Die Kaiarbeiter beluden jetzt kleine Ketschen, die an der Pier vertäut lagen, mit Getreidesäcken. Wenn der Wind günstig stand, segelten die Ketschen zur *Pamir*, ansonsten brachten sie ihre Fracht mit Hilfe der kleinen Motoren zu dem riesigen Schiff. Dort wurden die Säcke in einer Schlinge mit Hilfe einer großen Dampfwinsch an Deck der *Pamir* gehievt und durch eine der vier Luken in den Laderaum hinabgesenkt. Dort unten waren sechs Schauerleute damit beschäftigt, die Säcke aus den Schlingen zu befreien und ordentlich zu verstauen. Diese Männer lebten an Bord der *Pamir*, solange das Befrachten andauerte.

Mit Edwardes' Segen wurde ich für die Stauarbeiten im Laderaum abgestellt. Also tauschte ich Hotel und Pier gegen eine Hängematte in der Segelkoje der *Pamir* im achteren Teil des Zwischendecks, das zwischen Laderaum und Hauptdeck lag und sich über die ganze Länge des Schiffes zog. Dort wurden die großen Ersatzsegel gelagert. Ich hatte die Hoffnung, dass meine Erfolgsaussichten umso besser wurden, je näher ich dem Schiff war. Doch es bot sich kaum Gelegenheit, die Mannschaft und die Steuerleute der *Pamir* kennen zu lernen, denn die Schauerleute galten als ganz eigener Schlag.

Kaum ein Besatzungsmitglied bekam den leeren Laderaum der *Pamir* je zu Gesicht. Er war riesig, ein einziger leerer Raum vom Bug bis zum Heck, ein fast hundert Meter langes, schwimmendes Lagerhaus. Durch die Luken drang nur wenig Licht, das die schwarze Nacht dort unten kaum erhellte. Meine Tage als Schauermann im Laderaum würde ich liebend gern aus meinem Gedächtnis streichen. Meine fünf Kollegen waren im Heuerbüro der Gewerkschaft in Adelaide angeworben worden. Sie waren dreckig, faul und meistens betrunken.

Unser Essen, das in der Kombüse zubereitet wurde, wurde durch die Luken herabgelassen. Unten hatten wir Blechteller, Gabeln und Löffel und Blechtassen. Nach dem Essen wurden die Reste in einen Mülleimer geschabt, und statt sie mit Spülmittel und Wasser abzuwaschen, wurden die Teller mit einem fettigen Lappen abgewischt und bis zur nächsten Mahlzeit verstaut.

Nach der ersten Mahlzeit fragte ich den «Einhandsegler», der sich diesen Spitznamen wegen seines verunstalteten linken Arms eingehandelt hatte, wie wir sicher sein konnten, dass wir immer den gleichen Teller bekamen.

«Da kannst du dir nicht sicher sein», sagte er und fügte lachend hinzu: «Du gewöhnst dich auch noch an das Leben hier unten, Yank.»

Doch ich gewöhnte mich nie an das Leben dort unten im Laderaum.

Ungefähr eine Woche nachdem ich als Schauermann auf die *Pamir* gegangen war, tauchte eines Morgens Edwardes etwa zehn Meter über mir an einer der offenen Luken auf und brüllte in die Dunkelheit herunter: «Yank, komm rauf an Deck. Gute Neuigkeiten.»

Ich kletterte die Leiter hinauf an die frische Luft und blinzelte im Sonnenlicht.

«Colliers hat soeben seinen Job als Kontrolleur gekündigt», verkündete Edwardes. «Wenn du willst, kannst du seine Stelle haben.»

Das waren in der Tat sehr gute Neuigkeiten.

Zuerst glaubte ich, Edwardes habe mich aus reiner Gutmütigkeit zum Kontrolleur ernannt. Später erfuhr ich, dass Colliers gar nicht gekündigt, sondern vielmehr seine Aufgabe, die simpel genug war, vermasselt hatte und von Edwardes gefeuert worden war. Der Kontrolleur gehörte nicht zur Mannschaft der *Pamir*, sondern arbeitete für Edwardes, was bedeutete, dass die Stelle wegfiel, sobald die *Pamir* geladen hatte. Ich weiß bis heute nicht, warum Edwardes mich für die Stelle auswählte. Vielleicht glaubte er, dass ich, der ich wenigstens eine halbe Universitätsausbildung genossen hatte, besser mit Zahlen umgehen konnte als meine Pierkollegen.

Es war vermutlich die ruhigste Tätigkeit, die die Seefahrt zu bieten hatte. Die einzige Aufgabe des Kontrolleurs bestand darin, auf einem Stuhl auf Deck zu sitzen, ein Buch auf dem Schoß, und die Getreidesäcke zu zählen, die in der großen Schlinge aus den Ketschen gewinscht und in den Laderaum der *Pamir* hinabgelassen wurden, wo sie von den verkommenen Kerlen, die gerade noch meine Kollegen gewesen waren, verstaut wurden. Noch dazu war der Lohn ungefähr doppelt so hoch wie der eines Schauermanns, und ich musste auch nicht mehr in einer Hängematte in der Segelkoje schlafen. Ich war jetzt in einer kleinen Kabine untergebracht, die eigentlich für den Funker vorgesehen war und die ich nun ganz für mich allein hatte. Im Jahr 1949 verfügte die *Pamir* weder über Funk noch Funker, obwohl – wie auf den meisten Windjammern – zu irgendeinem Zeitpunkt eine Kabine für diesen Zweck vorgesehen worden war.

Das Befrachten ging weiter, und ich saß Tag für Tag auf meinem Stuhl auf Deck und zog mich abends in meine winzige Kabine zurück. Ich hatte morgens um sieben Uhr auf Deck zu sein und bis vier Uhr nachmittags zu arbeiten; die übrige Zeit einschließlich der Wochenenden hatte ich frei. Einen Großteil meiner freien Zeit verbrachte ich in Port Vic, häufig zusammen mit Besatzungsmitgliedern der *Pamir*, die ich vorwiegend als sympathische Gesellen kennen gelernt hatte. Mit zweien von ihnen verstand ich mich besonders gut. Beide waren Neuseeländer: Bill McMeikan, der mit seinen einundzwanzig Jahren eine verblüffende Ähnlichkeit mit dem jungen Gary Cooper hatte, und Murray Henderson. Sie hatten erst in Neuseeland angeheuert und bisher lediglich die kurze Überfahrt nach Port Vic mitgemacht. Offiziell waren sie als Decksjungen angemustert worden und nicht als Voll- oder Leichtmatrosen, wie die anderen Ränge in der seemännischen Hierarchie hießen, doch sie hatten in kürzester Zeit sehr viel über Segelschiffe gelernt. Als Decksjungen hatten sie die gleichen Arbeiten zu erledigen wie die anderen Seeleute, der «Rang» eines Matrosen bestimmte sich lediglich nach seiner Erfahrung auf See. Der wichtigste Unterschied zwischen Voll- und Leichtmatrosen und Decksjungen jedoch lag weniger in den Pflichten als in der Bezahlung.

An den Wochenenden durften mit Kapitän Björkfelts Erlaubnis Besucher an Bord der *Pamir* kommen. Am ersten Sonntagnachmittag in meinem neuen Quartier lag ich in meiner Koje und las. Die Tür war nur angelehnt. Auf einmal spazierte eine attraktive und recht frühreif wirkende Sechzehnjährige in einem grünen Kleid herein und fragte, ob ich der Yank sei.

Ich hatte kaum Zeit, mich aufzusetzen, als sie schon neben mir auf der Koje saß. Es dauerte aber keine Minute, bis ihre Mutter und deren Schwester, die Frau des Postbeamten von Port Vic, hereinkamen und mich retteten. Sie scheuchten den überambitionierten Backfisch aus meiner Kabine.

Wenige Tage später reisten Mutter und Tochter zurück nach Adelaide, nachdem Letztere für einen kleinen Skandal gesorgt hatte. Zur Mannschaft der *Pamir* gehörte ein gut aussehender Neuseeländer namens «Slim» Pilling, ein exzellenter Seemann, einer der besten an Bord. Zwei Tage nach besagtem Sonntag wurden Pilling und das Mädchen in einem Getreideschuppen bei einem leidenschaftlichen Stelldichein erwischt.

Die beiden hatten sich noch nicht wieder angezogen, da hatte die Nachricht schon im ganzen Ort die Runde gemacht. Kapitän Björkfelt konnte es sich nur schwerlich leisten, Pilling als Matrosen zu verlieren. Edwardes war es ein Gräuel, wenn Ruhe und Frieden von Port Victoria gestört wurden, was leider des Öfteren der Fall war, wenn Schiffsmannschaften nach Monaten auf See wieder an Land kamen. Einige Geldscheine wechselten den Besitzer, und Mutter und Tochter waren in Port Victoria nicht mehr gesehen – zumindest nicht solange die *Pamir* im Hafen lag.

In den nächsten zwei Wochen lernte ich nicht nur das Schiff, sondern auch die Mannschaft kennen. Während ich als Kontrolleur auf der *Pamir* wohnte, aß ich zusammen mit den anderen in der Messe. Das Durchschnittsalter der vierundzwanzigköpfigen Besatzung lag bei einundzwanzig oder zweiundzwanzig Jahren. Im Krieg war die *Pamir* unter neuseeländischer Flagge gesegelt, daher waren zu jenem Zeitpunkt die meisten Crewmitglieder Neuseeländer. Außerdem gab es ein paar Australier, Schotten, Waliser und Skandinavier an Bord. Nie zuvor hatte ich so viele derart gut gebaute und kräftige Männer auf einem Haufen gesehen. Das ständige Aufentern, das Hieven der Leinen und die Arbeit an Winschen und Spills hatte ihnen Muskeln beschert, wie ich sie nicht einmal bei College-Footballmannschaften gesehen hatte. Und sie hatten ihre Freude daran, sie zum Einsatz zu bringen.

Eines Mittags nach dem Essen, als wir alle auf Deck waren, rief plötzlich jemand: «Schiff ho!»

Am Horizont war ein kleiner weißer Fleck aufgetaucht. Wir alle wussten sofort, dass es die *Passat* war, die vor 103 Tagen in

England in See gegangen war. Schon die vor Anker liegende *Pamir* bot einen Ehrfurcht gebietenden Anblick, doch die *Passat* unter Vollzeug war von unbeschreiblicher Pracht. Als sie näher kam, sahen wir, dass alle zweiunddreißig Segel gesetzt waren – um die viertausendeinhundert Quadratmeter, fast ein halber Hektar Leinwand, wie die erfahreneren Matrosen mir erzählten.

Die *Passat* war noch weit von uns entfernt, als die komplette Besatzung begann, die Segel zu bergen. Ungefähr eine Stunde später fuhr ein achtundneunzig Meter langer schwarzer Rumpf mit einer Geschwindigkeit von gut zwölf Knoten vor einem steifen Ostwind unter gekürzten Segeln an uns vorbei und ging eine oder zwei Meilen von uns entfernt vor Anker. Auf diesem Schiff zu fahren wäre auch nicht schlecht, dachte ich bei mir.

Die *Pamir* war mir zwar ans Herz gewachsen, aber es gab noch immer keine freie Stelle an Bord, deshalb wollte ich so bald wie möglich mit Kapitän Hagerstrand von der *Passat* sprechen. Noch am gleichen Abend ging ich an Land und traf ihn im Hotel an. Der Besitzer hatte ihm bereits von meiner weiten Anreise erzählt, also musste ich mich nicht lange vorstellen. Der Kapitän sagte mir, dass sieben Männer von Bord der *Passat* gehen würden und dass ich als Matrose anheuern könne, wenn ich wollte.

Mir fiel ein Stein vom Herzen – ich hatte es geschafft.

Die Besatzung der *Passat* machte einen ganz vernünftigen Eindruck, sie bestand in erster Linie aus Finnen und Engländern. Der Zweite Steuermann der *Passat*, Axel Kussel, war ein gut aussehender, hochnäsiger Deutscher um die dreißig. Im Zweiten Weltkrieg hatte er als Navigationsoffizier auf einem U-Boot der deutschen Marine gedient. Eines Nachmittags, einige Tage nach Ankunft der *Passat* in Port Victoria, desertierte er. Es kam häufig vor, dass europäische Matrosen in Australien desertierten, aber für einen Offizier war es ungewöhnlich.

Eine Woche oder vielleicht zehn Tage später wurde er mitten in Australien aufgegriffen und zur *Passat* zurückgebracht. Entsprechend uralten Traditionen auf See würde er die Rückreise auf der *Passat* als Leichtmatrose antreten.

Der Erste Steuermann der *Passat*, George Söderland, – der Offizier direkt unter Kapitän Hagerstrand – war schon zu Lebzeiten eine Legende. Murray Henderson beschreibt Söderland in seinen persönlichen Erinnerungen so:

«[Er war] ein ungeschliffener Diamant von den finnischen Ålandinseln und ein großartiger und hoch angesehener Seemann. Zu den ungeheuerlichen Heldentaten dieses unbändigen und unglaublich kräftigen Mannes gehörte es, dass er samstags abends in Mr. Hinks Restaurant regelmäßig bis zu zwanzig Spiegeleier verzehrte, wobei zu jeder Portion von fünf bis sechs Eiern eine ordentliche Beilage aus Speck und Tomaten gehörte, oder dass er sich in ebenjenem Lokal auf alle viere niederließ und einen fertig gedeckten Tisch für vier Personen mitsamt Geschirr und Besteck mit den Zähnen in die Luft hob. Zu seinen liebsten Partytricks gehörte es, sich in der Mitte eines Türpfostens festzuhalten und den schlanken Körper vollkommen gerade und parallel zum Boden auszustrecken. Es war schier unglaublich, welche Unmengen an Whisky er konsumieren konnte, ohne das Bewusstsein zu verlieren. Die Mannschaft der *Passat* würde diesen bemerkenswerten Mann später noch in seinem Element erleben, als bei einer gewaltigen Bö vor Kap Horn der Steuerbordarm der Groß-Oberbramrah gebrochen und verbogen war und Söderland mehrere Stunden am Stück im stürmischen Wind rittlings auf der gebrochenen Stahlrah saß und sie mit Eisensplittern, Draht und Manilatau so gut reparierte, dass sie bis zum Ende der Reise hielt.»

Keine vierundzwanzig Stunden nach Ankunft der *Passat* in Port Victoria offenbarte sich mir die Herkunft von Söderlands Ruf, einerseits auf See großen Einsatz und Disziplin an den Tag zu legen, andererseits an Land zu unberechenbaren Ausfällen zu neigen. Ich war noch immer Kontrolleur. Am frühen Nachmittag des Tages, an dem die *Passat* eingetroffen war, war ich mit Kapitän Björkfelt in seinem motorisierten Rettungsboot an Land gefahren. Jimmy Inglis, der schweigsame Australier von der *Pamir*, war wie meistens Björkfelts Bootsführer. Wenige Stunden später wollten wir zur *Pamir* zurückkehren.

Kapitän Björkfelt und der Erste Steuermann Söderland gingen ein paar Meter vor uns auf der Pier. Die beiden hatten den Nachmittag in der Kneipe des Hotels verbracht. Inglis hatte eine Flasche «Plonk» dabei (der australische Begriff für Weißwein), die er mit aufs Schiff nehmen wollte. Ohne erkennbaren Grund wirbelte Söderland plötzlich herum, riss Inglis die Flasche aus der Hand und zerschmetterte sie auf der Pier. Ein kleiner Glassplitter verletzte mich am Fußknöchel.

Niemand bemerkte meine Verletzung – die ohnehin nur eine Schramme war –, aber Söderland bog sich vor Lachen, und Kapitän Björkfelt grinste übers ganze Gesicht. Ich fragte mich, was da auf mich zukam, wenn ich auf See mehrere Monate auf Gedeih und Verderb dem Kommando dieses Hitzkopfs unterstellt war, sobald ich auf der *Passat* angemustert hatte.

Sowohl in Port Vic als auch an Bord der Schiffe ging es in körperlicher Hinsicht recht derb zu. Die Arbeit war extrem anstrengend – achtzig Kilo schwere Säcke durch die Gegend zu schleppen ist kein Zuckerschlecken –, und die Besatzung und die Kaiarbeiter waren allesamt muskelbepackte Kerle. Dennoch gab es, bis auf wenige Ausnahmen, kaum Machogehabe am Kai oder auf den Schiffen, und es kam nur selten zu Schlägereien. Ich selbst habe mich nie für einen besonders guten Kämpfer gehalten. Ich weiß noch, dass Söderlands enorme körperliche Präsenz mich einschüchterte und dass ich ihm mit Vorsicht begegnete. Als ich ein Junge war, hatte mein Vater mir einen Rat mit auf den Weg gegeben: «Tu alles, um eine Schlägerei zu vermeiden, aber wenn es trotzdem dazu kommt, dann schlag zuerst zu und halt dich nicht lange damit auf, fair zu kämpfen – hau den Kerl um.» Ich wusste, wenn Söderland und ich jemals aneinander geraten sollten, würde er mich an Land wie eine Fliege zerquetschen, aber wenn es mir gelang, ihn vom Kai ins Wasser zu befördern, könnte ich ihn, da ich ein kräftiger Schwimmer war, so lange unter Wasser drücken, bis er aufgab. Aus eigener Erfahrung an Bord verschiedener Schiffe wusste ich, dass viele hartgesottene Seeleute wie Söderland, die am Meer und auf Schiffen aufgewachsen waren, nie schwimmen gelernt hatten.

Auch an Bord der *Pamir* gab es, genau wie auf der *Passat* mit Söderland, ein Schwergewicht unter den Offizieren. Hier war es der Bootsmann – der niedrigste Offiziersgrad auf einem Segelschiff, eine Art Vorarbeiter für die Mannschaft, der dafür zu sorgen hat, dass alle Arbeiten ordnungsgemäß erledigt werden –, ein Engländer namens Gerry Rowe, einen Meter neunzig groß und ausgesprochen gut gebaut. Söderland maß keine eins achtzig, doch er war vermutlich mit Abstand der Stärkste auf beiden Schiffen. Keiner von beiden duldete es, wenn einer aus der Mannschaft aufmüpfig wurde.

An einem warmen, sonnigen Morgen, als die *Pamir* in Port Vic vor Anker lag und Getreide lud, wurde mir das in aller Anschaulichkeit demonstriert. Wir standen auf Deck, als Gerry Rowe Jimmy Inglis und mich hinüber zur Reling rief. Der Kapitän hatte uns drei ausgesucht, um aus Port Vic ein paar Kisten abzuholen, die für ihn persönlich bestimmt waren.

Wir fuhren also mit dem Motorboot hinüber und vertäuten es an der Pier. Als wir über die Pier zur Stadt marschierten, sahen wir an Land Taffy Jenkins stehen, der reichlich ramponiert aussah. Er war Vollmatrose auf der *Pamir* und hatte damit den höchsten Rang unter Matrosen inne. Jenkins, ein reichlich hitzköpfiger Waliser, hatte mehrere Tage freibekommen, um in Adelaide irgendwelche persönlichen Angelegenheiten zu regeln. Jetzt war er zurück, und er war betrunken.

Im Vorbeigehen befahl Gerry ihm, im Boot auf uns zu warten.

«Fahr zur Hölle, Admiral», entgegnete Jenkins.

Gerry reagierte so schnell, dass es Jenkins kalt erwischte. Der Bootsmann verpasste ihm einen soliden Kinnhaken. Der Waliser wirbelte herum und landete bewusstlos auf einem Haufen Seealgen.

Dann beluden wir zu dritt das Boot, und als wir die letzte Kiste hinabgelassen hatten, sagte der Bootsmann: «Ihr zwei habt was vergessen.» Wir sahen ihn fragend an.

«Holt Jenkins», sagte er.

Wir marschierten zurück, schleppten den noch immer bewusstlosen Jenkins über die Pier und ließen ihn ohne großes Aufheben ins Boot plumpsen.

Getreu dem Ruf, der ihnen vorauseilte, zechten die Seeleute der *Pamir* und der *Passat* gern und ausgiebig, wenn sie in Port Victoria an Land gingen. Die Kapitäne drückten in der Regel ein Auge zu. Alkohol an Bord jedoch war eine gänzlich andere Geschichte, und eine haarige dazu. In dieser Angelegenheit bemerkte ich zum ersten Mal Anzeichen für eine verdeckte Rivalität oder vielleicht einen Funken Neid zwischen Kapitän Björkfelt und Kapitän Hagerstrand. Beide stammten von den finnischen Ålandinseln, und beide hatten den gleichen Brotgeber, die Reederei Erikson. Sie pflegten einen kollegialen Umgang, aßen ab und zu gemeinsam zu Abend oder trafen sich auf ein Bier in der Kneipe. Doch auch wenn die Reederei Erikson Björkfelt offensichtlich vollstes Vertrauen entgegenbrachte, war er doch weniger renommiert und weniger erfahren als Hagerstrand. Hagerstrand war mit seinen sechzig Jahren elf Jahre älter als Björkfelt und stand vor seiner neununddreißigsten Fahrt um Kap Horn, während es für Björkfelt erst die fünfzehnte war.

Die Schiffe nahmen immer noch in Port Vic Getreide an Bord, als ich Zeuge einer kurzen, aber hitzigen Ansprache Kapitän Björkfelts über Hagerstrands Methoden der Schiffsführung in puncto Alkohol an Bord wurde. Ich saß wieder einmal in der kleinen Barkasse des Kapitäns, diesmal mit Kapitän Björkfelt, Jimmy Inglis und einem lauten und großspurigen Neuseeländer von der *Pamir* namens «Hotcha» King, und wir befanden uns auf der etwa halbstündigen Fahrt vom Kai zur *Pamir*.

Als wir an der *Passat* vorbeifuhren, sagte Kapitän Björkfelt: «Bald wird der alte Ivar wieder anfangen, volle Flaschen über Bord zu werfen.»

«Was hat's damit auf sich, Käpt'n?», fragte Hotcha in jovialem Ton.

«Auf See duldet er keinen Tropfen Whisky an Bord. Alle Matrosen müssen ihre Flaschen ins Meer werfen, und er und seine Offiziere machen es genauso. Ein seltsames Ritual. Ich persönlich halte es für total idiotisch, eine Verschwendung guten Whiskys.»

Eine Weile fuhren wir schweigend weiter.

«Ich habe noch nie eine volle Flasche über Bord geworfen», fuhr er dann fort. «Ich schließe den Schrank ab und mache ihn erst wieder auf, wenn wir im Hafen liegen. Und meine Männer wissen genau, was ihnen blüht, wenn sie auf See beim Trinken erwischt werden.»

Kapitän Björkfelts sittenstrenge Tirade überraschte uns alle. Ich nahm ihm nicht ab, dass es Hagerstrands «Ritual» tatsächlich gab. Und ich bezweifelte, dass Kapitän Björkfelts Alkoholschränkchen wirklich die ganze Reise über verschlossen blieb.

Vielmehr gewann ich den Eindruck, dass Kapitän Björkfelt es darauf anlegte, sich mit Hagerstrand zu messen.

Es war ein Mittwoch, als Kapitän Hagerstrand mich für die *Passat* anmusterte. Am Morgen danach erklärte ich Edwardes, dass ich meine Stellung als Kontrolleur auf der *Pamir* aufgeben wolle, um als Matrose auf die *Passat* zu gehen. Er bat mich, noch bis zum kommenden Montag zu bleiben. Ich willigte ein. Eine weitreichende Entscheidung, wie sich bald herausstellte.

Am folgenden Samstagnachmittag segelte die Mannschaft der *Pamir* wie gewöhnlich in einem der Beiboote nach Port Victoria hinüber, um das Wochenende an Land zu verbringen. Ich war zwar kein ordentliches Crewmitglied, aber ich wurde als einer der «Jungs von der *Pamir*» angesehen, da ich die letzten Wochen auf dem Schiff verbracht hatte, und so schloss ich mich den anderen meistens an. Die Mannschaft eines Segelschiffes verbindet in der Regel ein starkes Gemeinschaftsgefühl, selbst wenn die Männer untereinander zerstritten waren, und eine gewisse Loyalität zum eigenen Schiff, vor allem wenn man im Hafen mit der Besatzung eines anderen Schiffes zusammentraf.

Der allgemeine Treffpunkt der Stadt war die gemütliche kleine Kneipe des Hotels. Hier verbrachten wir unsere Samstagnachmittage, tranken gutes australisches Bier und unterhielten uns. An jenem Samstag war die Kneipe gerammelt voll, weil sich auch die Mannschaft der kürzlich eingetroffenen *Passat* eingefunden hatte. Die beiden Mannschaften kamen recht gut miteinander aus, und man erzählte sich Geschichten von den bestandenen

Abenteuern auf See. Fast alle tranken Bier, doch in beiden Mannschaften gab es ein paar Männer, die harten Alkohol bestellten, und mit der Zeit wurden sie immer lauter und ausgelassener.

Spät am Nachmittag standen wir mit mehreren Leuten auf der Veranda des Hotels, darunter auch George Söderland, der muskelbepackte, ungestüme Steuermann der *Passat*. Er wusste, dass ich auf seinem Schiff angeheuert hatte, und fing an, mir auf die Brust zu boxen: «So einen wie dich, so einen brauch ich in meiner Wache.»

Er hatte einen recht harten Schlag, doch ich hielt es für das Beste, mich nicht mit ihm anzulegen und es mit Humor zu nehmen.

Andy jedoch, der Smutje der *Pamir*, der neben mir stand, sah das ganz anders. Andy stammte aus den schottischen Highlands, war von beeindruckender Statur und leicht reizbar. Zwar gefällt mir der Gedanke, dass er einschritt, weil er mich mochte, aber vermutlich war es nur seinem heißblütigen schottischen Temperament in Verbindung mit dem einen oder anderen Bier zu viel geschuldet, dass er losschrie: «Lass bloß die Finger von unserem Yankee!»

Der finnische Steuermann wollte gerade zu einer Antwort ansetzen, als Andy sich wie ein Tiger auch schon auf ihn stürzte. Mit seiner riesigen Faust traf er den Finnen auf Nase und rechtem Auge. Dann brach die Hölle los. Einer von der *Passat* kam seinem Steuermann zu Hilfe, und schon bald hatte sich die gesamte Kneipe und die Straße davor in ein einziges Schlachtfeld verwandelt. Natürlich kämpfte ich aufseiten der Jungs von der *Pamir*, wobei ich, wie die meisten, nur laut schrie und die anderen herumschubste.

Bis zum heutigen Tag ist es mir ein Rätsel, wie es dazu kommen konnte, dass wir uns innerhalb weniger Minuten nicht nur mit der

Mannschaft der *Passat* prügelten, sondern auch mit den Leuten vom Hotel und zwei Polizeibeamten. Wobei Letzteres ein großer Fehler war.

Das Ganze dauerte keine fünfzehn Minuten, dann war alles vorüber. Einige Männer kehrten an die Theke zurück, andere machten sich aus dem Staub. Ein paar Unglückliche jedoch wurden von der Polizei eingesammelt.

Am nächsten Tag machten die australischen Zeitungen aus der Rauferei, die kaum mehr gewesen war als ein allgemeines Hin- und Hergeschubse, eine Riesensache. Es gab Schlagzeilen wie: «Windjammermatrosen randalieren in Port Victoria – Schlimmste Schlägerei seit Jahrzehnten».

Die südaustralische Justiz war, damals zumindest, schnell und streng. Sonntagnachmittag trafen vier Polizisten aus Adelaide in Port Victoria ein. Montagmorgen wurden drei Männer aus der Mannschaft der *Pamir*, die hauptsächlich dafür verantwortlich zeichneten, dass die Polizisten in der Schlägerei ihr Fett wegbekommen hatten, an Land geführt.

Noch am gleichen Nachmittag wurden sie Edwardes in seiner Eigenschaft als Friedensrichter vorgeführt. Sie wurden des Widerstands gegen die Staatsgewalt für schuldig befunden und zwei Stunden später in Handschellen nach Adelaide gebracht, um eine dreimonatige Strafe in einem Staatsgefängnis anzutreten.

Die *Pamir* sollte in weniger als einem Monat in See gehen, und es gab keine Möglichkeit, die drei zurückzuholen, bevor die Segel gesetzt wurden. Am späten Nachmittag, es war mein letzter Tag als Kontrolleur, bevor ich auf die *Passat* gehen würde, kam Kapitän Björkfelt auf mich zu, während ich mit dem Buch auf dem Schoß an Deck der *Pamir* saß.

«Auf meinem Schiff sind drei Stellen frei», sagte er. «Eine ist für Sie, wenn Sie wollen.»

«Ich nehme sie», sagte ich, ohne eine Sekunde zu zögern. «Ich nehme sie auf jeden Fall.»

Wenige Minuten später hatte ich als Leichtmatrose auf der *Pamir* angeheuert.

5. Kapitel

Die *Pamir*

D ie *Pamir* lief im Jahr 1905 vom Stapel, als das goldene Zeitalter der Hochseesegler längst vorüber war. Doch auch Ende des 19. und Anfang des 20. Jahrhunderts, als immer mehr Dampfschiffe gebaut wurden, gab es einige wenige, die weiter an den Vorteil der kostenlosen Windkraft vor teuren fossilen Brennstoffen als Mittel zur Beförderung schwerer Frachten von einem Ende des Globus zum anderen glaubten.

Zu diesen treuen Anhängern gehörte auch die Familie Laeisz von der deutschen Reederei R. F. Laeisz. Das Unternehmen machte sich die Fortschritte in der Stahlproduktion aus den siebziger Jahren des 19. Jahrhunderts zunutze. So ersetzte Stahl die schweren Eisenrümpfe, die bis dahin im Schiffsbau üblich gewesen waren, und machte es möglich, leichtere, größere und billigere Rümpfe zu bauen, die sich gerade für sehr große Segelschiffe als ideal erwiesen. Diese Segelschiffe, die größten, die die Welt je gesehen hatte, hatten eine enorme Tragfähigkeit und konnten in wirtschaftlicher Hinsicht mit den neuen Dampfschiffen konkurrieren.

Das erste Segelschiff der Reederei, das einen eisernen Rumpf hatte, war die *Polynesia*, Baujahr 1874, mit einer Tragfähigkeit von 1010 Tonnen. Danach wuchsen die Reederei Laeisz und ihre Schiffe beständig. Bereits zur Jahrhundertwende bereederte das Unternehmen stählerne Vier- und Fünfmaster, die dreitausend Bruttoregistertonnen (die Einheit zur Bestimmung der Ladekapazität eines Schiffes) locker überschritten und die dank einer ausgefeilten Takelung auch von einer kleinen Mannschaft gesegelt werden konnten. Fast alle Laeisz-Schiffe trugen Namen, die mit «P» begannen, was angeblich auf den Spitznamen der Ehefrau von Carl Laeisz zurückging, die wegen ihrer lockigen Haarpracht «Pudel» genannt worden war. Auch eines der ersten und meistgeliebten Schiffe von Laeisz wurde auf diesen Namen getauft. Darauf folgten Schiffe, deren Namen in der Welt der Rahsegler einen großen Klang haben: *Potosi*, *Preußen*, *Pangani*, *Peking* und viele andere; ihre Reputation für erstklassige und schnelle Schiffe trug der Reederei den Spitznamen «Flying P-Line» ein.

Dazu gehörte auch die *Pamir*, benannt nach einem Hochgebirge in Zentralasien. Sie war im Jahr 1905 im Auftrag der Firma Laeisz in der Werft Blohm & Voss im Hamburger Hafen gebaut worden. Wie viele der Flying-P-Schiffe wurde auch die *Pamir* zunächst im südamerikanischen Salpeterhandel eingesetzt und war speziell für diese Aufgabe gebaut worden. Salpeter, der vom Düngemittel bis zur Sprengstoffherstellung unzählige Verwendungen fand, war um die Jahrhundertwende ein Motor der wirtschaftlichen und militärischen Macht der europäischen Nationen. Die großen Stahlsegler wie die *Pamir* beförderten Salpeter aus den Minen der chilenischen Anden um Kap Horn und über den Atlantik nach Europa.

Die *Pamir* galt als einer der besten und schönsten der Flying-P-Segler. Jedes Schiff, auch die von sehr ähnlicher Bauart, hatte eine eigene Persönlichkeit, die sein Kapitän in- und auswendig kennen sollte. Die *Pamir* war dafür bekannt, dass sie bei leichtem Wind ungelenk und langsam war, doch als wahrer Kap-Horn-Segler lief sie in den steifen Winden nahe der Antarktis zur Hochform auf. «Sie ist stark wie ein dreitausend Tonnen schwerer Elefant», so hatte ein ehemaliger Kapitän sie beschrieben.

Mit sechsundneunzig Metern Länge und zweitausendachthundert Tonnen Gewicht war sie ein Zwerg, verglichen mit modernen Supertankern, die über fünfhundert Meter lang sind, aber im Vergleich zu den Großseglern früherer Jahre war sie ein Riese – beispielsweise fast doppelt so lang wie ein Kriegsschiff um 1700. Wie die meisten großen Stahlsegler war auch die *Pamir* eine Viermastbark, was bedeutete, dass sie über drei große Masten verfügte, jeder mit einer Höhe über Wasser von 52,5 Metern, und einen kleineren Mast auf dem Achterschiff. Die drei großen Masten waren rahgetakelt, trugen also rechteckige Segel, die an langen Querstangen, den Rahen, angeschlagen waren. Der vierte Mast hatte eine Schrattakelung mit dreieckigen Segeln, wie man sie heutzutage von kleineren Segelbooten kennt. Das Schiff verdankte seine Geschwindigkeit in erster Linie den sechs Rahsegeln an jedem der großen Masten, doch diese Segel waren es auch, die der Mannschaft die meiste Arbeit abverlangten: die Rahen mussten richtig zum Wind gestellt werden, und die Besatzung musste ständig die Masten auf- und abentern. Der kleinere vierte Mast trug auch seinen Teil zur Geschwindigkeit bei und machte weniger Arbeit, sodass weniger Matrosen benötigt wurden – eine von vielen kostendämpfenden Innovationen der Firma Laeisz.

Wenn das Schiff mit eingeholten Segeln im Hafen lag – das heißt, wenn die Segel aufgerollt und an den Rahen festgemacht waren –, fiel eine große Viermastbark wie die *Pamir* vor allem durch ein Gewirr von zahllosen Kreuzen auf, die sich als dunkle Silhouette vor dem Himmel abzeichneten. Unter Vollzeug jedoch wirkten die Masten der *Pamir* und ihrer Schwesterschiffe gewaltig und anmutig, wie drei unfassbar hohe gemeißelte Türme aus Segeltuch, die im Winde davongleiten.

Bei Ausbruch des Ersten Weltkriegs fuhr die *Pamir* unter deutscher Flagge und flüchtete sich vor der drohenden Gefahr, aufgebracht oder zerstört zu werden, nach Teneriffa, da die Kanarischen Inseln neutrales Gebiet waren. Dort blieb sie fünf Jahre lang. Nach Kriegsende und der Unterzeichnung des Versailler Vertrags musste Deutschland seine Handelsflotte im Zuge der Reparationszahlungen an die Alliierten abtreten. Die verbliebenen Flying-P-Schiffe wurden verschiedenen Ländern zugesprochen; die *Pamir* ging an Italien. Dort lag sie drei Jahre lang im Hafen, bis die Flying P-Line sie 1924 zusammen mit vier anderen Segelschiffen für achtundzwanzigtausend Dollar zurückkaufte und wieder im Salpeterhandel einsetzte. Anfang der dreißiger Jahre jedoch lag der Salpeterhandel danieder, und Laeisz bot die *Pamir* 1931 zum Verkauf an.

Hoch oben im Norden, auf den finnischen Ålandinseln, liegt Mariehamn, der Heimathafen der letzten Windjammerhandelsflotte der Welt. Eigner der Flotte war ein zäher und gewiefter finnischer Seemann namens Gustaf Erikson, Sohn einer auf den Ålandinseln ansässigen Seefahrerfamilie. Noch heute sind diese Inseln nur spärlich bevölkert, in der Hauptstadt Mariehamn leben zehntausend Menschen und damit vierzig Prozent der Gesamtbevölkerung der Inselgruppe. Die Inseln liegen strategisch günstig im Bottnischen Meerbusen zwischen Finnland und Schweden und dienten von jeher als Seehafen; bereits die Wikinger benutzten sie als Ausgangsbasis für Raubzüge nach Russland. Im Mittelalter war auf den fruchtbaren Böden erfolgreich Landwirtschaft betrieben worden, und so waren die Ålander Bauern und Fischer, je nach Jahreszeit, und versorgten das nahe gelegene Stockholm mit Fisch. Im 18. und bis ins 19. Jahrhundert betätigten sich die Bauern und Fischer außerdem als Frachtschiffer auf Routen entlang der skandinavischen Küste. Damit waren sie oft acht oder neun Monate im Jahr auf See, während die Frauen zu Hause blieben und die Höfe führten. Als nach 1850 mit dem Ende des Krimkriegs Handelsbeschränkungen eingeführt wurden, wagten sich die Åländer hinaus auf die hohe See, stiegen in den transatlantischen Handel ein und wurden in der ganzen Welt als Seefahrer berühmt. In den folgenden siebzig Jahren, der Hochzeit der Seefahrerära der Inseln, legten die Åländer ihre Mittel zusammen und bauten mit vereinten Kräften ungefähr dreihundert Schiffe.

Gustaf Eriksons Vater war einer jener Männer, die Bauern, Schiffseigner und Kapitäne zugleich waren, seine Mutter führte den Bauernhof und die Reederei, während ihr Ehemann auf See war. Gustaf wurde 1872 geboren und wuchs mit dem Meer auf, und so war er gerade mal zehn Jahre alt, als er als Kabinenjunge auf der Bark *Neptune* das erste Mal zur See fuhr. Der Kapitän der *Neptune* fühlte sich für die Bildung des Jungen verantwortlich und verdonnerte ihn, jeden Tag ein Kapitel aus der Bibel zu lesen.

Der junge Erikson arbeitete sich in der Hierarchie an Bord nach oben – zuerst wurde er Koch, dann Matrose auf Deck, dann Bootsmann und Zweiter Steuermann, und wurde schließlich 1893, im Alter von zwanzig Jahren, zum Kapitän seines ersten Schiffes bestellt, der *Adele*. In den nächsten zwanzig Jahren führte Kapitän Erikson Windjammer, die die ganze Welt umsegelten.

Genau wie sein Vater kaufte Gustaf Erikson nach und nach mehrere Segelschiffe. Als erstes erwarb er im Jahr 1913 einen Anteil an der Bark *Tjerimai*, danach eine Viermastbark, die er auf den Namen *Åland* taufte. Der Erste Weltkrieg machte seinen Akquisitionsplänen einen Strich durch die Rechnung, noch dazu erlitt sein Unternehmen einen schweren Schlag, als die *Åland* vor Neukaledonien auf ein Korallenriff lief und sank.

Nach dem Krieg baute Erikson seine Flotte weiter aus. Viele der stählernen Großsegler, die vorher der deutschen Flying

P-Line gehört hatten, erwarb er entweder von anderen Ländern, denen sie im Zuge der Reparationsleistungen übergeben worden waren, oder von der Reederei Laeisz selbst. Als Laeisz schon auf Dampfschiffe umstellte, glaubte Gustaf Erikson, dem das Segeln im Blut lag, noch immer an die Effizienz der Segler. Er kannte seine Schiffe so gut – besser als die Kapitäne, hieß es –, dass er ganz genau wusste, an welcher Stelle man Kosten sparen konnte und wo es sich auf lange Sicht auszahlte, Geld zu investieren.

Eine gewaltige Ersparnis waren natürlich die Kosten für Treibstoff – Wind ist umsonst – und die hohen Heuern der Mechaniker, die für die Wartung und den Betrieb der Motoren benötigt wurden. Ohnehin verfügten die Schiffe – dies bereits unter Laeisz – weder über Hilfsmotoren, noch waren sie versichert. Erikson war der Meinung, dass er sich, wenn die Flotte nur groß genug war, immer noch besser stand, wenn er pro Jahr ein Schiff verlor, als wenn er die horrenden Versicherungsprämien zahlte. An einer Stelle jedoch sparte er nicht, und zwar bei der Wartung der Schiffe. Er war der Überzeugung, dass die Instandhaltung sich auf lange Sicht bezahlt machte, und so waren seine Schiffe stets in tadellosem Zustand, sie wurden von der Mannschaft regelmäßig neu gestrichen und das stehende und laufende Gut ständig überholt. Da er selbst einst als Schiffskoch gearbeitet hatte, wusste er sehr genau, was beim Lebensmittelkauf zu beachten war, und gab persönlich Anweisung, welche Vorräte an Bord zu nehmen und wie die Mahlzeiten zuzubereiten seien. Seine Seeleute bekamen reichlich einfache, gesunde Kost, denn er wusste, dass das Essen ein wesentlicher Faktor für die Moral der Mannschaft war. «Sie sollen genug zu essen haben», sagte er seinen Kapitänen, «aber mästet sie nicht.»

1935, als seine Flotte am größten war, fuhren fünfzehn stählerne Großsegler unter der Flagge des Hauses Erikson: den Initialen des Eigners, «G. E.», in Blau auf weißem Grund. Erikson war über die Maßen stolz auf seine Flotte. «Ich liebe meine Schiffe», sagte er immer wieder, und in seinem Büro hingen Ölbilder und gerahmte Fotografien seiner Schiffe auf See und im Hafen.

Beim Aufbau seiner Windjammerflotte musste Erikson, wenn es um die Laeisz-Schiffe ging, des Öfteren gegen einen anderen Kapitän und Freund der Rahsegler von den Ålandinseln bieten, der ebenfalls eine Windjammerflotte besaß, Ruben de Cloux. Genauso war es, als Laeisz 1931 die *Pamir* zum Verkauf anbot.

«Ich bedaure sehr, dass ich nicht mutig genug war, die *Pamir* zu kaufen, sondern sie Gustaf überlassen habe», schrieb de Cloux von Hamburg aus an seinen Geschäftspartner auf den Åland-inseln. «Wären wir nur etwas entschlossener gewesen, als ich noch zu Hause war, dann könnte sie jetzt uns gehören.»

Im November 1931 zahlte Gustaf Erikson der Reederei Laeisz zwanzigtausend Dollar für die *Pamir*, achttausend Dollar weniger, als die Deutschen acht Jahre zuvor an die Italiener gezahlt hatten. Sehr zu Gustafs Freude und Stolz trat die *Pamir* 1932 unter der Hausflagge Eriksons und dem finnischen blauen Kreuz auf weißem Grund in den australischen Getreidehandel ein.

Die australische Getreidefahrt war die letzte Bastion der großen Rahsegler. Sie stellte bei Kapitänen und Besatzungen allerhöchste Anforderungen an die Seemannschaft, denn die Windjammer segelten im wahrsten Sinne des Wortes um die Welt. Und es waren gerade diese weltumspannenden Fahrten, dank deren die Windjammerflotte wirtschaftlich bestehen konnte, denn in jedem Winkel der Welt machten sich die Kapitäne die vorherrschenden Winde zunutze, um ihre Schiffe möglichst schnell über See zu bringen und erfolgreich mit den motorgetriebenen Schiffen zu konkurrieren. Dennoch sind Dauer und Aufwand selbst einer schnellen Passage eines Windjammers in der heutigen Welt, wo Flugzeuge in weniger als einem Tag die Erde umrunden, kaum mehr vorstellbar. Eine Weltumsegelung mit einem Windjammer dauerte in der Regel ein Jahr, wovon mehrere Monate mit dem Beladen und Löschen im Hafen zugebracht wurden.

Die Passage führte fast immer Richtung Osten. Von England aus gingen die Schiffe mit Ballast aus Sand und Kies in See, der dem Rumpf Gewicht und Stabilität verleihen sollte. Unweit der Küste fingen sie die vorherrschenden Westwinde ein, die über den Atlantik strömen und die Schiffe gen Süden Richtung Afrika brachten. Vor der Küste der Westsahara gerieten sie in den Nordostpassat, der seinen Namen vor Hunderten von Jahren von den Seeleuten der Handelsfahrer bekommen hatte, denen er eine schnelle Passage nach Amerika bescherte. Rahen und Segel wurden nach Backbord gebrasst – zur linken Seite des Schiffes –, und mit den steten, freundlichen Nordostwinden fuhren die Schiffe zum Äquator.

Dort erwarteten sie die berüchtigten windstillen Gebiete namens Kalmengürtel, wo die Schiffe tage- oder sogar wochenlang nichts anderes tun konnten, als sich treiben zu lassen, bis sie den Südostpassat zu fassen kriegten. Mit diesen Winden liefen sie nach Süden bis hinunter zum Kap der Guten Hoffnung an der Südspitze Afrikas. Südlich des Kaps, ungefähr auf 40 Grad Süd-Breite, erwarteten sie die berüchtigten «Brüllenden Vierziger», eine Art gigantisches Hochgeschwindigkeitsförderband aus Luft, das sich im südlichsten Teil der Weltmeere um den ganzen Globus spannt und dabei außer von der Südspitze Südamerikas von keinem Stück Land gebremst wird. In den Brüllenden Vierzigern – und den gewaltigen Seen, die der Wind auf seiner ungehinderten Passage um den Globus aufpeitscht – segelten die Schiffe von Afrika aus in östlicher Richtung über die riesige, leere Weite des südlichen Indischen Ozeans bis nach Südaustralien, wo sie an einem Hafenplatz im Spencer Gulf vor Anker gingen, zum Beispiel vor Port Victoria.

Sobald der Ballast ins Meer gelöscht und das Getreide geladen war, setzten sie ihre Reise um den Globus in östlicher Richtung fort, segelten in den Brüllenden Vierzigern und den «Heulenden Fünfzigern» über den Südpazifik Richtung Südamerika. Der schwierigste Teil der Reise war die Passage zwischen Antarktis und Kap Horn, wo wütende Winde, gewaltige Seen und starker Strom aufeinander treffen. Hatten sie das Horn hinter sich, liefen sie mit dem milden, warmen Südostpassat an Argentinien und Brasilien vorbei, erneut durch den Kalmengürtel am Äquator und mit dem Nordostpassat und später den Westwinden den Nordatlantik hinauf nach England, wo das Getreide gelöscht wurde. Für die zweite Hälfte der Weltumrundung, die gefährliche Fahrt von Australien nach England via Kap Horn, galt eine Dauer von unter einhundert Tagen als gute, schnelle Passage.

Es liegt in der Natur des Menschen, sich mit anderen messen zu wollen, und so lag es nahe, dass die Mannschaften, Kapitäne und Eigner der Schiffe die Dauer ihrer Passagen miteinander verglichen, da die meisten Schiffe ungefähr zur gleichen Jahreszeit von Australien losfuhren und ungefähr die gleiche Route nahmen. In England, wo die Menschen von jeher mit einem besonderen Sinn für den sportlichen Wettbewerb ausgestattet sind, wurden Wetten auf das schnellste Getreideschiff abgeschlossen. Die Rennen fanden in der Öffentlichkeit bald so viel Aufmerksamkeit, dass die *International Paint Company* 1928 einen silbernen Pokal für die schnellste Passage stiftete, den in jenem Jahr Eriksons Lieblingsschiff, die prachtvolle *Herzogin Cecilie*, gewann. Das öffentliche Interesse an dem Wettstreit nahm weiter zu, als 1929 ein junger australischer Abenteurer namens Alan

Villiers auf einem Windjammer anheuerte und seine Erfahrungen in einem äußerst erfolgreichen Buch mit dem Titel *Falmouth for Orders* festhielt. Villiers' Artikel erschienen im Jahr 1930 auch im *National Geographic*, den mein Vater las, und damit hatte für mich alles begonnen: die Tagträume in der Sonntagsschule von einer Fahrt auf einem großen Windjammer um Kap Horn und letztendlich meine weite Reise, um auf der *Pamir* anzuheuern.

In den dreißiger Jahren florierte die Getreidefahrt um Kap Horn und erreichte 1939 ihren Höhepunkt. In jenem Jahr lagen dreizehn Windjammer im großen Hafenbecken des kleinen Port Victoria vor Anker. Bis auf zwei deutsche Schiffe fuhren alle unter der Reedereiflagge von Gustaf Erikson und dem blauen finnischen Kreuz. Doch am 1. September jenes Jahres marschierten Hitlers Armeen in Polen ein. Die Flotte der großen Windjammer – und die ganze Welt – sollten nie wieder dieselben sein.

Finnland und Norwegen erklärten unverzüglich ihre Neutralität, doch kurze Zeit später marschierte Deutschland auch in Norwegen ein. Daraufhin entschied Russland, Finnland als Puffer zwischen St. Petersburg und dem von den Deutschen besetzten Norwegen zu nutzen. Die Großmacht suchte nach einem Vorwand, um Finnland anzugreifen und zu besetzen.

Die ganze Welt blickte nach Finnland, als das kleine Land mitten im Winter 1939/40 mit Truppen auf Skiern und in weißen Tarnanzügen, mit denen sie in den verschneiten Wäldern kaum auszumachen waren, den massiven Angriffen der russischen Infanterie und Artillerie trotzte. Die Finnen leisteten den Russen im so genannten Winterkrieg drei Monate lang Widerstand. Sie verloren hunderttausend Soldaten, bevor sie sich geschlagen gaben. Die Russen bezahlten den Krieg teuer, denn obwohl sie gesiegt hatten, waren sie vor den Augen der Welt gedemütigt worden.

Für Finnland nahm der Weltkrieg danach eine ungewöhnliche Wendung. Am 22. Juni 1941, keine zwei Jahre nach den finnisch-sowjetischen Kämpfen, griffen die Deutschen ohne Kriegserklärung ihren bisherigen Verbündeten Russland an. Finnland erlaubte den deutschen Truppen, von finnischem Boden aus seinen alten Feind Russland anzugreifen. Damit stellte sich Finnland auf die Seite Deutschlands und machte sich alle alliierten Länder zum Feind – unter anderen England, Kanada, Australien, Frankreich, die Niederlande, Belgien, Norwegen, Dänemark und Neuseeland. Das bedeutete auch, dass alle Schiffe der Reederei Erikson, die unter finnischer Flagge fuhren, von den Alliierten als feindliche Schiffe angesehen wurden.

Am 29. Juli 1941 lief Kapitän Verner Björkfelt, der vier Jahre zuvor zum Kapitän der *Pamir* bestellt worden war, in weiser Voraussicht nach Wellington, Neuseeland, und ging mit dem großen Viermaster bei Kings Wharf vor Anker. Die *Pamir* war mit einer Ladung Guano von den Seychellen nach Neuseeland unterwegs, als die veränderten Allianzen Finnland auf einmal zu einem Feind Großbritanniens machten. Wenige Tage nach ihrer Ankunft wurde die *Pamir* von neuseeländischen Behörden als Prise genommen. Die skandinavischen Besatzungsmitglieder, die man nicht als Feinde ansah, wurden weiter auf dem Schiff beschäftigt. Kapitän Björkfelt und sein Erster Steuermann wurden als vermeintliche Nazisympathisanten in kleinere Städte im Inland verbracht – Kapitän Björkfelt nach Fielding, einer Kleinstadt in den Bergen hundertfünfzig Kilometer nördlich von Wellington. Dort blieb er die nächsten vier Kriegsjahre und arbeitete im Handel mit Samen, Getreide und landwirtschaftlichen Erzeugnissen.

Während Kapitän Björkfelt also mit Samen handelte, fuhr die *Pamir* bis zum Ende des Zweiten Weltkriegs unter neuseeländischer Flagge für die *Union Steamship Company*. Offiziere und

Mannschaft bestanden zum größten Teil aus Neuseeländern, und die Fahrten der *Pamir* beschränkten sich auf den Pazifik, wo sie zwischen Wellington und San Francisco oder Vancouver Frachten beförderte. Sie überstand den Krieg unversehrt, wobei sie einmal nur knapp der Gefahr entrann, als sie 1943 bei starkem und beständigem Wind einem japanischen U-Boot begegnete. Offensichtlich war die Bark für das U-Boot nicht von Interesse, oder der Kommandeur hatte Erbarmen mit jenem erhabenen Relikt einer anderen Zeit. Wie auch immer, das U-Boot ließ die *Pamir* in Ruhe.

Viele andere Schiffe der Reederei Erikson hatten nicht so viel Glück. Die Liste der Windjammer, die dem Krieg zum Opfer fielen, liest sich wie ein Nachruf auf die letzte große Ära der Segelschiffe:

- Die *Argo* wurde von einem russischen U-Boot versenkt und ging mit Mann und Maus unter, darunter auch der jüngste Sohn und Erbe von Gustaf Erikson, Gustaf Adolph, der als Dritter Steuermann fuhr.
- Im Nordatlantik vor Jütland lief die *Olivebank* auf eine deutsche Mine und sank mit gesetzten Segeln. Nur sieben Mann wurden gerettet.
- Das deutsche U-Boot U140 torpedierte die *Penang* vor der irischen Küste; die gesamte Mannschaft blieb auf See.
- Auf der Fahrt von Buenos Aires zu den Orkneyinseln mit einer Ladung Zucker wurde die *Killoran* vom deutschen Kaperschiff *Widder* unter dem Kommando von Kapitän von Ruckteschell aufgebracht. Von Ruckteschell wurde später als Kriegsverbrecher vor Gericht gestellt und verurteilt. Er war dafür berüchtigt, sich einem einzelnen feindlichen Schiff entweder bei Sturm oder bei Nacht zu nähern, um dann aus allen Rohren das Feuer zu eröffnen und Schiff und Besatzung möglichst großen

Schaden zuzufügen. Bei der *Killoran* jedoch feuerte er zwei Schüsse über den Bug. Die Großrahen wurden backgeholt, der Windjammer drehte bei. Die Besatzung wurde gefangen genommen und eine gewaltige Ladung Sprengstoff im Laderaum platziert. Das Schiff kenterte mit gesetzten Segeln, wie ein gewaltiger Vogel, der langsam aus dem Himmel sank.

Und doch überstanden einige Windjammer den Krieg entgegen allen Widrigkeiten. Drei von Eriksons gewaltigen Rahseglern – die *Pommern*, die *Viking* und die *Passat* – lagen bei Ausbruch des Zweiten Weltkriegs im Sommerliegeplatz in ihrem Heimathafen Mariehamn. Dort blieben sie, solange der Krieg tobte. Die *Lawhill* entging allen Gefahren auf ganz ähnliche Weise wie die *Pamir*, sie fuhr 1940 nach Durban und segelte bis Kriegsende unter südafrikanischer Flagge.

Als der Krieg vorüber war, bestand die Getreideflotte nur noch aus zwei Schiffen: der *Lawhill* und der *Pamir*. Die *Passat* wurde von der Reederei Erikson später wieder in Dienst genommen und in der australischen Getreidefahrt eingesetzt, ebenso bis zum Jahr 1948 die *Viking*, während die *Pommern* in Mariehamn außer Dienst blieb und schließlich den Ålandinseln als Museumsschiff übergeben wurde. 1949 waren die *Passat* und die *Pamir* die einzigen Erikson-Schiffe, die mit Getreide um Kap Horn fuhren.

Von 1945 bis 1948 war die *Pamir* weiter unter neuseeländischer Flagge und mit neuseeländischer Besatzung gesegelt und hatte verschiedenste Ladungen nach Vancouver und San Francisco befördert. Im Herbst 1948 entschied die neuseeländische Regierung als Zeichen guten Willens, den Windjammer an Finnland zurückzugeben. Mit einer bewegenden Zeremonie wurde die *Pamir* an einem Novembermorgen des Jahres 1948 im Hafen von Wellington offiziell an ihren vorherigen Eigner, die finnische Reederei Erikson, zurückgegeben, welche mittlerweile von Edgar Erikson geführt wurde, einem Sohn Gustafs, der ein Jahr zuvor verstorben war.

Als Repräsentant der Reederei Erikson fungierte ein schlanker, gut aussehender Finne von achtunddreißig Jahren, Ake Liewendahl, der zuvor als Steuermann auf der *Pamir* gefahren war und in Neuseeland lebte. In typisch unsentimentaler Erikson-Manier hatte Edgar folgende Worte an Liewendahl telegraphiert: «Übergabe der *Pamir* 12. November 1948. Autorisiere Sie hiermit, in Wellington unsere Interessen zu vertreten. Bitte um Angaben zum Zustand des Schiffes per Luftpost, auch zu den Aussichten, Schiff nur für Fahrt nach Australien und England zu bemannen.»

Erikson beauftragte Kapitän Verner Björkfelt, der nach Kriegsende auf seine geliebten Ålandinseln zurückgekehrt war, von Finnland nach Wellington zu fliegen. Er sollte die SS *Pamir* auf einer weiteren Fahrt um Kap Horn unter Segel befehligen, in Australien Getreide laden und die *Pamir* zurück nach Europa bringen. Zur gleichen Zeit sollte auch die *Passat* Getreide laden und nach England bringen.

Die weitere Zukunft der *Pamir* und der *Passat* war noch unklar. Womöglich wüsste nicht einmal Edgar Erikson selbst, ob dies die letzte Fahrt um Kap Horn sein würde. Er hatte mit steigenden Kosten für Mannschaft, Versicherung und viele andere Posten zu kämpfen. Doch wenn er vorhatte, die *Pamir* und die *Passat* nach dieser Fahrt von Australien nach England aus dem Dienst zu nehmen, so behielt er es für sich.

6. Kapitel

Die *Pamir* geht in See

Samstag, der 28. Mai 1949, war ein grauer Tag mit steter Nordostbrise. Niedrige Temperaturen um die zehn bis fünfzehn Grad kündigten das Ende des südaustralischen Herbstes an. Um Punkt acht Uhr morgens erschien der sehnige, eins neunzig große englische Bootsmann und Hüter der Disziplin an Bord, Gerry Rowe, auf dem Brückendeck und verkündete weisungsgemäß die Order von Kapitän Björkfelt.

«Klar zum Segeln», brüllte er.

Ein Teil der Mannschaft der *Pamir* enterte die Masten auf. Andere blieben auf dem Deck, kurbelten an den Winschen und holten irgendwelche der zahllosen dicken Hanfleinen ein. Ich stand hilflos da und hatte absolut keine Ahnung, was ich tun sollte. Also verhielt ich mich so unauffällig wie möglich und gesellte mich zu den neuseeländischen Decksjungen Murray Henderson und Bill McMeikan, mit denen ich in den letzten Wochen im Hafen das Quartier geteilt hatte. Beide hatten die vierunddreißigtägige Fahrt der *Pamir* von Neuseeland mitgemacht, nachdem das Schiff der Reederei Erikson zurückgegeben worden war. Die nächste Stunde lief ich einfach Henderson und McMeikan hinterher, während Bootsmann Rowe seine Befehle brüllte, dieser Leine Lose zu geben und jene zu straffen. Ich war heilfroh, dass er uns drei nicht auf die Rahen schickte – bei dem Gedanken bekam ich noch immer weiche Knie.

Mit den Winschen und Leinen wurden die Rahen in Position

geheißt und so weit gebrasst, dass sie optimal zum Wind standen. Derweil hängten sich die Matrosen hoch oben im Rigg bäuchlings über die dicken Stahlrahen – die Füße auf einem einzelnen Stahlkabel, das parallel zur Rah verlief – und warfen kleinere Leinen namens Beschlagzeising los, mit denen die Segel an den Rahen festgemacht waren, wenn sie nicht gebraucht wurden. Die Segel fielen herab wie die weiße Kulisse zu einem Drama, dessen erster Akt nun begann.

Seit die sechzigtausend Sack australischer Weizen, für eine Brennerei in Schottland bestimmt, ordentlich verstaut waren und der Kiel durch das Gewicht sieben Meter tiefer im Wasser lag, hatte Kapitän Björkfelt geduldig auf den richtigen Moment gewartete, die Segel zu setzen. Tagelang hatte ein frischer Wind aus Süden geblasen – aus der Richtung, in die wir fahren wollten. Für einen Rahsegler ist es ein praktisch hoffnungsloses Unterfangen, gegen den Wind aufkreuzen zu wollen, also im Zickzack in Fünfundvierzig-Grad-Winkeln zu fahren, um sich langsam vorwärts zu arbeiten, wie man es mit einem dreieckigen Schratsegel macht. Wenn ein Rahsegler gegen den Wind aufkreuzt, ist die seitliche Abdrift des Rumpfes so groß, dass damit praktisch alles Fortkommen zunichte gemacht wird. Also wartete Kapitän Björkfelt, bis der Wind nach Norden umlief und die *Pamir* gen Süden treiben würde, Richtung Antarktis, in den antarktischen Winter und den gewaltigen Sturmgürtel der Brüllenden Vierziger.

Aufgrund der Größe des Schiffes und der ausgefeilten Takelung folgten dem ersten Befehl fast zwei Stunden intensivster Arbeit, bis die Mannschaft die Hunderte von Leinen und zweiunddreißig Segel der *Pamir* klar hatte. Dann gab der Erste Steuermann Liewendahl Befehl zum Ankerhieven. Kapitän Björkfelt verfolgte die Arbeiten vom Brückendeck aus, dem erhöhten Deck zwischen Bug und Heck, auf dem sich das Steuerrad befand, außerdem der Kompass und das Kartenhaus, in dem die Offiziere den Großteil ihrer Zeit verbrachten. Unter den Augen des Kapitäns stemmte sich auf der Back, dem vordersten, ebenfalls erhöhten Deck, ein halbes Dutzend Vollmatrosen gegen die Speichen einer großen Trommel, das so genannte Spill, und hievten damit die beiden gewaltigen Anker aus dem schlickigen Grund im Hafen von Port Victoria, wo sie die letzten drei Monate gelegen hatten. Als die Anker gelichtet waren, gab der Kapitän Befehl, die Focksegel backzuholen, das heißt, sie so weit zu brassen, bis der Wind von vorn einkam, den Bug herumdrehte und das Schiff aus dem Hafen lenkte. Die Matrosen sprangen an die Winschen und kurbelten hastig, um die Rahen «rundzubrassen».

Um 9:45 Uhr ging die *Pamir* in See. Ein paar Leute aus Port Vic standen an der Küste und winkten der großen Bark zum Abschied. Kapitän Hagerstrand von der *Passat* und seine Steuerleute einschließlich des berüchtigten Söderland und der Hafenmeister von Port Victoria – der allgegenwärtige Edwardes – begleiteten ihr Schwesterschiff in der Barkasse des Kapitäns einige Meilen hinaus auf See. Edwardes hatte sich bereits auf seine ganz eigene Art von mir verabschiedet. Nachdem ich drei Monate für ihn gearbeitet hatte – als Schauermann auf dem Kai und im Laderaum der *Pamir* und als Kontrolleur auf einem Stuhl auf Deck – und schließlich auf der *Pamir* anmusterte, hatte er mich in sein Büro gerufen und mir höchstpersönlich meinen Scheck überreicht. Er belief sich auf fast eintausendachthundert Dollar. Die Summe haute mich regelrecht vom Hocker. Mit dem Geld und den Einkünften aus meiner Schreiberei fühlte ich mich als reicher Mann.

«Yank, du hast deine Sache gut gemacht», brummte Edwardes. «Ich bin froh, dass du bei uns warst.»

Nachdem ich angeheuert hatte, waren die Wochen bis zum Abschluss der Ladungsarbeiten rasend schnell vergangen. Ich lernte «die Jungs» von der *Pamir* noch besser kennen, und mir wurde klar, wie glücklich ich mich schätzen konnte, dieses Schiff gewählt zu haben.

Am 27. März 1949, am Abend vor unserer Abreise, schrieb ich in mein Tagebuch: «Die Mannschaft der *Pamir* ist in vielerlei Hinsicht anders, als ich das von anderen Schiffen kenne. Erstens ist bis auf die Offiziere kein Mann an Bord über dreißig.

Zweitens, und das ist noch viel bemerkenswerter: die Beziehung, die die Männer zum Schiff haben. Sie stammen aus aller Herren Länder, aber sie sind nicht in erster Linie an Bord dieses Schiffes, weil sie Arbeit brauchen – auf Dampfschiffen wird besser gezahlt, und die Arbeit ist sehr viel leichter –, sie sind hier, weil sie unter Segel fahren wollen.

Einer der Neuseeländer hat eines Abends in der Messe erzählt: ‹Vor zwei Jahren, als ich hier angeheuert habe, habe ich oft von oben auf die Segel und aufs Deck runtergeschaut und mich gefragt, ob ich träume oder ob ich wirklich auf einem Rahsegler bin.›

Doch diejenigen, die schon mal um Kap Horn gefahren sind, haben mir versichert, dass es kein großer Spaß ist, mitten im Winter auf 59 Grad Süd zu stehen.

Wie auch immer, morgen früh werden wir Anker lichten und unsere lange Reise nach Hause antreten. Und lang ist das richtige Wort: Drei Monate sind Rekord, vier Durchschnitt, und fünf Monate auf See wären auch nicht ungewöhnlich.

Doch wenn ich mich heute Abend in der Messe umschaue, im flackernden Licht der Kerosinlampen, der einzigen Lichtquelle, dann weiß ich, dass den anderen Jungs, die genau wie ich schnell noch einen Brief nach Hause schreiben, die gleichen Gedanken im Kopf herumgehen wie mir.

In wenigen Stunden geht es los. Der Anker wird gelichtet, die

Segel gesetzt, und eine der letzten Fahrten eines Hochseeseglers um Kap Horn, die die Welt je sehen wird, beginnt.»

Und dann war es so weit: wir waren auf der Reise. Die Barkasse mit Kapitän Hagerstrand, seinen Offizieren und Edwardes drehte ab und fuhr zurück in Richtung Hafen. Sie hatten noch viel zu tun: Die *Passat* musste mit Getreidesäcken beladen werden. Sie winkten und verabschiedeten sich mit lauten «Bon voyage!»-Rufen von der *Pamir*.

Das letzte Weizenrennen hatte begonnen.

Nicht weit vor Port Vic fuhr der Wind voll in die Segel – und ich stand zum ersten Mal in meinem Leben auf einem Windjammer unter Segeln. Plötzlich bauschte sich die Leinwand. Die Hanf- und Stahlkabel der Schoten und Halsen – der Leinen, die die Ecken der unteren Segel hielten – strafften sich. Das Schiff neigte sich auf die Seite. Es drängte vorwärts durch die Dünung. In diesem Moment spürte ich die immense Kraft der *Pamir*. Die Frachter, auf denen ich bisher gearbeitet hatte, wurden trotz ihrer gewaltigen Maschinen von der Dünung hin und her geworfen. Das hier fühlte sich vollkommen anders an. Die gewaltigen, vollen Segel stabilisierten das Schiff und zogen es ruhig durchs Wasser, ohne Rollen und Stampfen wie bei einem Motorschiff. Ihre gewaltigen Masten und Segel ankerten in einem ganz eigenen Element – dem steten Nordwind –, und dieses Element war stabiler und sehr viel stärker als das Chaos der See.

Die Stille war vollkommen, und mit der Stille kam das Gefühl der Isolation. Kein Motor dröhnte auf der *Pamir*. Theoretisch gab es elektrischen Strom an Bord, um ein paar Leuchten und das Kühlsystem zu betreiben, aber tatsächlich funktionierte der Generator nur gelegentlich. Die *Pamir* verfügte auch über einen Funkraum – ebenjene Kabine, die ich als Kontrolleur bewohnt hatte –, aber das Funkgerät funktionierte nicht. Und selbst wenn, keiner an Bord hätte es bedienen können. Bis auf den Rumpf aus Stahl und die enorme Größe des Schiffes hätte es ebenso gut in die Mitte des 17. Jahrhunderts gepasst. Als die *Pamir* aus dem Hafen lief, überkam mich ein Gefühl, als segelten wir hinaus aus dem modernen Zeitalter und hinein in eine ganz eigene, kleine Welt – inmitten der ewigen Meere –, in der wir die nächsten Monaten leben würden.

Ich war in Hochstimmung. Mein Wunsch, auf einem Windjammer zu fahren, hatte mich fünf Monate gekostet, einen Weg von 16 000 Kilometern und viel Arbeit und Überzeugungskraft. Und es hatte sich gelohnt. Jene ersten Meilen auf See waren in jeder Hinsicht ganz genau so majestätisch, wie ich es mir ausgemalt hatte.

Leider sollte sich das sehr bald ändern.

An jenem ersten Nachmittag auf See wurden alle Mann aufs Vordeck beordert, das von den Logenplätzen auf dem Brückendeck aus wie eine Bühne einzusehen war. Der Kapitän und seine drei Offiziere, der Erste Steuermann Liewendahl, der Zweite David Smyth, ein Brite, und der Dritte Oswald Ayling, Australier, standen mit gestrenger Miene über uns auf dem Brückendeck und blickten auf die zweiundzwanzig Seeleute hinab, die sich auf dem Vordeck versammelt hatten: neun Vollmatrosen, fünf Leichtmatrosen und drei Decksjungen, außerdem der Bootsmann, der Segelmacher, der «Meister» (der Schiffsmechaniker und Bordschmied), der Smutje und sein Hilfskoch. Der Kapitän ernannte den Ersten Steuermann Liewendahl, der genau wie er aus Finnland stammte und schon zuvor unter ihm gefahren war, zu seinem Sprecher.

Der Erste, der mit einem sympathischen skandinavischen Akzent Englisch sprach, verkündete, die Männer seien versammelt worden, um den zwei Schiffswachen zugeordnet zu werden. Die Backbordwache (links) würde dem Ersten Steuermann unterstehen, die Steuerbordwache (rechts) dem Zweiten.

Liewendahl hielt eine Liste mit den Namen der Besatzungsmitglieder in der Hand. Er verlas die Namen der Backbordwache: zuerst fünf Vollmatrosen, danach vier Leichtmatrosen, darunter ich, und zwei Decksjungen. Die letzten sechs Namen, die er verlas, gehörten alle Seeleuten aus dem Logis, in dem auch ich in den letzten Wochen, als das Schiff noch im Hafen lag, meine Koje gehabt hatte: außer mir waren dies die drei Decksjungen Murray Henderson, Bill McMeikan und Keith McCoy sowie Harry Suters und Allan Rogerson.

Niemand hatte den Befehl dazu gegeben, doch gemäß uralten Traditionen der Meere, welche an Bord der *Pamir* mit überraschender Formalität und Feierlichkeit fortgeführt wurden, traten wir alle ein paar Schritte zur Backbordseite des Schiffes. Der Erste Steuermann verlas die verbliebenen elf Namen. Die Gruppe machte ein paar Schritte nach Steuerbord.

In den kommenden Monaten auf See würden die Wachen geschlossen auf Deck und im Rigg arbeiten, während die jeweils andere Wache in der Koje lag. Anders als auf modernen Motorschiffen, wo es drei Wachen gibt, die jeweils vier Stunden im Dienst sind und danach acht Stunden wachfrei, gab es auf den Windjammern in der Regel nur zwei Wachen. Abgesehen davon, dass dies auf Segelschiffen von jeher so üblich war, konnten damit gegenüber Motorschiffen Kosten gesenkt werden – man sparte die Heuer für die dritte Wache. Wie unzählige Seeleute vor uns würden wir auf der *Pamir* vier Stunden Dienst haben, dann vier Stunden Freiwache, vier Stunden Dienst und so weiter und so fort, ein endloser Kreislauf. Bei der Zeremonie der Wacheinteilung ahnte ich noch nicht, was das bedeutete.

Mit den Logisräumen hatte ich mich bereits vertraut gemacht. Die *Pamir* hatte vier Mannschaftslogis, die auf älteren Schiffen traditionell im Vorschiff vor dem vorderen Mast gelegen hatten (daher auch der Titel von Henry Danas berühmtem Buch *Zwei Jahre vor'm Mast*). Auf der *Pamir* und anderen stählernen Rahseglern jedoch lagen sowohl die Quartiere der Mannschaft und der Offiziere, streng voneinander getrennt natürlich, im Brückenhaus. Das Logis, in dem ich meine Koje hatte, maß vier mal fünfeinhalb Meter und war ausgestattet mit drei soliden Etagenbetten aus Holz, die mit den Stahlschotten des Rumpfes verschraubt waren. Die einzigen Wärmequellen waren unsere Körper. Tagsüber wurde das Logis von dem wenigen Tageslicht erhellt, das durch zwei kleine Bullaugen hereinfiel, nachts vom gelben Glimmen zweier Kerosinlampen, die von der Decke baumelten. Es roch nach Teer und Schweiß und Ölzeug, aber ich war schon so sehr an den Geruch gewöhnt, dass ich ihn kaum mehr wahrnahm.

Ausnahmen vom starren System der vierstündigen Wachen waren Notfälle, bei denen alle Mann an Deck mussten, und die so genannten Plattfüße: zwei zweistündige Schichten am Abend, damit beide Wachen die Möglichkeit hatten, zu Abend zu essen. In der Kombüse mittschiffs schwitzten der Smutje und sein Hilfskoch an den Kohleöfen. Am Ende unserer ersten Wache trotteten wir im Gänsemarsch in die spartanisch eingerichtete Messe, die mittschiffs neben der Kombüse lag. Zwei lange Tische mit Bänken waren am Boden verschraubt, damit sie sich nicht bei jedem Überholen des Schiffes selbständig machten. Einzige Lichtquelle waren Kerosinlampen, die von der niedrigen Decke baumelten. Aus einem riesigen Kochtopf teilten der Smutje und der Hilfskoch einen Eintopf mit gepökeltem Rindfleisch aus, und die Mannschaft versorgte sich selbst mit starkem Kaffee. Zum Frühstück gab es meist Haferschleim und Pflaumenkompott.

Gemäß der traditionellen Hierarchie auf Segelschiffen aßen die Offiziere in einem eigenen Speiseraum und wurden vom Steward und dessen Maat bedient. Die Offiziersmesse lag ebenfalls mittschiffs, neben den Offizierskabinen. Die Quartiere der Mannschaft waren schlicht und funktional, die Ausstattung der Offiziersquartiere grenzte im Vergleich dazu an puren Luxus, allem voran die Messe, in die ich während der Wochen in Port Vic einen Blick geworfen hatte. Ein riesiger Raum mit niedriger Decke und Holzvertäfelung. In der Mitte standen ein schwerer Mahagonitisch und breite Lederstühle mit Armlehnen, die mit dem Deck verschraubt waren. Zwischen den Mahlzeiten diente die Messe den Offizieren auch als Leseraum.

Die strikte Trennung von Offizieren und Mannschaft erstreckte sich auf alle Örtlichkeiten des Schiffes. Man erzählte sich, der Kapitän habe ein eigenes, recht elegantes Badezimmer mit großer Badewanne. Die Offiziere hatten einen eigenen Waschraum, der vom Achterdeck aus zugänglich war. Die sanitären Anlagen für die Mannschaft hingegen bestanden aus einem kleinen Badehaus mit Holzgittern auf dem Fußboden, in das man einen Eimer Wasser zu schleppen hatte. Doch wie ich bald herausfand, sorgte schon die See selbst für die Reinlichkeit des Windjammermatrosen. Außerdem standen den Seeleuten zwei winzige Toiletten im Schiffsbug zur Verfügung. Der Benutzer musste im Sitzen eine kleine Handpumpe bedienen, um Seewasser in die Schüssel zu pumpen, dann wurde mit einem zweiten simplen Griff der Abfluss geöffnet und der Inhalt der Schüssel mit erstaunlicher Wucht direkt in den Ozean geschleudert.

Obwohl ich schon mehrere Sommer auf Frachtschiffen gearbeitet hatte, war für mich, im Gegensatz zum Rest der Mannschaft, vieles auf der *Pamir* Neuland. Außer mir und zwei Australiern – wir drei, die wir nach den Verhaftungen infolge der

Kneipenschlägerei angeheuert hatten – waren alle Mannschafts-
mitglieder bereits auf einem Windjammer gefahren, wenn auch
teilweise nur auf der letzten kurzen Reise der *Pamir* von Neuseeland. Wir waren ein gemischter Haufen aus Berufsmatrosen und
ein paar jungen Abenteurern wie mir, fast alle Anfang zwanzig,
kräftig und nicht auf den Kopf gefallen. Alles in allem acht Neuseeländer, sieben Australier, drei Schotten, zwei Kanadier, zwei
Engländer, ein Waliser und ein Amerikaner – der «Yank».

Außer Offizieren und Mannschaft fuhren auch zwei Passagiere an Bord der *Pamir*, die wir Matrosen bisher nur flüchtig zu
Gesicht bekommen hatten. Es waren zwei Frauen – Molly und
May, die Ehefrauen des Ersten Steuermanns Liewendahl und des
Zweiten Smyth. Sie wohnten in den Quartieren ihrer Ehemänner
und verbrachten vermutlich die meiste Zeit im Leseraum. Es war
nicht ungewöhnlich, dass ein Windjammer im Getreidehandel
einige wenige zahlende – und abenteuerlustige – Passagiere an
Bord nahm, und auch Frauen waren schon des Öfteren mitge-
reist.

Einige Berühmtheit hatte Jennie Day erlangt, eine dreiund-
zwanzigjährige Lehrerin aus Melbourne, die von dem unstillba-
ren Verlangen getrieben wurde, auf einem Windjammer zu fahren. Zwei Tage nach Auslaufen von Port Victoria auf der Reise
von Alan Villiers auf der *Herzogin Cecilie* im Jahr 1929 wurde sie
im Laderaum entdeckt, wo sie sich versteckt hatte. Es war bereits
zu spät, kehrtzumachen und sie in den Hafen zurückzubringen.
Also setzte der Windjammer seine Fahrt fort, und Jennie Day,
eine junge Frau unter dreißig Männern, bekam ihre heiß ersehnte
Passage nach England.

Am zweiten Tag, nachdem wir von Port Victoria ausgelaufen waren, erlebte ich eine Überraschung. Es war am Nachmittag, und wir fuhren, genau wie am ersten Tag, unter kühlem, grauem Himmel und mit frischem Nordwind dahin, der uns ruhig durch die Wogen zog. Ich hatte Wache, und an Deck gab es nicht viel zu tun. Ich ging gerade über das erhöhte Brückendeck nach achtern, als der riesige englische Bootsmann Gerry Rowe mich ansprach.

«He, Yank!», rief er und deutete mit dem Zeigefinger nach oben. «Siehst du den Windsack da oben?»

Ähnliche Windsäcke kommen heute noch auf kleineren Flughäfen zum Einsatz, um die Windrichtung anzuzeigen. Ich konnte ihn vor dem grauen Himmel kaum erkennen. Er war ganz oben am Topp des Großmastes befestigt, des mittleren Mastes des Schiffes, über 50 Meter über dem Wasserspiegel.

«Yank», brummte der Bootsmann. «Sieht aus, als wär er unklar gekommen. Aufentern und klarmachen.»

Ich stand da wie vom Donner gerührt. Ich war noch immer nicht auf den Masten gewesen. Doch jetzt war der Moment gekommen, den ich so lange gefürchtet hatte. Und zu allem Überfluss orderte der Bootsmann mich nicht nur auf eine der langen Rahen in läppischen 20 Metern Höhe über dem Deck, die mir auf einmal verhältnismäßig sicher aussahen. Nein, er schickte mich an den allerhöchsten Punkt der *Pamir*. Allein.

Zuerst dachte ich, es sei ein Scherz. Als mir klar wurde, dass er es bitterernst meinte, schnürte mir die Angst die Kehle zu. Ich stand da wie angewurzelt. Mein Kopf befahl mir, mich in Bewegung zu setzen, aber meine Beine waren wie abgestorben.

«Wir sind hier nicht auf Papas Yacht!», schrie der Bootsmann. «Dafür hast du angeheuert. Aufentern!»

Er verlieh seinen Worten Nachdruck, indem er mich kräftig vorwärts schubste.

Ich stolperte übers Brückendeck auf die Luvreling zu. Von dort liefen schwere Kabel, Wanten genannt, hinauf zum Großmast, auf eine Höhe von gut 30 Metern. Zwischen den Wanten verliefen kurze Hanfleinen, so genannte Webeleinen, die als Leitersprossen dienten. Dies waren die Unterwanten. Darüber sah ich noch zwei weitere, die fast vertikal in den Himmel stiegen.

Ich griff die Wanten. Der Bootsmann ließ mich nicht aus den Augen. Ich machte mich an den Aufstieg.

Es ging besser, als ich vermutet hatte. Da die Unterwanten schräg über das Deck hinauf zum Mast liefen, hatte ich eher das Gefühl, einen steilen Hügel zu erklimmen als eine Leiter. Dennoch wagte ich es nicht, nach unten zu schauen. Ich konzentrierte mich darauf, vorsichtig einen Fuß über den anderen zu setzen. Die meisten Seeleute, die auf einem Windjammer zu Tode kamen, wurden über Bord gewaschen, aber es geschah auch oft genug, dass ein Matrose aus dem Rigg stürzte.

Nach ein oder zwei Minuten hatte ich das Ende erreicht. Hier oben liefen die Wanten zusammen und hielten den Mast. Direkt über mir befand sich eine kleine Plattform namens Großmars, die sich wie ein kleiner Sims um den Mast zog. Vom Mast liefen die so genannten Püttingswanten zur Außenkante der Plattform. Als ich die Püttingswanten hinauf- und auf die Plattform kletterte, hing ich für einen Moment rücklings über dem Abgrund.

Da stand ich also auf der Großmars direkt über der Großrah, der untersten und längsten Rah des Großmastes. Wie alles auf der *Pamir* war auch die Rah von gewaltigen Ausmaßen; mit ihren 28 Metern Länge und einem Durchmesser von 60 Zentimetern sah sie aus wie der Stamm eines gigantischen Stahlbaums. Darunter bauschte sich das unterste und größte der sechs Segel des Großmastes, das Großsegel oder Untersegel heißt. Allein dieses Segel war ungefähr so groß wie ein Tennisplatz.

Ich atmete tief durch und erklomm mit feuchten Handflächen die nächsten, fast vertikal ansteigenden Wanten, wobei ich mich dicht am Großmast hielt. Ich hatte das Gefühl, in einer riesigen Wolke aus bauschender Leinwand emporzuklettern. Die beiden unteren Ecken jedes Segels waren an den Nocken der darunter liegenden Rah belegt, sodass die sechs Segel zu einem gewaltigen himmelsstürmenden Ganzen verbunden waren. Ich stieg an den nächsten zwei Segeln von sechsen vorbei – dem Unter- und dem Obermarssegel –, dann hing ich wieder mit dem Rücken über dem Abgrund, als ich über die Püttingswanten auf die nächste Plattform kletterte, eine Saling, die das obere Rigg hielt, und kletterte weiter Hand über Hand die dritten Wanten hinauf, an zwei weiteren großen Segeln vorbei – dem Unter- und dem Oberbramsegel –, bis zu dem etwas kleineren Royalsegel. Wie der Name schon sagt, ist das Royal das krönende Segel auf jedem Mast der *Pamir*. Die Wanten liefen hier zusammen und endeten direkt unter der Royalrah – der höchsten Querstange der *Pamir*.

Laut den offiziellen Maßen der *Pamir* befindet sich die Royalrah genau 51,2 Meter über dem Brückendeck, auf diese Höhe stiegen die Seeleute jeden Tag, um das Royal zu setzen oder einzuholen. Doch noch darüber ragte eine dünne Stenge, eine Art Flaggenmast, weitere drei bis dreieinhalb Meter hoch in den Himmel. Und vom Topp dieser Stenge flatterte der Windsack. Nach dort oben hatte der Bootsmann mich beordert.

Ich kletterte auf die Großroyalrah. Vorsichtig richtete ich mich auf, ohne den Großmast loszulassen. Ich stand nun über der gewaltigen Segelfläche der *Pamir*, vor mir Spencer Gulf und die goldbraune Küste Australiens. Gewiss ein überwältigendes Panorama, doch Naturerlebnisse waren das Letzte, was mich in jenem Moment beschäftigte. Ich hielt den Blick nach oben gerichtet. Über mir die letzten drei bis dreieinhalb Meter, die äußerste Spitze des Großmastes, eine dunkle Silhouette vor dem weiten, grauen Himmel. Bootsmann Rowe hatte Recht gehabt, der Windsack hatte sich um die oberste Stenge gewickelt. Zu meinem Entsetzen sah ich, dass es dort oben keine dicken Wanten mit stabilen Webeleinen gab, um sich daran festzuhalten. Nur eine wackelige Hängeleiter baumelte von der Spitze der Stenge.

Ich zögerte. Ich wusste, Bootsmann Rowe stand unten auf dem Brückendeck und sah zu mir hinauf. Mit beiden Händen den Mast umklammernd, die Füße auf der Royalrah, blickte ich noch einmal hinauf zur dunklen Silhouette der schlanken Stenge.

Ich griff die Webeleinen und unklammerte die Taue so fest, dass meine Hände sich taub anfühlten. Ich machte mich an den Aufstieg. Mein Atem ging in kurzen Stößen, weniger aus Erschöpfung denn aus Angst und Entschlossenheit. Meine Arme und Beine zitterten. Noch zwei Sprossen, noch eine Sprosse, dann war ich oben. Mein Kopf befand sich ungefähr in der Höhe eines zwanzigstöckigen Gebäudes über dem Brückendeck, und ich hing an einer dünnen Stenge. Der kühle Nordwind fuhr mir durchs Haar. Ich spürte die Krängung des Schiffes, die leichte Neigung des Mastes im Wind, davon abgesehen jedoch war es erstaunlich ruhig hier oben. Ich legte den linken Arm um die schmale Spitze der Stenge. Mit der rechten Hand zerrte und riss ich an dem Windsack. Plötzlich fuhr der Wind hinein, der Sack entfaltete sich zu voller Größe, schlug mir ins Gesicht und warf mich um ein Haar von der Leiter.

Behutsam kletterte ich zurück auf die Royalrah. Einen kurzen Moment lang hielt ich inne, und zum ersten Mal, seit ich den Fuß vom Deck genommen hatte, blickte ich nach unten. Dort stand der Bootsmann, neben ihm mehrere Matrosen. Sie waren winzig klein, aber ich konnte sehen, dass alle die Gesichter nach oben gewandt hatten – aller Augen waren auf mich gerichtet.

In diesem Moment erinnerte ich mich an die letzten Worte des Telegramms, das mir Opa Hayssen nach Port Victoria geschickt hatte, kurz bevor die *Pamir* in See ging:

«Gott gebe dir eine starke, feste und ruhige Hand und ein unverzagtes Herz. In Liebe, Großvater».

Als ich dort oben auf der Royalrah stand und hinunter in die Gesichter der anderen blickte, überkam mich ein Hochgefühl wie selten in meinem Leben. *Ich hatte es geschafft!*

Zehn Minuten später war ich zurück auf Deck. Meine Logiskameraden McMeikan und Henderson begrüßten mich mit einem breiten Grinsen. Der Bootsmann blickte hinauf zum Windsack.

«So ist's richtig, so soll er fliegen», sagte er. Und fügte in hartem australischem Slang hinzu: «*Good on ya, Yank!*»

Was so viel heißt wie: «Glück gehabt, Yank.»

7. Kapitel

Die Brüllenden Vierziger

Nachdem ich das erste Mal auf Befehl des Bootsmanns mit klopfendem Herzen aufgeentert war, blickte ich dieser Aufgabe sehr viel gelassener entgegen. Dennoch fühlte ich mich im Gegensatz zu vielen meiner Mannschaftskameraden nie sonderlich wohl im Mast. In den ersten Tagen unserer Fahrt war die See glücklicherweise relativ ruhig, und es ging ein leichter Wind, sodass die Wachen nur selten nach oben geschickt wurden. Doch das sollte nicht lange so bleiben.

Für den Moment waren wir auch so ausreichend beschäftigt. Sobald die *Pamir* Segel gesetzt hatte, hatte Kapitän Björkfelt bemerkt, dass sich das Schiff bei achterlichem Wind schlecht steuern ließ. Seine Diagnose lautete auf «Kopflastigkeit», was bedeutete, dass das Frachtgewicht im vorderen Teil des Schiffes zu hoch war, sodass Heck und Ruder leicht aus dem Wasser gehoben wurden. Also verbrachten wir zwei Tage damit, die achtzig Kilo schweren Getreidesäcke von der vorderen Lastluke zur hinteren zu schleppen, bis die *Pamir* ordentlich beladen war und gut steuerte.

Der Tagesablauf an Bord der *Pamir* war schnell zur Routine geworden. Die erste Wache begann um Mitternacht und ging bis vier Uhr morgens. Die folgenden Wachen verliefen im Vierstundentakt: vier bis acht Uhr, acht bis zwölf Uhr, zwölf bis vier Uhr. Danach die je zweistündigen Plattfüße zum Abendessen, vier bis sechs Uhr und sechs bis acht Uhr. Die letzte Wache dauerte wie-

der vier Stunden, von acht Uhr bis Mitternacht. Die kurzen Plattfüße waren nicht nur dazu da, dass die Seeleute zu einer ange-
messenen Zeit zu Abend essen konnten, sie sorgten auch dafür,
die Wachen zu alternieren, sodass sich die Backbord- und die
Steuerbordwache in der ersten Schicht von Mitternacht bis vier
Uhr morgens Tag um Tag abwechselten.

Dieser ständige Wechsel brachte den Schlafrhythmus natürlich vollständig durcheinander. Schlaf war, wie ich bald herausfand, das bei weitem wertvollste Gut auf der *Pamir*. So kam es,
dass wir uns in den wachfreien Stunden nicht lange mit Gesellig-
keit oder Plaudereien aufhielten. Entweder es wurde gearbeitet,
gegessen oder, das Beste von allem, geschlafen. Auch die Mahlzeiten wurden weniger dazu genutzt, sich mit den Wachkameraden zu unterhalten. Wie bei den Holzfällern in den North
Woods, die an langen Tischen beisammensitzen, war auch für
den Seemann auf dem Windjammer das Essen die Zeit, ohne viele
Worte so viel Brennstoff so schnell und so effizient wie irgend
möglich aufzunehmen.

Wir von der Backbordwache bekamen, wenn wir Glück hatten, drei oder vier Stunden Schlaf, wurden von einem Mann der
Steuerbordwache geweckt, rollten uns aus den Kojen, trotteten
zum Essen in die Messe und hinauf an Deck, um die Ordern des
Ersten Steuermanns Liewendahl entgegenzunehmen – unseres
Wachleiters –, während die Steuerbordwache sich nach unten
verzog, um zu essen und ein paar Stunden zu schlafen. Es gab immer irgendetwas zu tun, die Segel mussten mit Hilfe der Brasswinschen neu ausgerichtet werden, wenn sie nicht richtig zum
Wind standen, oder ein zerschlissenes Teil der Takelung war aus-
zuwechseln – an Arbeit mangelte es an Bord der *Pamir* nicht.

Währenddessen stand der wachhabende Offizier – Liewendahl oder der Zweite Steuermann David Smyth – in der Regel auf

dem höher gelegenen Brückendeck und überwachte die Arbeiten, oder er hielt sich im Kartenhaus auf, prüfte den Kurs oder besprach sich mit dem Kapitän oder anderen Offizieren, die dort zusammenkamen, wenn sie sich nicht unter Deck ihren ebenfalls knapp bemessenen Schlaf gönnten. Bootsmann Rowe, der praktisch der Vorarbeiter auf dem Schiff war, tauchte immer dort auf, wo die Männer gerade arbeiteten. Er hatte eine gute Nase dafür, wo und wann er gebraucht wurde, um einen Rat zu geben oder mit anzufassen. Auch der Kapitän war allgegenwärtig. Nicht dass er neugierig oder misstrauisch war, er war lediglich immer auf seinem Schiff unterwegs, um alle Vorgänge zu überwachen, denn ein Segelschiff verlangte konstant äußerste Wachsamkeit.

Als die Getreidesäcke neu verstaut waren, gab der Kapitän Order, die vier Frachtluken zu verschalken. Ich war überrascht, wie viel Aufwand und Sorgfalt auf diese Aufgabe verwendet wurde, fast als wollten wir den Tresorraum einer Bank versiegeln.

Die Frachtluken waren die Achillesferse alter Segelschiffe wie der *Pamir*, denn anders als bei Dampfschiffen war der Laderaum der *Pamir* nicht unterteilt, sondern bestand aus einem einzigen, gewaltigen Hohlraum vom Vorsteven bis zum Heck. Wenn bei schwerer See ein Lukendeckel abgerissen wurde und Wasser in den Frachtraum lief, konnte das ganze Schiff geflutet werden und in kürzester Zeit sinken.

Es dauerte mehrere Tage, die Luken sorgfältigst zu verschalken. Zuerst legten die Seeleute schwere Holzplanken über die vier Öffnungen, dann kamen zwei Lagen dicke Persenning, die geteert und geölt war. Dann wurde eine dritte Lage brandneuer Leinwand über die ersten zwei gelegt, die Ecken nach unten umgeschlagen, vernäht und unter das Süll geklemmt. Darüber kam eine zweite Schicht Holzplanken und noch eine Lage schwerer, geteerter Persenning. Danach wurden dicke Stahlkabel im Zickzack über den Lukendeckel gezogen, an dem Stahlsüll belegt und mit einer großen Winsch festgezurrt.

Als alle Lagen Holz und Segeltuch mit dem Stahlkabel gesichert waren, hätte die *Pamir* vermutlich durch die donnernden Kaskaden der Niagarafälle fahren können, ohne dass ein Tröpfchen Wasser durch die Luken gedrungen wäre. In diesem Moment schwante mir, welcher Seegang uns auf dem Weg durch das Südliche Eismeer und um Kap Horn erwartete. Fast jedes Mal, wenn ich an einer der verschalkten Luken vorbeikam, durchlief mich beim Anblick all der Schichten Segeltuch und Holz und Stahlkabel eine Welle der Erregung und der Angst.

Währenddessen nutzten Offiziere und Mannschaft die ersten Tage auf See dazu, sich gegenseitig zu beschnuppern. Auf manchen Schiffen war von Anfang an der Wurm drin, was dann unter Seeleuten «unglückliches Schiff» hieß, im Gegensatz zu einem «glücklichen Schiff». Auf der *Pamir* gab es am dritten Tag auf See eine kritische Situation. Der Erste Steuermann beorderte die gesamte Mannschaft in die Messe. Ich wusste nicht, was uns erwartete, aber ich ahnte, dass es etwas Ernstes sein musste. In der Messe, inmitten einer Horde kraftstrotzender junger Seeleute mit Dreitagebart, erfuhr ich, dass es sich um ein Treffen der Seemannsgewerkschaft handelte und dass es Beschwerden gab.

In den sieben Jahren, in denen die *Pamir* als Prise unter neuseeländischer Flagge gesegelt war, war fast die komplette Mannschaft Mitglied der neuseeländischen Seemannsgewerkschaft gewesen. Das Schiff war nach den Regeln dieser Gewerkschaft geführt worden. Doch nun, da Kapitän Björkfelt es für Finnland und die Reederei Erikson in Besitz genommen hatte, führte er das Schiff auf seine Weise, und es gab Reibungspunkte zwischen dem neuen und dem alten System.

George «Hotcha» King hatte den Anlass zu der Versammlung

gegeben. Er war an Land als ungehobelter Stutzer und Partylöwe bekannt, doch er war auch ein kompetenter und erfahrener Seemann und hatte an Bord den Rang eines Vollmatrosen inne – den höchsten Mannschaftsdienstgrad. Irgendwie hatte er spitzgekriegt, dass die Wasserration für die Mannschaft achtzehn Liter Frischwasser pro Kopf und Woche betrug. Er ließ sich bei mehreren Seeleuten darüber aus, dass achtzehn Liter Frischwasser in den Tropen nicht annähernd ausreichten, den Durst zu stillen. Als Kapitän Björkfelt zu Ohren kam, dass in der Mannschaft Unruhe herrschte, ließ er alle Mann zusammenrufen. Mit meiner Unterschrift auf dem Heuerbrief der *Pamir* war ich, ohne es zu wissen, in die neuseeländische Seemannsgewerkschaft eingetreten. Deshalb war auch ich zu diesem Treffen geladen worden, das Hotcha King angezettelt hatte.

Ich wusste nicht recht, was ich davon halten sollte, aber ich wusste sehr gut, wie rau und explosiv es auf einer Gewerkschaftsversammlung von Seeleuten unter Umständen zugehen konnte. Als ich mit siebzehn in Alaska auf einem Lachsfänger gearbeitet hatte, war ich aufgefordert worden, in die Fischergewerkschaft einzutreten. Als ich mich weigerte, von meiner Heuer fünf Dollar abzudrücken, um irgendwelche politischen Aktivitäten in Seattle zu finanzieren, wurde ich eines Tages vom Gewerkschaftsvertreter und einem seiner breitschultrigen Helfershelfer auf einem Steg angehalten, der unweit der Lachskonservenfabrik durch sumpfiges Gebiet führte. Er verlangte erneut die fünf Dollar von mir, ich weigerte mich, und er versetzte mir einen Kinnhaken, der mich in den Matsch beförderte. Ich kam zu dem Schluss, dass die Sache den Ärger nicht wert war, und zahlte die fünf Dollar.

Am anderen Ende des Spektrums meiner Gewerkschaftserfahrungen stand die Versammlung auf der *Booker T. Washington*.

Es war im Sommer nach meinem ersten Jahr in Dartmouth, ich hatte auf einem schwedischen Dampfer den Nordatlantik überquert und war in Schweden ausgestiegen. Der wundervolle Monat an Land ging zu Ende, und ich musste zurück über den Atlantik, um pünktlich zum Footballtraining in Dartmouth zu sein. Im Hafen von Göteborg heuerte ich als Öler im Maschinenraum eines amerikanischen Frachters an, der *Booker T. Washington*. Ich war einer von sechs Weißen an Bord des Schiffes, alle anderen waren Afroamerikaner. Aus irgendwelchen Gründen hatte es in der Mannschaft die Runde gemacht, dass ich zur Universität ging, und auf einmal hieß es, ich studiere Medizin – wobei ich gestehen muss, dass ich mir nicht die Mühe machte, dieses Gerücht zu dementieren. Schon bald hieß ich bei der Mannschaft nur noch «der Doktor». Nach ungefähr zehn Tagen auf See kam die Besatzung zusammen, um einen Delegierten für die Jahresversammlung der *National Maritime Union* zu wählen, die im folgenden Monat in Washington, D. C., stattfinden sollte.

«Wählen wir den Doktor!», rief einer.

Alle Hände schossen in die Höhe. Ich wurde einstimmig gewählt. Verdattert dankte ich der Mannschaft und erklärte, dass ich die Wahl nicht annehmen könne, da ich schnellstens nach Dartmouth zurückmüsse, sobald das Schiff angelegt hätte. Aber ich habe es bedauert, das Schiff nicht vertreten zu können.

Mit diesen gegensätzlichen Erfahrungen war ich unsicher, wie sich die Gewerkschaftsversammlung in der Messe der *Pamir* entwickeln würde. Ich machte mich auf eine Konfrontation zwischen Kapitän Björkfelt – den ich mochte und respektierte – und der Mannschaft gefasst. Wieder trat unser Erster als Sprecher des Kapitäns auf, und wieder sprach er Englisch mit seinem sympathischen skandinavischen Akzent.

«Ich weiß nicht, woher Matrose King», an dieser Stelle troff

Liewendahls Stimme vor Sarkasmus, «seine Informationen bezüglich der Wasserrationen hat. Es gibt hier an Bord keine Rationierung für frisches Trinkwasser. Lediglich das Frischwasser zum Waschen ist auf achtzehn Liter die Woche rationiert.»

Die Matrosen nickten und drehten sich nach Hotcha King um, der das falsche Gerücht in die Welt gesetzt hatte.

«Wenn irgendjemandem die achtzehn Liter zum Waschen nicht reichen sollten», fügte Liewendahl hinzu und blickte unverwandt zu Hotcha King, «wüsste ich, wo unbegrenzt Wasser zu finden wäre, aber es könnte sein, dass es ein klein wenig salzig schmeckt.»

Die Mannschaft brach in Gelächter aus. Manche deuteten auf Hotcha. Die Versammlung war beendet. Während wir aus der Messe drängten, hatte ich das Gefühl, dass, auch wenn das Meer uns noch zusetzen würde, Mannschaft und Offiziere gut miteinander auskommen würden.

Kapitän Björkfelt und ich hatten von Anfang an einen guten Draht zueinander gehabt, und meine Hochachtung vor seiner Seemannschaft wuchs mit jedem Tag, den ich ihn bei seiner Arbeit beobachten konnte. Er war kein Mann vieler Worte, doch ich sah ihn oft mit einem verschmitzten Grinsen; hinter seiner Reserviertheit verbarg sich ein ausgeprägter Sinn für Humor. Bisweilen machte er sich einen Spaß daraus, seine Männer zu provozieren. Bei mir zum Beispiel machte er mit Vorliebe kleine Seitenhiebe auf alles Mögliche, das aus Amerika kam, und ich revanchierte mich mit der einen oder anderen – immer respektvollen – Stichelei, was ihm, so glaube ich, Freude bereitete. Dennoch verlor er nie seine Autorität, und unter seinem Kommando lief alles an Bord reibungslos. «Hart, aber gerecht», sagten die Matrosen über ihn. Aus dem Munde eines Seemanns ein großes Kompliment für einen vorgesetzten Offizier.

Auch von meinen Mannschaftskameraden fühlte ich mich durchweg respektiert und gut behandelt, obwohl ich im Gegensatz zu ihnen ein ziemlicher Neuling war. Niemanden schien es sonderlich zu kümmern, dass ich in Zürich und Dartmouth zur Universität gegangen war, vielleicht wussten sie es auch gar nicht. Unsere Vergangenheit war nicht von Interesse; wir konzentrierten uns ganz auf die harte tägliche Arbeit an Bord eines großen Rahseglers. Alles in allem war ich sehr froh über die Gesellschaft, in der ich mich befand. Die Umstände jedoch – die Fahrt um Kap Horn auf einem Rahsegler mitten im antarktischen Winter – waren weniger erfreulich, wie sich bald herausstellen sollte.

Obwohl der Wind leicht und manchmal unbeständig blies und wir nur bescheidene Etmale machten, entfernten wir uns mit Kurs Südost doch jeden Tag ein Stück weiter von Australien und näherten uns Kap Horn. Jeden Tag wurde es ein wenig kälter. Und jeden Tag studierten Kapitän Björkfelt und seine Offiziere Wind, See und Himmel auf Anzeichen, dass wir uns dem breiten Gürtel jener stürmischen Westwinde näherten, die über den südlichen Teil des Globus fegen, den Brüllenden Vierzigern. Port Vic liegt auf 35 Grad südlicher Breite, und jeder Grad entspricht ungefähr siebzig Meilen, sodass wir theoretisch ungefähr 350 Meilen südlich von Port Vic die Vierziger erreichen mussten.

Inzwischen war auch die *Passat* ankeraufgegangen und am 1. Juni aus Port Victoria ausgelaufen, vier Tage nach der *Pamir*. Natürlich wussten wir nicht, wo sie jetzt stand, da die Schiffe keinen Funk hatten, aber wir wussten, dass sie das Beladen kurz nach uns abgeschlossen hatte und in See gegangen war. Kapitän Hagerstrand am Ruder war mit allen Wassern gewaschen, und er würde versuchen, uns auszusegeln und vor uns in England einzutreffen. Alle auf der *Pamir* hofften auf Wind.

Am fünften Tag von Port Vic erwischte uns eine kurze Bö aus Südwest – ein kleiner Vorgeschmack auf das, was uns weiter südlich erwartete. Das Schiff rollte in der schweren See, und als es vorüber war, meldete der Chefsteward, dass im Vorratsraum eine große Menge Seewasser hin und her schwappte. Diese Nachricht sorgte für einige Aufregung. Die Vorratsräume lagen auf dem Zwischendeck – einem niedrigen Deck zwischen Hauptdeck und Laderaum, das sich über die ganze Länge des Schiffes zog. Wenn dort Seewasser stand, bedeutete das, dass der Rumpf der *Pamir* leckgeschlagen war und Wasser eindrang, wenn sie sich auf die Seite legte. Sehr schlechte Nachrichten für einen Windjammer, der kurz vor den Brüllenden Vierzigern stand. Selbst bei einem relativ kleinen Leck bestand die Gefahr, dass der Weizen feucht wurde, aufquoll und damit einen enormen Druck entwickelte, der die Stahlplatten des Rumpfes sprengen konnte.

Unverzüglich schickten die Offiziere mit Taschenlampen bewaffnete Matrosen in den Laderaum hinunter, um in der pechschwarzen Dunkelheit wie die Ratten über die Getreidesäcke zu kriechen und das Leck zu suchen, während andere das Wasser aus dem Vorratsraum schöpften. Die Suche währte zwei Tage, ohne Ergebnis. Zu guter Letzt fiel irgendjemandem auf, dass eines der Lüftungsrohre – große tubaförmige Röhren, die das untere Deck mit Frischluft versorgten – nach vorn statt nach achtern zeigte. Somit hatte das Rohr jedes Mal, wenn die *Pamir* in der Bö eine See übergenommen hatte, das Meerwasser direkt nach unten in den Laderaum geleitet. Das vermeintliche «Leck» war gefunden und konnte ganz einfach repariert werden: indem wir die Öffnung des Lüftungsrohrs nach achtern drehten.

Am 11. Juni – vierzehn Tage nachdem wir aus Port Vic ausgelaufen waren – kam Westwind auf, und wir hofften, die Brüllenden Vierziger erreicht zu haben. Wir standen in der südlichen Tasmansee zwischen Tasmanien und Neuseeland. Es war ein Samstag, und der Westwind nahm den ganzen Tag über an Stärke zu. Am Nachmittag stürmte die *Pamir* mit elf Knoten durch die dunkelgrüne See, fast zwanzig Kilometer pro Stunde, ein ganz ordentliches Tempo für ein Segelschiff. Bei auffrischendem Wind wurde es auf einem Windjammer erst richtig spannend, denn jetzt musste entschieden werden, wie viel Segel man stehen ließ, um ein möglichst schnelles Tempo zu fahren, während ein Zuviel an Segelfläche die Gefahr barg, dass das Schiff der Kraft des Windes nicht standhielt. Die wagemutigsten Kapitäne – unter Umständen zugleich die, die am kürzesten lebten – setzten so viel Segel wie irgend möglich. Die besonders vorsichtigen ließen die Segel einholen. Es war ein schmaler Grat, auf dem man sich bewegte, und die Entscheidungen der Kapitäne wurden von der Mannschaft genauestens verfolgt, bewertet und ausführlich kommentiert.

Am späten Nachmittag gab Kapitän Björkfelt Befehl, die Royalsegel zu bergen – die obersten Segel der drei großen Masten. Die Matrosen stiegen auf die Rahen.

Am nächsten Tag, dem 12. Juni, einem Sonntag, nahm der Wind den ganzen Morgen über weiter an Stärke zu. Auf einem Windjammer ist der Sonntag ein Arbeitstag wie jeder andere. Die See wurde den ganzen Tag über schwerer, die Wellenberge immer höher, die Täler tiefer, und die Abstände zwischen den Wellen immer länger. Es brauchte zwei Männer, das große Doppelsteuerrad auf dem Brückendeck zu halten. Anders als bei einem Frachter gab es auf der *Pamir* keinen Telemotor, überhaupt keine elektrisch betriebene Rudermaschine. Den ganzen Tag über ließ der Kapitän ein Segel nach dem anderen bergen, und den ganzen Tag über gingen die Seeleute immer wieder nach oben und hängten sich bäuchlings über die Rahen, um das raue, windgeschwellte Segeltuch einzuholen.

Gegen Abend waren alle oberen Segel der drei großen Masten eingeholt, sodass nur noch sechs der insgesamt achtzehn Rahsegel gesetzt waren – drei am Fockmast, zwei am Großmast, und eines am Kreuzmast. Und selbst mit dieser enorm verringerten Segelfläche legte die *Pamir* noch 238 Meilen in vierundzwanzig Stunden zurück – sehr viel mehr als in den vorangegangenen Tagen.

Am Montag blies ein steifer Wind, und Dienstag, den 14. Juni, standen wir bereits südlich der Südspitze Neuseelands und hatten damit in etwas mehr als zwei Wochen über eintausendfünfhundert Meilen zurückgelegt. Und an jenem Tag bekam ich zum ersten Mal eine echte Kostprobe dessen, was ein Sturm auf See bedeuten konnte. Zwar hatte ich bei meinen Ferienjobs auf den Frachtern der Great Lakes oder auf dem Nordatlantik bereits den einen oder anderen Sturm miterlebt, aber mit einem Windjammer mitten in einen Sturm der Brüllenden Vierziger hineinzusegeln war etwas völlig anderes.

Der starke Wind aus Südwest frischte am frühen Morgen auf. Wir wurden auf die Rahen geschickt und waren bis Mittag damit beschäftigt, die Segel festzumachen, wobei wir wie immer mit den obersten anfingen. Die Windgeschwindigkeit pendelte sich auf einen steifen Wind ein, was ungefähr fünfundfünfzig Kilometern pro Stunde entspricht. Die Wellen, die sich zu gewaltigen Wasserbergen auftürmten, liefen aus Südwest auf das Schiff zu, also aus Steuerbord achtern. Durch den Winddruck auf die Segel neigte sich die *Pamir* um fünfzehn bis zwanzig Grad auf die Seite – sie krängte, wie es unter Seeleuten heißt –, sodass das Deck schief stand und die Leereling, also die auf der dem Wind abgewandten Seite, in und unter Wasser tauchte.

Dabei muss man sich vor Augen führen, dass die *Pamir* auf dem Hauptdeck drei Aufbauten hatte, sodass es insgesamt fünf Decks gab: die drei erhöht liegenden auf den Aufbauten und zwei unten liegende, die zum Hauptdeck gehörten. Alle Decks waren Wind und See ausgesetzt. Der erste Aufbau vorn im Bug heißt Back, danach kommt das Vordeck, danach das Brückenhaus mit dem Brückendeck darauf, auch Mitteldeck genannt, auf dem sich Kartenhaus und Ruderstand befanden, dahinter das Achterdeck und zu guter Letzt am Heck des Schiffes die Poop. So genannte Laufbrücken, auf Pfeilern gestützte Stege, liefen vom Brückendeck zu den beiden anderen Aufbauten, der Back und der Poop, und überquerten dabei das Vordeck und das Achterdeck.

Wir waren auf dem Vordeck beschäftigt, einem der beiden unteren Decks. Als die *Pamir* im stärker werdenden Wind überholte und die leewärtige Reling ins Wasser tauchte, schlugen gewaltige Seen über die Verschanzung – wie riesige grüne Wellen, die an einen Strand schlagen. Meine Mannschaftskameraden hechteten zu den Strecktauen, die für die Passage über das Südliche Eismeer ungefähr in Kopfhöhe längsschiffs über die unteren Decks gespannt worden waren. Ich tat es ihnen gleich. Dort hingen wir nun, die Füße in der Luft, während uns die überkommende See wie ein dicker Schaumteppich um die Beine spülte. Dann richtete sich das Schiff ein wenig auf und hob sich aus der Dünung. Das Seewasser floss durch Öffnungen im Schanzkleid, die so genannten Speigatten, schnell wieder ab. Auf dem Achterdeck war es das gleiche Spiel.

Dem Beispiel der anderen folgend, ließ ich das Strecktau los, und wir machten uns wieder an die Arbeit, diese und jene Leine einzuholen. Wenige Augenblicke später holte das Schiff erneut eine grüne See über, wir hechteten wieder zu den Strecktauen, hielten uns fest, bis die Welle vorüber war, und gingen zurück an die Arbeit. Wieder und wieder schlugen die Seen über Deck. Niemanden schien dieses ständige Hechten nach den Strecktauen übermäßig zu beunruhigen. Sowohl Vor- als auch Achterdeck standen praktisch konstant unter Wasser, während das Schiff gewaltige Seen überholte. Über Back und Poop peitschte die Gischt. Nur das erhöhte Brückendeck blieb einigermaßen trocken, und von dort hatten der Kapitän und der Erste Steuermann, beide in Ölzeug gekleidet, ein wachsames Auge auf unsere Arbeit. Große Windjammer wie die Pamir lagen tief im Wasser, wenn sie voll beladen waren, sie waren von den Schiffsbauern dafür ausgelegt, überkommenden Seen standzuhalten, zumal auf dem Hauptdeck, dem Vor- und dem Achterdeck, die dicht über der Wasserlinie lagen.

Aus diesem Grund waren über der Verschanzung der unteren Decks Netze gespannt, in der Hoffnung, die Seeleute, die über Deck gewaschen wurden, auffangen zu können, bevor sie im Ozean verschwanden. Auch unter dem Klüverbaum, der gut fünfzehn Meter über den Bug der Pamir hinausragte, war ein Netz gespannt. An dem Baum waren die vordersten, dreieckigen Segel der Pamir angeschlagen, die so genannten Klüver und der Jager, dessen Spitze sich gut zwölf Meter über dem Wasserspiegel befand.

Auch wenn die Matrosen recht gelassen schienen, so war doch klar, dass es keine Hoffnung gab für jemanden, der über Bord gespült wurde. Ein Segelschiff von der Größe der Pamir brauchte, wenn alles gut lief, bestimmt acht Meilen, die Rahen rundzubrassen, einen Kreis zu fahren und zu dem Punkt zurückzukehren, an dem das Manöver begonnen hatte. Zu diesem Zeitpunkt – ungefähr eine Stunde später – war es bereits praktisch aussichtslos, den über Bord gegangenen Seemann in der schweren See wieder-zufinden. Noch dazu war das Wasser im Eismeer so kalt, dass man nur kurze Zeit schwimmen konnte. Selbst mit einem Rettungsring würde man relativ schnell an Unterkühlung sterben. Rettungsanzüge, Rettungsinseln und dergleichen moderne Ausrüstung war auf Schiffen wie der *Pamir* schlicht nicht vorhanden, es gab lediglich vier Rettungsboote. Und dennoch trieb mich die Vorstellung, über Bord gewaschen zu werden, sehr viel weniger um als die Angst, von einer Rah zu stürzen. Ich war an einem See aufgewachsen und hatte unzählige Kanufahrten hinter mir – ich war ein guter Schwimmer.

Um drei Uhr nachmittags frischte der Wind weiter auf. Plötzlich tönte die Pfeife des Ersten Steuermanns vom erhöhten Brückendeck: drei lange, durchdringende Pfiffe.

Das Signal für alle Mann an Deck. Ein dunkler Wolkengürtel raste über die tobende See auf uns zu – Vorbote einer gewaltigen Bö. Die Männer stürzten hoch aufs Deck und zogen sich im Laufen das Ölzeug über. Über dem Toben der See und dem Brüllen des Windes schrie unser Erster seinen Befehl, mit allen Mann die Bagien einzuholen, das unterste Segel am Kreuzmast, zusammen mit dem Großsegel eines der größten des Schiffes, ungefähr so groß wie ein Tennisplatz. Der Kreuzmast ist der hinterste rahgetakelte Mast, daher bestand die Gefahr, dass Heck und Ruder des Schiffes aus dem Wasser gehoben wurden, wenn eine starke achterliche Bö in die Bagien fuhr. Damit könnte die *Pamir* kreuzgelegt werden – das heißt, der Wind könnte sie plötzlich quer zur Bö stellen und so mit voller Breitseite den gewaltigen Seen aussetzen. Viele Segelschiffe vor ihr waren quer gekommen und gekentert. Diese Schreckensvision hatte den Ersten zu seinem Befehl veranlasst.

Zwei Seeleute kämpften mit dem großen Steuerrad, um das

Ruder zu halten. Alle sechzehn oder siebzehn Mann, die frei waren, arbeiteten sich Hand über Hand an den Strecktauen durch die wogenden Seen auf dem Achterdeck. Es war ein ungeschriebenes Gesetz, immer auf der Luvseite aufzuentern; wenn das Schiff dann überholte, waren die Wanten weniger steil, außerdem drückte einen der Wind gegen die Webeleinen. Wir schwangen uns in die Kreuzwanten, die zu der gewaltigen Rah ungefähr fünfzehn Meter über dem Deck hinaufführten. Auf einmal wurde der Himmel dunkel. Das grüne Wasser wurde schwarz. Ich sah eine fürchterliche Windbö, die über die Dünung jagte und von den Wellenkämmen weiße Gischt aufpeitschte.

Als uns die Bö traf, schien sich das Schiff zu versteifen. Ich spürte, wie sich um mich herum sämtliche Stahlkabel und Hanftaue spannten. Als der Wind durch das Rigg pfiff, schraubte sich sein Brüllen zu einem gellenden Kreischen hoch. Die Gischt schlug mir mit solcher Wucht ins Gesicht, dass ich mich abwenden musste. Die *Pamir* neigte sich auf die Seite, als wolle sie vor der Bö in Deckung gehen. Die Wanten, an denen wir uns festklammerten, kippten mit dem Schiff über und waren auf einmal viel weniger steil und ähnelten jetzt eher einer Treppe als einer Leiter.

Auf einmal machte es *ratsch!*, und die Bagien hing in Fetzen, der kreischende Wind hatte große Stücke Leinwand davongetragen – «ausgeweht», wie der Seemann sagt. Die Fetzen, die noch an der Rah hingen, schlugen und knatterten im Wind. Weiße Funken stoben wie Feuerwerk im Dämmerlicht, als die Stahlkabel, die die Bagien gehalten hatten, durch die Luft sirrten und gegen andere Kabel, gegen die Stahlrah und den Mast schlugen. Der Lärm war unbeschreiblich – ein ohrenbetäubendes Getöse aus hämmerndem Metall, kreischendem Wind und heftig knatterndem Segeltuch.

Der erste Mensch, den ich habe sterben sehen, war von einem Stahlkabel getötet worden. Es war in jenem Sommer gewesen, als ich auf dem Lachsfänger in Alaska gearbeitet hatte. Wir hatten eine Dampfwinsch benutzt, um die Lachsreusen an Land zu ziehen. Eines Tages war das Kabel gerissen, an dem die schweren Reusen hingen. Es schlug zurück wie ein Gummiband und dem Winschmann, den ich nur als Rosa den Russen kannte, in die Eingeweide. Er war auf der Stelle tot.

Bei dem lärmenden Chaos auf der *Pamir* war kein Wort und kein Schrei zu vernehmen. Ich sah mich nach meinen Kameraden um, um zu sehen, ob sie wieder nach unten stiegen. Aber nein, sie kletterten unbeirrt zu der gewaltigen Rah hinauf, wo die Reste der Bagien im Wind flatterten und die tödlichen Kabel umherschlugen. Ich folgte ihnen, wobei ich an die Worte des Bootsmanns dachte: Dafür hatte ich angeheuert.

Wir verteilten uns auf der großen unteren Rah, indem wir mit den Füßen auf den Fußpferden weiterrutschten – einem Stahlkabel, das unter der Rah entlanglief – und uns mit den Händen an der Rah selbst festhielten, wie immer, wenn wir die Segel einholten. Waren alle an ihrem Platz, lehnten wir uns bäuchlings über die sechzig Zentimeter dicke Rah und griffen mit beiden Händen so tief wie möglich in die Leinwand. Bei besserem Wetter – das heißt, wenn wir uns hätten verständigen können – hätten wir mit einem rhythmischen «eins, zwei, *zugleich!*» die schwere, sturmerprobte Leinwand Bahn für Bahn auf die Rah gehoben. Jetzt zerrten wir so gut es eben ging mehr oder weniger gleichzeitig an den zerrissenen, wild umherflatternden Fetzen.

Und jedes Mal, wenn wir vorn am Segel zogen, flogen hinten unsere Füße mitsamt Fußpferden in die Luft, sodass wir auf der Rah eine Art Schaukelbewegung machten. Dabei krängte das Schiff um gute zwanzig Grad, und genauso die Rah. Hätten wir uns nicht an die Leinwand geklammert, wir wären allesamt die Rah hinunter und fünfzehn Meter tief in das schäumende, dunkle Eismeer gestürzt.

«Eine Hand fürs Schiff», lautete eine alte Redewendung, «und eine Hand für den Mann.»

Völliger Blödsinn, ohne Zweifel von irgendjemandem erdacht, der nie im Leben selbst oben gewesen war. Es war vollkommen unmöglich, auf einem Schiff wie der *Pamir* ein Segel mit nur einer Hand zu bergen. Die Segel wogen mehrere hundert Kilo und waren steif wie die Wände eines Zirkuszeltes, und sie flatterten im Sturmwind. Man brauchte beide Hände und alle Kraft. Was ein Matrose auf den Rahen hingegen beachtete – und was auch ich bereits gelernt hatte –, war, immer etwas in greifbarer Nähe zu haben, an dem man sich bei Bedarf festhalten konnte. Ein Laie könnte außerdem vermuten, dass die Masten wild hin und her schwingen und die Seeleute womöglich aus dem Rigg schleudern. In der Regel jedoch stehen sie einigermaßen ruhig, da das Schiff bei starkem Wind eine mehr oder weniger gleich bleibende Krängung behält, und auch wenn es rollt, neigen sich die Masten nur langsam und schwingen niemals wild hin und her.

Seit Port Vic hatte ich mich daran gewöhnt, bäuchlings über den Rahen zu hängen, um die Segel einzuholen, aber ein solch unvorstellbares Durcheinander von Wind und Wasser und Lärm und Krängung hatte ich noch nicht erlebt. Ich war weniger ängstlich als vielmehr fassungslos, dass wir überhaupt dort oben waren. Es brauchte all unsere Kraft, die Fetzen des Segels zu bergen und auf die Rah zu hieven. Danach gingen wir auf den Fußpferden in die Knie und griffen unter der Rah hindurch nach den Beschlagzeisingen, den kurzen Leinen, mit denen das Segel an der Rah festgemacht wurde. Einer schleuderte den Zeising hoch über die Rah, sein Kamerad fing ihn auf und zurrte ihn fest.

Unten auf Deck war das Chaos noch schlimmer als oben. Eine schwarze Sturmbö nach der anderen hämmerte gegen das Schiff, die Windgeschwindigkeit war inzwischen größer als bei einem Orkan, das heißt weit über einhundertzwanzig Stundenkilometer. Das Schiff nahm gewaltige, grünschwarze Seen über Vor- und Achterdeck, sodass beide nahezu ununterbrochen unter eiskaltem Wasser standen. Die Männer hangelten sich an den Strecktauen entlang der Verschanzung von einem Punkt zum anderen und mussten dennoch jedes Mal um ihr Leben kämpfen, wenn eine besonders hohe Sturzsee über das Deck schlug und uns unter sich begrub. Der Kapitän hielt auf dem Brückendeck die Stellung, den Ersten Steuermann an seiner Seite. Auf dem Vordeck gab es einen Pferch mit zwei lebenden Schweinen, die als Frischfleischlieferanten in Port Vic an Bord genommen worden waren, und als das Schiff nun überholte und die Wellen über die Tiere hinwegrauschten, hörten wir über allem Getöse ihr angsterfülltes Quieken.

Als die zerrissene Bagien festgemacht war, befahl Kapitän Björkfelt einmal mehr alle Mann nach oben, um das Großsegel einzuholen, das unterste Segel am Großmast, das zugleich das größte war.

Wieder enterten wir auf und arbeiteten uns im tosenden Wind auf dem krängenden Schiff die Rah entlang. Unsere Hände waren vom Kampf mit dem groben Segeltuch mittlerweile aufgerissen und blutig. Wieder stiegen wir auf das wogende Deck hinab, wo der Kapitän uns gleich wieder nach oben schickte, um die Fock einzuholen, das große unterste Segel des Fockmastes.

Später hörte ich, dass dies eine der wenigen Gelegenheiten war, bei denen Kapitän Björkfelt in seinen dreißig Jahren auf See bei einem voll beladenen Schiff die Fock bergen musste, denn mit ausreichender Ladung ist ein Segelschiff in der Regel schwer und stabil genug, um auch bei starken Böen mit stehender Fock fahren zu können.

Jetzt standen an jedem Mast nur noch die Untermarssegel, also die zweiten Segel von unten. Diese hielten den Windjammer auch bei schwerem Seegang stabil und zogen ihn vorwärts, sodass er gut steuerte und sich nicht kreuzlegte. Doch die kräftigen Böen drohten noch immer das Schiff quer zu stellen. Kapitän Björkfelt befahl, die *Pamir* vom Kurs abkommen zu lassen, um sie dichter an den Wind zu bringen. «Raumschots segeln» ist der nautische Terminus, wenn der Wind leicht achterlich zum Schiff einkommt. «Beigedreht Fahrt voraus machen», was der Kapitän nun befahl, bedeutete, leicht gegen den Wind zu segeln. Für ein Segelschiff im Sturm bot das weitaus mehr Stabilität, als vor dem Winde zu segeln. Wenn der Wind von vorn einkommt und nicht von achtern, ist die Gefahr des Kreuzlegens sehr viel geringer.

Der Befehl zur Kursänderung verursachte an Bord eines Windjammers wie der *Pamir* hektische Betriebsamkeit. Es war nicht damit getan, das Steuerrad ein, zwei Mal zu drehen, bis das Schiff in die andere Richtung fuhr. Jedes stehende Segel musste entsprechend ausgerichtet werden, sodass der Wind für den neuen Kurs optimal einkam. Die Mannschaft der *Pamir* besetzte die Brasswinschen, die auf dem Brückendeck hinter dem Großmast und auf dem Achterdeck hinter dem Kreuzmast verschraubt waren. Auf Kommando des Ersten stemmten wir uns gegen die Griffe und holten die dicken Drahtkabel ein, sodass hoch über unseren Köpfen die großen Rahen umschwenkten. In der Zwischenzeit wuchteten die anderen am Spill, um die Schoten und Halsen, die die unteren Ecken der Segel hielten, anzuholen oder Lose zu geben. Damit änderte sich die Stellung der Segel zum Schiff, während es auf den neuen Kurs ging, sodass der Wind im gewünschten Winkel in die Segel fuhr.

All das dauerte seine Zeit. Bei den kleinen Segelbooten, auf denen ich über den Pine Lake gesegelt war, war es eine Sache von Sekunden gewesen, den Kurs zu ändern und die Segel zu stellen. Auf der *Pamir* dagegen dauerte es zehn bis fünfzehn Minuten, bis die Rahen an allen drei Masten rundgebrasst und die Segel ordentlich gestellt waren.

Doch mit dem Beidrehen allein waren wir noch lange nicht aus dem Schneider. Da waren immer noch die gewaltigen Seen, mit denen wir uns herumschlagen mussten. Während wir oben waren, um die Segel zu bergen, hatte das Schiff eine zwölf Meter hohe Welle übergenommen, die das Oberlicht der Messe zerschlagen und die anliegenden Räume geflutet hatte. Kapitän Björkfelt schickte uns unter Deck, um die Quartiere mittschiffs mit Eimern und Lenzpumpen trockenzulegen.

Das Ölzeug noch am Leibe, wateten wir durch den gefluteten Gang. Es war schon schwierig genug, auf den Beinen zu bleiben, jedes Fortkommen war ein echter Kampf. Das Schiff rollte hin und her, und in den untersten Ecken der Messe und unserer Quartiere stand das Wasser weit über einen Meter tief. Schwimmend bahnten wir uns einen Weg durch die umhertreibenden Laken, Matratzen und Seesäcke und die Bänke aus der Messe. Die sechzehn oder siebzehn Mann, die wir auf den Rahen gewesen waren, bildeten eine Kette und reichten die Eimer mit eiskaltem Seewasser von einem zum nächsten, bis hinaus aufs Deck.

Inzwischen war es dunkel geworden. Und während wir unten im Licht der Laternen Wasser schöpften, schlugen oben schwarze Sturzseen aus der Dunkelheit auf das Schiff, manche so hoch wie das erhöht liegende Brückendeck. Gegen 22 Uhr stieg eine gewaltige See aus der Dunkelheit und krachte über dem Kartenhaus zusammen. Es war eine äußerst stabil gebaute Hütte, die direkt hinter dem Steuerrad mit Kabeln auf dem Brückendeck festgemacht war und die Navigationsinstrumente und die Seekarten beherbergte. Die Sturzsee hatte eine solche Kraft, dass sie die Wetterseite eindrückte und die Leeseite davonschwemmte. Um ein Haar wurden beide Rudergänger mitsamt Kartenhaus über Bord gewaschen. Sie kamen mit einem blauen Auge davon, weil sie sich mit aller Kraft an die Sprossen des einen Meter achtzig großen Steuerrads klammerten.

Fast ebenso plötzlich, wie der Sturm aufgezogen war, ließ er nach. Der Wind flaute ab, und das Schiff richtete sich ein wenig auf, auch wenn die See noch immer recht hoch ging. Kapitän Björkfelt gab Befehl, wieder auf Kurs zu gehen, und alle Mann gingen zurück an Deck, um die Rahen zu brassen. Dann schöpften wir weiter Wasser aus der Messe und den Logisräumen und versuchten, unser Bettzeug und unsere Habseligkeiten einzusammeln. Wir waren bis auf die Knochen durchnässt und durchgefroren, und all unser Hab und Gut – Kleidung, Matratzen, Bettzeug – war pitschnass.

Wir machten uns darauf gefasst, dass das noch lange, lange so bleiben würde. Wenigstens hatten wir über eines Gewissheit: Wir waren in den Brüllenden Vierzigern, und unsere sechstausend Meilen lange Passage durch das Südliche Eismeer hatte begonnen.

8. Kapitel

Running the Easting Down

Die Weite, die Einsamkeit und die Gewalt des Südlichen Eismeers ist nur schwer in Worte zu fassen. Kein Gewässer der nördlichen Hemisphäre ist auch nur annähernd mit den sechstausend Meilen offenen Ozeans zwischen Australien und Kap Horn vergleichbar. Man stelle sich ein eisig kaltes, sturmgepeitschtes Meer vor, das sich von Paris bis nach Seattle zieht. Oder, um das Ganze auf ähnlich frostige Breitengrade zu verlegen, von Moskau über Skandinavien, Island, Grönland und die Hudson Bay bis in den Norden von British Columbia.

Über dieses Meer fegen stürmische Westwinde, die als die Brüllenden Vierziger bekannt sind. Diese Winde ermöglichen Segelschiffen im Südlichen Eismeer eine enorme Geschwindigkeit, aber zugleich sind sie der Grund dafür, dass das Südliche Eismeer allgemein als das gefährlichste Meer der Welt gilt. In einem gewaltigen geschlossenen Ring, wie ein riesiger Doughnut, fegt der Windgürtel ungehindert von Land über die gesamte südliche Region des Globus. In diesem endlosen «Fetch» – der Entfernung, die ein Wind von der Luvküste bis zum Schiff durchfegt – peitschen die Weststürme einen enormen Seegang auf.

Vor allem im antarktischen Winter, also just zu der Jahreszeit, als die Pamir das Südliche Eismeer erreichte, fegt ein Sturm nach dem anderen über die Region. Mit den Brüllenden Vierzigern um den südlichen Globus zu fahren heißt unter Seeleuten schon seit Jahrhunderten «running the easting down» – wobei «easting» sich auf das Ostwärtslaufen des Schiffes bezieht. Diese Route war für Matrosen unter Segel ein berühmt-berüchtigter Initiationsritus. Und vorausgesetzt, das Schiff überstand die sturmgepeitschte Passage durch das Südliche Eismeer, gipfelte dieser Ritus in der Fahrt um Kap Horn.

Nach jenem ersten großen Sturm stellten wir fest, dass die *Pamir* eine Schlagseite von sechs Grad nach Backbord hatte. Der Sturm aus Südwest war mit solcher Wucht in Steuerbord eingekommen, dass das Schiff an einem Punkt um ganze fünfundfünfzig Grad übergeholt und die Reling des erhöhten Brückendecks komplett unter Wasser getaucht hatte. Im Laderaum waren die Weizensäcke ins Rutschen gekommen und auf der Backbordseite liegen geblieben. Das Schiff war also an Backbord schwerer, daher die Schlagseite um sechs Grad, obwohl der Wind nachgelassen hatte. Wieder einmal stiegen wir in den Laderaum hinab und verbrachten zwei Tage damit, die schweren Säcke mit Weizen umzustauen, sodass die *Pamir* wieder ordentlich getrimmt war.

Nach dieser kurzen Flaute traf ein Sturm nach dem anderen auf das Schiff, und wir wurden von einer ganzen Reihe von wütenden Stürmen über das Südliche Eismeer gejagt. In den kurzen Intervallen zwischen zwei Stürmen ließ Kapitän Björkfelt – der einräumte, dass dies eine ganz besonders stürmische Überfahrt sei – so viele Segel setzen wie irgend möglich. Das Leben an Bord verlief für kurze Zeit wieder im normalen Rhythmus von Wache, Schlafen, Essen, Wache, Schlafen, Frühstücken. Doch schon bald zog wieder dunkles Gewölk am Himmel auf, der Wind pfiff durchs Rigg, und die Gischt sprühte von den Wellenkämmen.

Wenn wir während der vierstündigen Freiwache in der Koje lagen, wurden wir früher oder später unweigerlich von drei schrillen Pfiffen des wachhabenden Steuermanns auf dem Brückendeck über uns aus tiefstem Schlaf gerissen. Oft schliefen wir in voller Montur, und unsere Kleider wurden selten trocken. Sobald wir einen Fuß auf den Kabinenboden setzten, wussten wir, wie schlimm der Sturm über uns tobte. Je stärker die Neigung, umso heftiger der Sturm. Wenn der Wachhabende drei Mal piff, war das Deck in der Regel so stark geneigt, dass wir uns an der Decke festhalten mussten, um nicht gegen die tiefer liegende Wand zu schlittern, wo im schwachen Licht der beiden Kerosinlampen, die von den Deckenbalken baumelten und ununterbrochen brannten, das Seewasser immer einige Zentimeter hoch stand.

Wir zogen uns Gummistiefel und Ölzeug über – Jacken, Hosen und Hüte aus dickem, wasserfestem Stoff – und stapften durch den Gang hinaus aufs Vordeck. Meistens war es dunkel – wir standen so weit südlich, dass es im Winter nur noch sechs Stunden Tageslicht gab. Der Wind fuhr kreischend durchs Rigg, das Schiff nahm schwere Seen über Vor- und Achterdeck, und die Schweine quiekten vor Angst. Der wachhabende Steuermann brüllte seine Befehle – meist zum Segelbergen, weil wieder ein Sturm aufzog. In der Dunkelheit gingen wir nach oben, und nur ein oder zwei Minuten nachdem wir aus unseren Träumen, guten oder schlechten, erwacht und aus den Kojen gestiegen waren, standen wir erneut auf den steilen Rahen hoch über dem Deck und über der schwarzen, wild tobenden See.

Nach einer Weile gewöhnten sich unsere Augen an die Dunkelheit, dennoch konnten wir einander kaum erkennen, und die Leinen, die wir zu fassen kriegen sollten, waren nur schwer auszumachen. Im kreischenden Wind brüllten wir unser «eins, zwei, zugleich!» und zogen wie ein Mann am Segel, ein ums andere Mal. Dann stiegen wir aus dem Rigg zurück an Deck, um dem Steuermann Meldung zu machen, der uns sogleich auf einen anderen

Mast schickte, um ein anderes Segel einzuholen, oder über das geflutete Deck, um mit Schoten und Brassen die Segel zu trimmen. Ich wusste nie ganz genau, wohin ich in der Dunkelheit gerade unterwegs war, ich folgte ganz einfach der schemenhaften Gestalt meines Vordermannes, bis ich auf der entsprechenden Rah angekommen war, wo ich dann wusste, was ich zu tun hatte.

Unter Seeleuten hieß das Wachsystem auf dem Windjammer «vier Wache, vier frei», aber während wir über das Südliche Eismeer Richtung Antarktis fuhren und fast ununterbrochen Stürme über die *Pamir* fegten, benannte die Mannschaft das System um in «vier Wache, vier Wache». Nach den brutalen Alle-Mann-Wachen rief Kapitän Björkfelt uns am Kartenhaus zusammen. Beim ersten Mal hatte ich noch nicht gewusst, was auf mich zukam. Der Kapitän schien in einer zerschrammten Seekiste einen endlosen Vorrat an Rum zu verwahren. Die Seeleute stellten sich in einer Reihe auf, der Kapitän füllte ein Wasserglas bis zum Rand mit Rum und reichte es dem Ersten in der Reihe. Der leerte es mit mehreren langen Schlucken und gab es dem Kapitän zurück, der es für den nächsten Matrosen nachfüllte, und so weiter. Eine altehrwürdige Belohnung für harte und gute Arbeit. Als ich an der Reihe war, stürzte ich den Rum hinunter wie die anderen und spürte, wie sich die feurige, aber angenehme Wärme in mir ausbreitete. Danach rissen wir uns im Logis das tropfnasse Ölzeug und die Seestiefel vom Leib und fielen in die kalten, klammen Kojen in einen tiefen Schlaf, bis wir für den nächsten Wachwechsel oder den nächsten Notfall geweckt wurden.

Trotz der gelegentlichen Rumrationen fühlte ich mich auf dieser Fahrt durch das Südliche Eismeer die meiste Zeit über hundeelend, genau wie fast alle meine Kameraden. Bei den wütenden Stürmen konnten die Köche keinen Topf auf dem Herd und keinen Teller auf dem Tisch halten, und so beschränkten sich unsere

Mahlzeiten auf das, was wir auf dem Weg zur nächsten Alle-Mann-Wache in die Finger kriegten. Und mit jedem Tag wurde es auf den windgepeitschten Decks kälter. Die nasse Kälte drang durch die dickste Kleidung und ließ uns bis auf die Knochen frieren, obwohl die Temperaturen selten unter null Grad Celsius sanken.

Ich hatte zweiundzwanzig Winter in Wisconsin hinter mich gebracht, ich trug zwei Paar Hosen, drei Pullover, eine Wollmütze und mein Ölzeug, und dennoch schien der Wind, der vom Südpol heraufkam, durch mich hindurchzuschneiden. Ich war ständig nass, mir war eiskalt, die überkommenden Seen setzten alles unter Wasser, aber das Schlimmste war nicht die Kälte oder die Nässe, das Schlimmste war der fehlende Schlaf zusammen mit der pausenlosen knochenharten Plackerei.

Es war ein grauenhafter, immer gleicher, pitschnasser Alltag – soweit man das Alltag nennen kann. Wir maßen die Zeit nicht in Tag und Nacht, sondern in Wachen, Böen, Alle-Mann-Pfiffen und den Breitengraden, die die *Pamir* auf ihrem Weg nach Kap Horn durch das Südliche Eismeer gen Osten passierte.

Montag, den 20. Juni, eine Woche nach unserem Eintritt in die Brüllenden Vierziger und dreiundzwanzig Tage nachdem wir Port Victoria verlassen hatten, überquerten wir die Internationale Datumsgrenze. Kapitän Björkfelt ließ alle Mann am Kartenhaus antreten und spendierte zur Feier des Tages großzügige Rumrationen, und der Smutje brachte es trotz des Durcheinanders in der Kombüse fertig, uns einen ordentlichen Eintopf vorzusetzen. Zugleich gab der Kapitän beim Überqueren der Datumsgrenze Befehl, alle Navigationslichter zu löschen, die dazu dienten, anderen Schiffen unsere Position bekannt zu geben. Er wusste, dass wir von jetzt an auf der ganzen Weite des Südlichen Eismeers keinem anderen Schiff begegnen würden und es keinen

Grund mehr gab, das wertvolle Öl der Reederei Erikson zu verschwenden. Von nun an brannte außer dem Licht im Kompasshaus, mit dem der Rudergänger den Kompass las, um den Kurs zu halten, kein Licht mehr auf der *Pamir*, und Hauptdeck und Rigg lagen im Dunkeln.

«Donnerstag, 23. Juni», schrieb mein Logiskamerad und Freund Murray Henderson in sein Tagebuch. Ein typischer Eintrag für die Fahrt durch das Südliche Eismeer: «Frischer Backstagswind aus Südwest, ruhige Fahrt. Barometer fällt rasant. Temperatur null Grad. Schnee, Segel werden eingeholt. Um Mittag frischt der Wind auf. Um 15:15 wird die *Pamir* von einer Bö mit Orkanstärke zum Kentern gelegt. Kabinen mittschiffs von überkommenden Seen geflutet. Mit allen Mann Fock eingeholt, nur noch Untermarssegel stehen. Gegen Abend lässt der Sturm nach.»

Montag, den 27. Juni, wird die Bagien bei böigem und kaltem Wetter erneut in Fetzen gerissen. Kurze Zeit später brach der Fockhals, das Drahtseil, das die vordere untere Ecke der Fock hält. Die Fock schlug knatternd im Wind, und die umherpeitschende Schot warf Funken, bis auch die Fock riss.

Zwei Tage später, am 29. Juni, segelten wir mit frischem Westwind zum ersten Mal seit zehn Tagen wieder mit gesetzten Royalsegeln. Querab an Steuerbord sichteten wir einen gewaltigen Eisberg. Wir standen nur noch sechshundert Meilen nördlich des Südlichen Polarkreises. Am nächsten Morgen sank das Barometer erneut, die Royalsegel wurden festgemacht, und eine wütende Bö aus Südwest trug das Kreuz-Obermarssegel in Fetzen davon. In der Abenddämmerung wirbelte heftiger Schneefall um die *Pamir*. Eine gespenstische, unwirkliche Szenerie, wie die *Pamir* so durch Schneegestöber und Dunkelheit fuhr, die Leereling in die Wellen getaucht, in denen lumineszierende Lichter glommen –

winzige Meeresorganismen, die zu leuchten anfangen, wenn sie gestört werden.

Die miserablen Bedingungen unserer stürmischen Fahrt gen Süden hatten auch ein Gutes – sie brachten die Mannschaft enger zusammen. Das war häufig der Fall auf Segelschiffen: je schlechter das Wetter, umso enger rückte die Mannschaft zusammen. Man musste Hand in Hand arbeiten, und man musste sich im Sturm auf Deck und oben im Rigg auf den anderen verlassen können, ihm oft genug das eigene Leben anvertrauen.

Schon nach kurzer Zeit fühlten wir von der Backbordwache, die wir in einem Logis wohnten, uns so eng verbunden wie Brüder. Murray Henderson und ich hatten uns schon angefreundet, bevor wir in See gegangen waren. Er war zwar offiziell als Decksjunge angemustert und ich dank meiner Seeerfahrung auf den Frachtern als Leichtmatrose, dennoch wusste Murray sehr viel besser über Segelschiffe Bescheid als ich. Er war in Wellington, Neuseeland, aufgewachsen, wo sein Vater eine kleine Druckerei besaß, und hatte dort seine Liebe zu Segelschiffen und zum Meer entdeckt. Er war auf Yachten und Küstenfrachtern gefahren. Dank dieser Seeerfahrung war er auf der *Pamir* angeheuert worden, als sie im November 1948 von Neuseeland an die Reederei Erikson zurückgegeben worden war. Zu jenem Zeitpunkt war er zwanzig Jahre alt. Während ich auf den Rahen, freundlich ausgedrückt, eher zurückhaltend war, kannte Murray keine Angst vor Höhen. Er liebte es, in seinen Freiwachen im Rigg umherzuklettern und das fein austarierte Netzwerk aus Stagen und Wanten, Brassen, Schoten, Halsen und Gordings zu erkunden.

Auch mit den anderen Decksjungen in meinem Logis, Keith McCoy und Bill McMeikan, kam ich gut zurecht. Bill war ein ruhiger Geselle, aufgewachsen auf der Schafranch seiner Eltern in

Neuseeland, aber er hatte sich rasch zu einem exzellenten Seemann gemausert. Keith entstammte einem freundlichen, kleinbürgerlichen Elternhaus in Adelaide, nicht weit von Port Victoria. Er war achtzehn Jahre alt, als wir in See gingen, und damit der Jüngste an Bord, ein großer, schlaksiger Kerl, der gerade mal fünfundsechzig Kilo auf die Waage brachte. Solange wir im Hafen gelegen hatten, waren seine Eltern jedes Wochenende von Adelaide gekommen, um ihn zu besuchen. Ich hatte mich mit ihnen angefreundet, vermutlich einfach deshalb, weil sie mich an meine eigenen Eltern erinnerten. Kurz bevor die *Pamir* in See gegangen war, hatten sie mich gebeten, ein Auge auf ihren Sohn zu haben.

Die beiden anderen in unserem Logis hatten sich ganz dem Leben auf See verschrieben. Harry Suters war ein angenehmer und ruhiger Kerl, ein schmächtiger Australier, der schon auf mehreren kleineren Frachtern vor der Küste Australiens gearbeitet hatte und damit in den Rang eines Vollmatrosen aufgestiegen war.

Allan Rogerson, dessen Zwillingsbruder der Steuerbordwache angehörte, stammte aus Neuseeland und entsprach mehr als alle anderen in unserem Logis dem typischen Bild von einem Seemann. Er war klein und stämmig und ein rechter Aufschneider, der voller Stolz seine Tätowierungen auf der breiten Brust spazieren trug. Er war mit sechzehn oder siebzehn Jahren zur See gegangen und dabei geblieben. Jetzt war er Anfang zwanzig, und er hatte das Patent eines Leichtmatrosen in der Tasche.

In der Steuerbordwache sah es ganz ähnlich aus. Wir waren ein kunterbunter Haufen, was Nationalität, Herkunft und Ambitionen anging. Einige stammten aus Arbeiterfamilien, andere aus kleinbürgerlichen Verhältnissen, einige waren berufsmäßige Seeleute, andere sahen die Fahrt auf der *Pamir* als Abenteuer, ein

Zwischenspiel, bevor sie andere Berufe ergriffen, andere Lebenswege einschlugen. Das war auf Segelschiffen von jeher so gewesen. Doch was unsere Mannschaft – und die anderer Großsegler am Ende der Ära der kommerziellen Segelschifffahrt – von den anderen unterschied, war die Tatsache, dass fast alle Seeleute an Bord jung waren. Alan Villiers, der große Chronist der Segelschifffahrt, der selbst auf Rahseglern gefahren ist, schreibt, dass der Typus des älteren, berufsmäßigen Seemanns nach dem Ersten Weltkrieg praktisch ausgestorben ist.

«Sie waren ein Typ für sich», schreibt Villiers über diese alte Garde, «und sie wollten auch gar nicht scheinen, was sie nicht waren. Sie waren Kauffahrteiseeleute, und sie sahen auch wie Seeleute aus: wenn sie einen Seesack ihr Eigen nannten, so war der die Grenze ihres Besitzes. Aber sicherlich lag in diesem Seesack ein kleines Stück Segeltuch und darin die Werkzeuge ihres Berufes: ein Marlspieker (ein Holz- oder Stahldorn zum Segelmachen und Bearbeiten von Tauen), ein Segelhandschuh, ein paar Segelnadeln, ein gutes scharfes Messer. Diese Dinge hüteten sie als einen Schatz. Ebenso schätzten sie die disziplinierte Freiheit eines gut geleiteten Schiffes; sie kannten den Wert guter Zusammenarbeit. Ein anständiger Schiffskamerad war ein Freund fürs Leben, den man nie vergaß, wenn man ihn auch nie wiedersah. Auf gute Schiffe schworen sie, und die schlechten haben sie verflucht.»

Die *Pamir* drängte weiter über das leer gefegte Südliche Eismeer gen Kap Horn. Unsere Wache arbeitete und aß, schimpfte und lachte gemeinsam. Die verschiedenen Aufgaben, die jede Wache zu erfüllen hatte, erledigten wir reihum. Dazu gehörte ein einwöchiger Kombüsendienst, während dessen wir Kartoffeln schälen und Töpfe schrubben mussten. «Den Paslack machen», nannten die hartgesottenen Seeleute das. Für sie gab es nichts Schlimmeres, sie wollten da sein, wo es zur Sache ging, wollten auf Deck und auf den Rahen den heftigen Stürmen des Südens die Stirn bieten.

Eine der anspruchsvollsten Aufgaben war die Wache am Steuer. Alle Seeleute mussten schichtweise, egal ob bei gutem oder schlechtem Wetter, eine Stunde lang das Ruder übernehmen. Schon bei gutem Wind war das schwer genug. Als ich das erste Mal am Ruder stand, bei relativ ruhigem Wetter nicht weit von Port Vic, gierte das Schiff, während ich das Ruder hin- und herlegte in dem Versuch, einen geraden und ruhigen Kurs zu fahren. Die Arbeit des Rudergängers erforderte eine ruhige Hand, ein vorausschauendes Gespür für das Schiff und einen ausgeprägten Bizeps, um das sechsundneunzig Meter lange Segelschiff auf Kurs zu halten.

Bei schwerem Wetter war es die reinste Hölle, vor allem bei achterlicher See. Anders als bei einem Motorschiff, bei dem ein Telemotor auf die Drehungen des Steuerrads hin das Ruder im Wasser umlegt, liefen bei Rahseglern wie der *Pamir* Kabel vom Steuer direkt nach achtern zum Ruder, ohne Unterstützung durch einen Motor. Es waren also einzig und allein die Muskeln des Rudergängers, die Steuerrad und Ruder bewegten. Bei sehr starkem und ungünstigem Wind brauchte es zwei Rudergänger, das Ruder zu halten oder es wenigstens ansatzweise zu kontrollieren.

«Das Knacken des Rads und des Windes Lied», heißt es im Gedicht «Meer-Sehnsucht» des britischen *Poeta laureatus* und Seefahrers John Masefield aus dem 19. Jahrhundert.

Zum Ausschlagen des Steuers kommt es, wenn bei achterlicher See Heck und Ruder aus dem Wasser gehoben werden und dann quer laufende Wellen gegen das Ruder krachen. Es wird mit unglaublicher Kraft herumgerissen, und das Steuerrad schlägt dem Rudergänger aus den Händen. Man kann nicht viel mehr tun, als sich so weit es geht gegen den Schlag zu stemmen und das Ruder so schnell wie möglich wieder umzulegen, sobald die Welle vorüber ist, um wieder auf Kurs zu gehen.

Während einer stürmischen Nachtwache im Südlichen Eismeer stand Hotcha King am Ruder und kämpfte mit dem Steuerrad. Der Steuermann hatte bereits einen zweiten Mann losgeschickt, ihm unter die Arme zu greifen. Doch bevor die Hilfe eintraf, wollte sich Hotcha des Kurses vergewissern und streckte ohne viel Sinn und Verstand den Kopf zwischen die Sprossen des Steuerrads, um den Kompass zu lesen, der im Kompasshäuschen vor seiner Nase stand.

In diesem Moment bekam das Steuer einen Schlag, und die Sprossen schlugen ihm ins Gesicht, er verlor zwei Vorderzähne und zog sich eine Platzwunde an der Oberlippe zu. Als der Kapitän und die Steuerleute von Hotchas Missgeschick erfuhren, lachten sie nur.

Doch auch über harmlosere Unfälle wurde auf der *Pamir* gelacht. Als unser Kurs uns weiter gen Südosten und damit immer näher an die riesigen Eisschollen der Antarktis trug, stellte Kapitän Björkfelt einen Ausguck auf, der nachts im Bug des Schiffes stehen und nach Eisbergen Ausschau halten sollte. Beim Zusammenstoß mit einem Eisberg wäre selbst die mächtige *Pamir* verloren gewesen.

Eines Nachts während eines Sturms hatte der Kanadier Nick Belloff auf Ausguck gestanden und kam plötzlich in die schwach erleuchtete Kombüse gerast, wo wir uns um den Ofen drängten. Wenn es an Deck nichts zu tun gab, war es der Dienst habenden Wache erlaubt, sich am Ofen in der Kombüse – der einzigen Wärmequelle des Schiffes – aufzuwärmen und Kaffee zu trinken.

Dabei gehörte es zu unseren Lieblingsbeschäftigungen, auf den heißen Herdplatten Kakerlakenrennen zu veranstalten. Belloff war tropfnass und hielt seine triefenden Seestiefel und Socken in der Hand. Er schwor hoch und heilig, dass er drei Paar Socken getragen habe, als er zur Wache ging. Während der Wache hatte das Schiff gewaltige Seen über die Back genommen, und als Nick am Ausguck abgelöst wurde und ins Logis ging, um sich die Stiefel auszuziehen, trug er nur noch zwei paar Socken an den Füßen.

«Ich weiß es ganz genau», murmelte er immer wieder vor sich hin.

Einer der Jungs, die sich mit mir um den Ofen drängten, sagte: «Oh, Mann, dann sind das wohl Sockenfresserseen da draußen.»

Von da an hießen schwere Seen bei allen, auch bei den Offizieren, nur noch «Sockenfresser».

Diese endlosen Sockenfresser erschwerten das Leben auf der *Pamir* in allen Bereichen. Eines Tages, als das Schiff besonders schwere Seen über das Achterdeck nahm, benutzte eine der Frauen an Bord die Toilette der Offiziere, die auf dem Achterdeck lag. Offensichtlich hatte sie den Riegel nicht richtig vorgeschoben, und während sie drinnen saß, schlug eine gewaltige See übers Deck, riss die Tür auf und spülte die arme Frau heraus. Sie hat es der schnellen Reaktion eines der wachhabenden Seeleute zu verdanken, dass sie nicht über Bord gewaschen wurde.

Die ständigen Seen sorgten zwar für regelmäßige Duschen und entsprechende Sauberkeit – kein Grund, sich über Wassermangel Gedanken zu machen, vor dem Hotcha King uns unnötigerweise gewarnt hatte –, aber sie verursachten gesundheitliche Probleme. Eines Nachts nach der Wache watete ich hinter Keith McCoy durch den überfluteten Gang zu unserem Logis, und mir fiel auf, dass er hinkte. Wie immer war das Schiff den ganzen Tag über gerollt und gestampft, sodass ich annahm, er sei gestürzt.

«Nein, nur ein paar wunde Stellen hinten am Bein», sagte er. «Tut höllisch weh.»

Ross Osmond, ein altgefahrener Vollmatrose, der vor McCoy ging, hatte unser Gespräch mitgehört. «Ich wette, du kriegst Furunkel», sagte er. «Lass mal sehen.»

Im eiskalten Logis zog McCoy die Seestiefel aus und krempelte die Hose aus Ölzeug hoch. Im schwachen Licht der Kerosinlampe sahen wir, dass seine rechte Wade von hinten über und über mit roten Beulen übersät war.

«Damit würde ich sofort zum Käpt'n gehen», sagte Osmond zu McCoy.

«Gentlemen», verkündete er dann an uns gewandt. «Die Furunkel haben Einzug gehalten auf der *Pamir*! Wasser auf Deck, Wasser unter Deck, Kälte hier wie dort, wenig Schlaf – das ist alles nicht sehr angenehm. Aber wartet's ab. Wenn die Furunkel kommen, werdet ihr erleben, was ein echtes Höllenschiff ist!»

Und die Furunkel kamen tatsächlich. Vielleicht lag es an der schlechten Ernährung aus Bohnen, Hafer, getrockneten Früchten und Pökelfleisch, oder vielleicht scheuerten wir uns die Haut an den immer gleichen Klamotten wund, die wir teilweise wochenlang nicht auszogen, oder es lag daran, dass wir uns kaum die Mühe machten, die fürs tägliche Waschen vorgesehenen zweieinhalb Liter Frischwasser auch aufzubrauchen. Was auch immer der Grund war, binnen einer Woche litt der Großteil der Mannschaft an den gefürchteten Furunkeln.

Aber noch mehr als die Furunkel schmerzten unsere Hände. Vom ständigen Erklettern der Wanten und Einholen der rauen Segel und Leinen mit bloßen Händen im eisigen Wetter war die Haut aufgesprungen. Die kurzen wachfreien Stunden reichten nicht aus, dass die Wunden sich schließen konnten, sodass sie praktisch ununterbrochen blutig waren und eiterten.

Unter altgefahrenen Seeleuten war allgemein bekannt, dass Urin die Haut kräftigte. Und so konnte man auf der Fahrt nach Kap Horn Seeleute, mich eingeschlossen, an der Reling stehen und sorgfältig auf die eigenen Hände urinieren sehen.

Die Behandlung der Furunkel war weit weniger angenehm. Einige wuchsen sich zu Karbunkeln aus, gutartigen Furunkeln, die Wurzeln gebildet hatten. Drei Männer wurden mit Karbunkeln in die Koje geschickt, sodass wir noch weiter unterbesetzt waren, ein anderer erkrankte an Gelbsucht. Da es weder einen Arzt noch einen Anästhesisten an Bord gab, gingen wir mit unseren Beschwerden zum Kapitän, den wir hinter seinem Rücken auch den «Rasiermesserfetischisten» nannten.

Wir alle hassten es zutiefst, vor Kapitän Björkfelt in seiner Kajüte zu stehen und beim Stampfen des Schiffes mühevoll das Gleichgewicht zu halten, während wir ihm zeigten, was wie ein Karbunkel aussah. Außer seinen Tätigkeiten als oberster Chef, Stratege und Navigator betätigte er sich auch als Arzt, und er praktizierte die ältesten und primitivsten Methoden der Medizin auf See. Er holte eine Flasche Antiseptikum und Baumwolle aus der Schublade, eine Flasche Rum und das unvermeidliche Rasiermesser. Dann drehte er die von der Decke schwingende Kerosinlampe höher und offerierte dem Patienten einen Schluck aus der Flasche.

«Es wird ein bisschen wehtun», sagte er jedes Mal.

Und jedes Mal hatte er Recht.

Seit der Grundschule war es mein größter Wunsch gewesen, einmal um Kap Horn zu segeln. Ich hatte ein großes Schiff vor mir gesehen, das unter strahlendem Himmel durch blaues Meer fährt, das sanfte Summen des Windes im Rigg, das Bauschen der Segel. Ich sah mich selbst furchtlos ins Rigg aufentern, um Segel zu setzen, und meinen Platz am großen Steuerrad einnehmen, um das Schiff sicher und ruhig durch die Weltenmeere zu steuern. Natürlich wusste ich, dass es Stürme geben würde – *aufregende* Stürme – und gefährliche und unangenehme Situationen. Aber all das gehörte für mich zur wunderbaren Romantik an Bord eines Segelschiffes. Niemals, nicht in meinen wildesten Phantasien, hätte ich mir das sturmgepeitschte Durcheinander, die Härten und die Schmerzen und – bisweilen – die pure Angst auf der Fahrt der *Pamir* mitten im Winter durch das Südliche Eismeer träumen lassen.

Ich hätte alles gegeben, um von Bord gehen zu können. Aber wenn ich nicht gerade über die Reling springen und die paar tausend Meilen nach Patagonien schwimmen wollte, hatte ich keine Wahl. Ich tauschte mit Murray Henderson seine Schicht in der Kombüse, musste aber dennoch bei jeder Alle-Mann-Wache hoch aufs Deck und auf die Rahen, und ohnehin dauerte der Kombüsendienst nur eine Woche. Die meiste Zeit wünschte ich mir nichts sehnlicher, als in meine Koje zu kriechen und im Schlaf für einige wenige Stunden zu vergessen, wo ich war. Bei Tag träumte ich von meinen vorherigen Seefahrten und wie angenehm – regelrecht luxuriös – sie im Vergleich zu dieser gewesen waren. Das Tellerwaschen in der großen, schmierigen Spüle eines Frachters auf den Great Lakes erschien mir jetzt wie ein lustiges Sommervergnügen und die Arbeit an den Lachsreusen in Alaska wie Urlaub am Strand. Wie schön wäre es, auf dem kleinen schwedischen Frachter *Ragneborg* zu sein und die Farbe vom Deck zu kratzen – ganz zu schweigen von den trägen, sonnigen Wochen mit Anne-Marie, nachdem ich in Schweden ausgestiegen war.

Und während wir durch die gewaltige See und die eiskalte, heulende Dunkelheit des Südlichen Eismeers fuhren und ich in der Koje lag und mich vor dem nächsten Wachwechsel fürchtete, dachte ich an Yvette. Meine Erinnerungen an sie waren umweht vom Blütenduft der Tropen. Nach der unruhigen Nacht in Saigon waren wir über das Südchinesische Meer geflogen, sie hatte den Kopf an meine Schulter gelehnt und mit schläfriger Stimme gesagt, dass sie sich wohl glücklich schätzen müsse, weil ihre größte Rivalin um mein Herz nur ein Segelschiff sei.

Später an jenem Nachmittag waren wir in Balikpapan auf Borneo gelandet, einer holländischen Besitzung mit ungefähr hunderttausend Einwohnern und einem Ölhafen. Emille sprach im Terminal mit den Beamten, dann kam er hinaus aufs Rollfeld, um Yvette mitzuteilen, dass mit ihrer Reservierung bei der KLM alles in Ordnung sei. Sie würde also nach Batavia fliegen, um ihr Eheleben anzutreten, während ich weiter nach Australien flog. Dann teilte Emille uns mit, dass der Flughafen – aus einem Grund, den ich nicht begriffen habe – für die nächsten zwei Tage geschlossen werde. So lange würden wir alle hier warten müssen. Erst wenn der Flughafen wieder geöffnet war, könnte sie nach Batavia und unsere DC-2½ weiter Richtung Süden nach Sydney fliegen.

«Sie haben ein wunderschönes Zimmer in einem Hotel der KLM», sagte er zu Yvette und zeigte auf ein weißes Gebäude auf der anderen Seite der Bucht.

Dann wandte er sich an mich.

«Das Hotel hat erst vor zwei Tagen geöffnet, und es ist komplett ausgebucht. Man hat uns hier einquartiert.» Er deutete auf ein Kasernengebäude in der Nähe des Flughafens. Vergeblich mühte er sich, ein ausdrucksloses Gesicht zu wahren, als er hinzufügte: «Vielleicht kennen Sie ja jemanden im KLM-Hotel, der ihnen wohlgesinnt ist.»

«Emille», antwortete Yvette, «Sie wissen sehr genau, dass er jemanden kennt, der ihm sogar sehr wohlgesinnt ist.»

Dann bemerkten wir einen jungen amerikanischen Offizier, der ganz in der Nähe neben seinem Jeep stand. Er kam auf uns zu und stellte sich als Joe Hayes vor, Leiter einer kleinen amerikanischen Wacheinheit für die Region Balikpapan. Er fügte hinzu, dass es die langweiligste Mission sei, die er je erlebt habe.

Joe bot an, uns auf die andere Seite der Bucht zum Hotel zu fahren, und Yvette und ich stiegen ein. Emille, der uns ein guter Freund geworden war, versprach Yvette, dass sie sich vor ihrer Abreise nach Batavia auf jeden Fall noch sehen würden.

«Emille», rief ich ihm nach, während der Jeep mit uns davonbrauste und Yvette ihm zum Abschied zuwinkte, «vergessen Sie nicht, meine Reservierung in der Kaserne zu stornieren!»

Mit Joe duzten wir uns von Anfang an. Ich hatte das seltsame Gefühl, diesen Mann zu kennen. Als wir vor dem Hotel hielten, wusste ich, warum: entweder er war der Schauspieler William Holden oder dessen Zwillingsbruder.

«Joe, wie oft wirst du mit William Holden verwechselt?», fragte ich.

«Nicht oft.»

Yvette sah ihn interessiert an. Ich sah Yvette an, wie sie ihn ansah. Eine seltsame Unruhe beschlich mich.

Da Joe am folgenden Tag freihatte, fragte er, ob wir nicht Lust hätten, mit dem Jeep an den Strand zu fahren. Wir machten eine Zeit aus.

Am folgenden Morgen holte Joe uns beide pünktlich um zehn Uhr am KLM-Hotel ab und fuhr mit uns Richtung Ozean. Joe und Yvette waren gleich alt, sechsundzwanzig Jahre, vier Jahre älter als ich. Er hatte Berufssoldat werden wollen, doch die vierzehn Monate auf Borneo hatten ihm die Sache gründlich vermiest, und er wollte nach Hause, nach Lexington, Massachusetts, zurückkehren, sobald er die Entlassung aus der Armee erwirkt hätte.

Joe war nicht sicher gewesen, ob wir in der Brandung würden schwimmen können, doch als wir an den menschenleeren Strand kamen, waren die Bedingungen ideal – es war dunstig und heiß, die Wellen sanft. Borneo liegt genau auf dem Äquator, und die Sonne brannte vom Himmel. Ich hatte deutlich hellere Haut als die beiden und flüchtete mich nach fünfzehn oder zwanzig Minuten in den Schatten einer Palme. Von dort beobachtete ich die zwei, wie sie in der Brandung herumtollten. Ich hörte ihr Lachen, das das Rauschen der Wellen übertönte. Und dann überkam mich ein mächtiges Gefühl, das ich noch nie zuvor gehabt hatte.

Ich hatte erst gegen Ende meines dritten Jahres auf der Highschool angefangen, mich für Mädchen zu interessieren, doch von da an gab ich mir alle Mühe, die verlorene Zeit wettzumachen. Mein Vater war amüsiert und wahrscheinlich auch ein wenig froh über meine vielen Verabredungen. Eines Tages jedoch nahm er mich beiseite und sagte: «Bei so einer Beziehung zwischen Jungs und Mädchen hat am Schluss meistens einer das Nachsehen. Man muss aufpassen, dass man nicht selbst derjenige ist. Solltest du jemals in diese Lage geraten», sagte er, «dann zieh dich zurück wie ein Gentleman. Denn sonst wirst du eines der schlimmsten Gefühle der Welt kennen lernen: Eifersucht.»

Es war sieben Jahre her, dass er mir diesen Rat gegeben hatte, und nun saß ich unter einer Palme am Strand von Borneo, beobachtete dieses atttraktive Pärchen beim Schwimmen und litt regelrecht körperliche Qualen. Ich war dabei, Yvette zu verlieren.

Trotz dieses inneren Tumults verlief die Rückfahrt zum Hotel vollkommen normal. Joe erzählte, dass im Hotel am gleichen Abend ein Tanzabend stattfinden würde, und fragte, ob wir nicht gemeinsam hingehen wollten. Er fügte hinzu, er habe da ein «Rendezvous in Aussicht». Wir verabredeten uns am Hotel, ob mit oder ohne Rendezvous.

In unserem Zimmer angekommen, machte Yvette sich daran, die nassen Sachen im Bad aufzuhängen. Ich brach das Schweigen.

«Du scheinst ja viel übrig zu haben für die U. S. Army», sagte ich.

«Ja», sagte sie. «Ich habe viel übrig für die U. S. Army.»

Ich stand neben der offenen Tür. Sie kam zu mir und legte mir behutsam die Arme um den Hals.

«Ich weiß nicht, was dir den ganzen Tag über im Kopf herumgegangen ist», sagte sie. «Aber ich weiß, was mir heute im Kopf herumgegangen ist, genau wie gestern und vorgestern und morgen. Ich weiß, Bill, dass ich dich liebe.»

Zahllose Gedanken schossen mir durch den Kopf, allesamt von Panik getrieben. Die Zeit lief uns davon. Auch ich war in sie verliebt. Aber ich war auch hin- und hergerissen. Ich war so weit gekommen. Auf meiner Reise zum Windjammer und in meinen Gefühlen zu ihr. Ich wusste nicht, was ich tun sollte. Ich wusste nicht, was ich sagen sollte. Ich konnte das Durcheinander der Gefühle in meinem Kopf nicht ordnen – die Gefühle zu ihr, der Traum von dem Windjammer, vom Abenteuer meines Lebens. Ich konnte ihr keine Antwort geben, also nahm ich sie sanft bei der Hand und führte sie zum Bett.

Wir hatten uns mit Joe für acht Uhr in der Bar vor dem Hotel verabredet. Dort gab es eine Terrasse, die auf die Bucht hinausging, der ideale Platz, um die Leute kommen und gehen zu sehen und Spekulationen über ihr Woher und Wohin anzustellen, ein Zeitvertreib, den wir auf der ganzen Reise mit wachsender Begeisterung betrieben hatten. Yvette und ich waren kurz nach sieben Uhr da, ergatterten zwei bequeme Stühle – nach den vergangenen neun Tagen hatten Stühle für uns eine völlig neue Bedeutung gewonnen –, ließen uns einige Drinks bringen, und schon war es acht Uhr.

«Da ist Joe», sagte Yvette und zeigte den Gartenweg entlang.
«Er kommt in Begleitung.»

«Ich glaub's ja nicht», sagte ich.

«Wer ist sie?», fragte Yvette.

Dann erkannte auch Yvette die äußerst attraktive Frau an Joes Seite. Und auch sie sog vor Überraschung die Luft ein. Es war Helene, unsere italienische Stewardess.

Beim Essen erzählte Joe, dass er mich liebend gern am nächsten Morgen zum Flughafen fahren würde, dass er aber noch am gleichen Abend zur anderen Seite der Insel aufbrechen müsse. Ich musste spätestens um sieben Uhr morgens am Flughafen sein. Stellte sich die Frage, wie ich dorthin kommen sollte.

«Ich sage dir, was ich machen würde, auch wenn es verrückt klingt», sagte Joe. «Lass dir im Hotel ein Taxi für vier Uhr bestellen. Die Chancen stehen gut, dass es nicht kommt, und du hast Zeit genug, zu Fuß zum Flughafen zu gehen. Es sind nur fünf oder sechs Meilen, und du hast kaum Gepäck.»

Ich nahm seinen Rat an. Yvette und ich entschuldigten uns und standen auf. Die Nacht war schon jetzt viel zu kurz.

Später in jener letzten Nacht lagen wir schweigend in der tropischen Dunkelheit. Wir hatten uns gerade über die drei Geräusche unterhalten, die wir von unserem Lager aus hören konnten: über dem Bett das allgegenwärtige Surren des Ventilators, in der Ferne die schwachen Klänge der Tanzkapelle und unter uns das Rauschen der Wellen am Strand. Als wir jetzt langsam in den Schlaf hinüberglitten, hatte ich mich von hinten an Yvette geschmiegt und meine Arme um sie geschlungen. Mir war, als konnte ich jeden Zentimeter ihres Körpers spüren. Sie murmelte etwas vor sich hin, das ich nicht verstand. Dann hörte ich an ihren ruhigen, gleichmäßigen Atemzügen, dass sie eingeschlafen war.

Ich wollte wach bleiben, aber es gelang mir nicht.

«Mein Schatz», flüsterte ich, bevor ich einschlief. «Ich liebe dich von ganzem Herzen, und ich kann nichts dagegen tun.»

Um halb vier wachte ich auf und zog mich leise an. Auf Zehenspitzen verließ ich das Zimmer und ging in die Lobby, um nach dem Taxifahrer Ausschau zu halten. Dort war weder ein Taxifahrer noch sonst irgendeine Menschenseele zu sehen. Ich ging zurück aufs Zimmer. Yvette schlief tief und fest. Ich beschloss, sie nicht zu wecken. Es würde den Abschied für uns beide nur noch schwerer machen. Stattdessen legte ich ihr einen kleinen Abschiedsbrief neben das Kopfkissen: «Liebste, ich bin noch nicht einmal losgegangen und vermisse dich jetzt schon. Bill».

Die holperige Straße, die vom Hotel durch dichten Dschungel zum fünf Meilen entfernten Flughafen von Balikpapan führte, war wie ausgestorben. Als ich mich mit meinem kleinen Segeltuchsack auf den Weg machte, war es noch dunkel. Dann wurde der Himmel langsam heller, und die Vögel begannen zu kreischen, was etwas Beängstigendes an sich hatte. Ich war wie benommen, völlig verwirrt und unentschlossen. Irgendwann blieb ich mitten auf dem Dschungelpfad stehen. Noch gab es ein Zurück. Doch tief im Innern wusste ich, dass ich nicht bis zum Ende meiner Tage mit dem Gedanken würde leben können, die Chance auf eine Fahrt auf einem der letzten großen Windjammer vertan zu haben. Im dämmrigen Licht ging ich weiter. Mit jedem Schritt entfernte ich mich weiter von Yvette, aber vielleicht näherte ich mich dem Windjammer und der Fahrt um Kap Horn.

Und da war ich jetzt, segelte über das Südliche Eismeer und wünschte mir nichts sehnlicher, als so schnell wie möglich von Bord zu gehen. Was für ein Trottel war ich gewesen, mich in jener tropischen Morgendämmerung von Yvette zu verabschieden, ihren wunderschönen Körper im Hotelbett zurückzulassen! Was hatte ich für diese höllenhafte Fahrt zum Kap aufgegeben! Ich hatte noch nicht einmal auf ihren letzten Brief geantwortet, den sie mir auf Französisch geschrieben hatte, so versessen war ich auf dieses schreckliche Schiff gewesen. Und noch während ich in meinen Erinnerungen an Yvette schwelgte, wurde ich von den schrillen Pfiffen zum Alle-Mann-Befehl aus dem Schlaf gerissen, rollte mich aus der Koje, stemmte genau wie meine Wachkameraden eine Hand gegen die Decke, um mich gegen die Krängung des Schiffes abzustützen, und trottete in finstere Nacht und eisig kalten Sturm hinaus, watete durch das Wasser, das über das Deck flutete, und stieg hinauf ins Rigg.

Ich schwor mir, nie wieder zur See zu fahren. Ich hatte genug. Ich war ein für alle Male kuriert von der Romantik der Meere und der verführerischen Aura der alten Großsegler. Ich hatte durchschaut, was es mit diesen Kap-Horn-Seglern auf sich hatte: härteste Plackerei unter unmöglichen Bedingungen.

Ich fing an, von Farmen zu träumen. Sobald ich nach Wisconsin zurückkehrte – wenn ich denn jemals zurückkehrte –, würde ich im geliebten Hügelland des westlichen Wisconsin eine Farm mit Milchvieh kaufen. Und genau wie der Seemann bei Herman Melville, der schwor, so lange mit einem Ruder über der Schulter landeinwärts zu wandern, bis er niemanden mehr traf, der wusste, wozu so ein Ding gut war, würde ich dort meine Farm bewirtschaften. Ich würde zusehen, wie in den warmen Sommern mit sanftem Regen das Korn aus dem fruchtbaren Boden wuchs, wie die Kühe immer fetter wurden, wie die warme Milch in sahnigen Strömen floss. Ich hatte die Nase voll vom Leben auf See. Auf meiner Farm würde auch Wasser fließen, aber nur in einem klaren, idyllischen Bächlein, das sich durch die Wiesen schlängelte.

9. Kapitel

Das Horn

Am Morgen des 4. Juli malte ich mir aus, wie meine Freunde und meine Familie am sommerlich heißen Unabhängigkeitstag im Pine Lake schwimmen gingen und mit allem, was dazugehört, feierten: mit Feuerwerk, Bratwurst und Bier, mit Segelbootregatten und Wasserski. Ich hingegen wurde an jenem Morgen zur Acht-Uhr-Wache aus meiner klammen Koje gerufen und verbrachte die nächsten Stunden damit, Schnee vom Deck zu schippen.

In jenen ersten Julitagen kam das Schiff im kräftigen, böigen Südwestwind gut voran und machte Etmale von über zweihundert Meilen, oft genug im Schneesturm. Wir waren seit über einem Monat auf See und näherten uns zügig dem Kap. Wir machten uns darauf gefasst, dass uns dort noch schlechteres Wetter erwartete.

Kap Horn ist nicht mehr als eine felsige Landzunge, die zu Chile gehört. Sie ragt nach Süden aus der *Isla de Hornos*, die an der Südspitze Südamerikas liegt. Vom untersten Ende der Welt wiederum wächst eine lange Landzunge nach oben, die Antarktische Halbinsel. Zwischen diesen beiden Landspitzen, Kap Horn und der Antarktischen Halbinsel, liegt eine sechshundert Meilen breite Straße, die Drakestraße. Und durch diese Straße sollte die *Pamir* nun fahren.

Um die felsige Landzunge von Kap Horn zu umrunden, musste Kapitän Björkfelt das Schiff auf mindestens 56 Grad Süd bringen – was auf der nördlichen Hemisphäre ungefähr der Breite von Juneau in Alaska entspricht. Doch Schnee und Kälte waren noch nicht das Schlimmste auf diesen Breitengraden. In der sechshundert Meilen breiten Straße treffen Atlantischer und Pazifischer Ozean aufeinander, und ihre Strömungen und Wettersysteme vereinen sich zu einem Chaos aus stürmischen Winden, Zyklonen, gewaltigen Seen, Eisbergen und einer tief hängenden Wolkendecke. Die Wassertemperatur reicht von sechs Grad Celsius im Norden der Drakestraße bis zu minus einem Grad entlang der Antarktis und ist damit innerhalb kürzester Zeit tödlich für jeden, der über Bord geht. Der Meeresstrom, der durch die Straße fließt, ist der längste der Welt und wälzt sich mit einer Geschwindigkeit von einhundertfünfzig Millionen Kubikmetern pro Sekunde vom Pazifik zum Atlantik, das entspricht ungefähr dem tausendfachen Ausstoß des Amazonas.

Magellan war der erste europäische Seefahrer, der sich diesen Wassern näherte. Zu seinem Glück – wenn auch unwissentlich – hat er sie nicht durchquert. Im Jahr 1519 war er vom spanischen König beauftragt worden, eine Route zu den Gewürzinseln im Fernen Osten zu finden, die nicht ums Kap der Guten Hoffnung an der Südspitze Afrikas führte, welches zu jener Zeit von Spaniens Erzrivalen Portugal kontrolliert wurde. Magellan wollte in westlicher Richtung nach dem Fernen Osten fahren statt auf der üblichen Route nach Osten um Afrika, überquerte den Atlantik und lief auf der Suche nach der mystischen Straße quer durch die südamerikanische Landmasse an der Küste Südamerikas entlang gen Süden. Er fand diese Straße kurz vor der Südspitze Südamerikas. Er brauchte einen Monat, sich gegen westliche Winde, gegen die Strömung und einen Tidenhub von zwölf Metern hindurchzukämpfen. Nachts sahen er und seine Männer auf der Südküste in der Ferne die Feuer der Eingeborenen leuchten, und er taufte das Land *Tierra del Fuego* – Feuerland. Als die drei Schiffe endlich auf der anderen Seite wieder hinaus auf den Ozean fuhren, war es ruhig und sonnig, was Magellan dazu veranlasste, dem Ozean den Namen El *Pacífico*, der Friedliche, zu geben. Dank seiner Abkürzung, die heute Magellanstraße heißt, blieb seinem Schiff und vielen anderen, die nach ihm kamen, die gefährliche Fahrt durch die Drakestraße in den Pazifik erspart.

Der große englische Freibeuter Sir Francis Drake ist niemals selbst durch die Straße gefahren, die seinen Namen trägt. Vielmehr fuhr er durch die Magellanstraße, als er im Jahr 1578 unterwegs war, um die spanischen Kolonien an der Westküste Südamerikas zu plündern und danach den Globus zu umrunden. Als die drei Schiffe seiner Expedition sechzehn Tage später in den Pazifik liefen, «schien sich Gott selbst mit Gegenwind und schrecklichen Stürmen uns in den Weg zu stellen», wie Drake später schrieb. Der Sturm riss den Verband auseinander und fegte Drakes Flaggschiff, die *Pelican*, gen Süden auf die später so benannte Drakestraße zu – ebenjene sechshundert Meilen breite Wasserstraße zwischen der Antarktis und Südamerika.

Eines seiner Schiffe machte kehrt, als es das Flaggschiff nicht wiederfand, und fuhr durch die Magellanstraße zurück nach Europa. Drake hingegen blieb auf dem Pazifik, fuhr entlang der Westküste Südamerikas nach Norden und plünderte die nichts ahnenden spanischen Siedlungen entlang der Küste, wo die Reichtümer der Anden zur Verschiffung nach Mexiko und später nach Spanien gesammelt wurden. Bald war sein Schiff – dem er den Namen gab, mit dem es in die Geschichte eingehen sollte: *The Golden Hind* – bis zur Ahming mit Gold- und Silberbarren, Edelsteinen und Perlen beladen. Danach suchte er in der Nähe des heutigen Vancouver nach einer möglichen Nordwestpassage und fuhr dann mit der schwer beladenen *Golden Hind* über den Pazifik zu den Gewürzinseln, nahm wertvolle Gewürznelken an Bord und trat die Reise um den Rest der Welt an, um schließlich in der Flussmündung der Themse vor Anker zu gehen. Dort kam Königin Elizabeth höchstpersönlich an Bord der *Golden Hind* und schlug Kapitän Sir Francis Drake für seine Heldentaten der Seemannschaft und der Freibeuterei zum Ritter.

Ein Holländer namens Willem Schouten war der erste Europäer, der im Jahr 1616 Kap Horn umrundete. Wieder einmal war es Ziel der Reise gewesen, ein Handelsmonopol zu umgehen. Die holländische Regierung hatte verfügt, dass es nur der holländischen Ostindischen Kompanie erlaubt sei, durch die Magellanstraße und ums Kap der Guten Hoffnung nach dem Fernen Osten zu segeln. Also visierte Schouten auf der Suche nach einer Alternative zur Magellanstraße die Südspitze Südamerikas an, um in den Pazifik zu gelangen und das Handelsmonopol der Kompanie auf die Reichtümer Ostindiens zu brechen.

«Gegen Abend sichteten wir in Nordwest und Nordnordwest wieder Land, das gleiche Land, das südlich der Magellanstraße liegt. Es ist ein hohes, bergiges, schneebedecktes Land, und es läuft zu einer Spitze aus, die wir Kap Hoorn nennen...» Schouten benannte die Landzunge nach seiner Heimatstadt Hoorn. Bis der Fluss im 18. Jahrhundert verschlammte, war Hoorn eine der wichtigsten Hafenstädte der Niederlande gewesen, außerdem Heimat vieler Seefahrer und Erbauer des holländischen Weltreiches, unter anderen von Jan Coen, der das riesige Kolonialreich Holländisch-Ostindien begründete. Die Stadt Hoorn verdankt ihren Namen der hornähnlichen Form ihres Hafens, doch unabhängig von seinem Ursprung ist der Name, den Schouten von seiner Heimatstadt entlieh, ein denkbar passender für die felsige und gefährliche Spitze eines Kontinents.

In den Jahrhunderten nach Schoutens erster Fahrt um Kap

Horn waren sämtliche Segelschiffe darauf bedacht, einen Bogen um die Drakestraße zu machen und stattdessen die Abkürzung durch die ruhigeren Gewässer der Magellanstraße zu nehmen. Mit den relativ kleinen Schiffen jener Zeit war es kein Problem, in der schmalen Straße gegen den Wind aufzukreuzen. Doch mit den immer größer werdenden Schiffen, erst recht nach dem Aufkommen der großen Stahlsegler gegen Ende des 19. Jahrhunderts, wurde es zunehmend schwieriger, die enge, gewundene Magellanstraße zu durchqueren. Die großen Hochseesegler waren gezwungen, in die Drakestraße hinauszusegeln und um Kap Horn zu fahren, was Schiffen wie der *Pamir* den Namen «Kap-Horn-Segler» einbrachte.

Von Europa nach der Westküste Amerikas zu fahren, also von Ost nach West ums Horn, brachte es mit sich, dass man gegen die Stürme der Brüllenden Vierziger und der Heulenden Fünfziger ansegeln musste. Die cleversten und mutigsten Kapitäne segelten weit hinunter in den Süden Richtung Antarktis, bevor sie sich wieder gen Norden wandten, sodass ihnen die grausamsten Weststürme nicht direkt ins Gesicht bliesen. Der Rekord eines Frachtseglers für die Fahrt um Kap Horn in westlicher Richtung von 50 Grad Süd im Atlantik bis 50 Grad Süd im Pazifik – die als Start- und Zielmarke einer Horn-Rundung gesetzt waren – betrug fünf Tage und vierzehn Stunden, aufgestellt von der *Priwall* aus der Flying P-Line unter Kapitän Adolf Hauth. Gewöhnlich brauchten die Schiffe Wochen, wenn nicht Monate, um die ungefähr eintausend Meilen lange Strecke zurückzulegen. 1905 benötigte der große eiserne Rahsegler *Susanna* ganze vierundneunzig Tage für die gleiche Strecke in westlicher Richtung um Kap Horn, weil jede Meile, die sie zurückgelegt hatte, von den westlichen Böen und Stürmen, die ihr entgegenbliesen, wieder zunichte gemacht worden war. Zu allem Überfluss war ein fehlerhaftes Chronometer an Bord, das eine genaue Navigation unmöglich machte.

Doch den Großseglern blieb nichts anderes übrig, als es so lange zu versuchen, bis die Umrundung geschafft war. Ein Schiff durch die Magellanstraße zu ziehen wäre viel zu teuer gewesen. Ansonsten blieb nur noch die Möglichkeit, in entgegengesetzter Richtung um die ganze Welt nach der Westküste Amerikas zu segeln.

«Beides Unsinn – das Schleppen genauso wie die Fahrt nach Osten», schrieb James Learmont, einer der besten Kap-Horn-Kapitäne. «Der richtige Weg war der Weg um Kap Horn, und den Weg sollte man auch nehmen ... Natürlich konnte man abgetrieben werden. Aber dann segelte man zurück und versuchte es noch einmal. Ich habe noch nie von einem guten Schiff unter vernünftiger Führung gehört, das es nicht geschafft hätte – solange es nicht gleich ganz auf See blieb ... Und das konnte in den Brüllenden Vierzigern genauso gut auch in östlicher Richtung passieren, denn die Fahrt war genauso gefährlich.»

Es fehlte nicht viel, und Learmonts Schiff, der *Bengairn*, wäre genau das widerfahren: sie wäre beinahe in den Brüllenden Vierzigern untergegangen. Sie wurde vom Wind zum Kentern gelegt, als er plötzlich mit gewaltiger Wucht aus einer anderen Richtung einkam und die Kohle im Laderaum überging. Durch den Ladungsübergang hatte sie Schlagseite, während gewaltige Seen gegen ihren Rumpf und übers Deck schlugen und Wasser durch die eingedrückte Großluke flutete. Learmont rettete das Schiff, indem er unverzüglich ein Ersatzsegel über das demolierte Luk spannen und die Takelung durchtrennen ließ, die die Maststengen hielt, sodass diese ins Meer fielen und der Schwerpunkt des Schiffs sich nach unten verlagerte. In den folgenden sechsunddreißig Stunden schuftete er mit seinen Männern im stockdunklen, staubigen Laderaum, um die Kohlensäcke in fieberhafter Hast mit Hilfe eines Löschgeschirrs von der tief liegenden auf die höher liegende Seite des schwer geneigten Schiffes zu schleppen, bis die *Bengairn* endlich so weit aufgerichtet war, dass sie sich fünf Tage später in den nächsten Hafen schleppen konnte.

Die Fahrt um Kap Horn war in beiden Richtungen gefährlich – ob nach Westen oder nach Osten. Im Laufe der Jahrhunderte haben beide Passagen ungezählte Schiffe und Menschenleben gefordert.

«Viele, viele Segelschiffe sind vor Kap Horn auf See geblieben», schrieb der maritime Chronist Alan Villiers. «Manche sind im Eis zerschellt. Vielen anderen drückten die überkommenden Seen die Ladeluken ein, und sie sanken.»

Villiers hat eine Statistik erstellt für das Jahr 1905, das unter Seeleuten als besonders schlechtes Jahr für die Fahrt um Kap Horn in die Annalen eingegangen ist. Laut seinen Berechnungen gingen in jenem Jahr 4,75 Prozent aller britischen Schiffe (Segler und Dampfschiffe) verloren, und fünf Prozent der britischen Seeleute fanden auf See den Tod. Zu jeder Zeit befuhren ungefähr vier- bis fünftausend große Schiffe aller Nationalitäten die Weltmeere. Und zu jedem Zeitpunkt waren vier- bis fünfhundert davon auf dem Weg Richtung Westen nach oder um Kap Horn. Von diesen sind nach Villiers' Schätzungen sechs bis zwölf einfach verschwunden. Andere – er nennt keine Zahlen – sind bei Kap Horn gestrandet. Vierzig bis fünfzig Schiffe mussten nach Montevideo oder den Falklandinseln fahren und dort repariert werden. Mehr als zwölf Schiffe haben es einfach nicht ums Horn geschafft und aufgegeben. Sie sind stattdessen in entgegengesetzter Richtung einmal um die ganze Welt gesegelt.

Die Stürme wüteten weiter, während wir uns dem Horn näherten. Und auch der immer gleiche Wechsel von Wache, Schlafen und Essen ging weiter, unterbrochen nur von zahllosen Alle-Mann-Wachen. Am Sonntag, dem 10. Juli, stand die *Pamir* gut einhundert Meilen westlich von Kap Horn. Es war ein bitterkalter Tag mit schwerem Schneefall, aber es ging ein leichter Wind aus Südost – ein drastischer Wechsel von den Südweststürmen, mit denen wir einen Monat lang gesegelt waren. Die Rahen mussten angebrasst werden, also so weit herumgeschwungen, bis sie fast längsschiffs standen, um höher an den Wind zu gehen. Am Nachmittag lief der Wind wieder um und raumte. Beim zweiten Plattfuß sollten die Diego-Ramirez-Felsen, deren Spitzen etwa sechzig Meilen südwestlich von Kap Horn aus dem Wasser ragen, den Berechnungen zufolge ungefähr zehn Meilen nördlich von uns liegen, auch wenn wir sie nicht sehen konnten.

Bei der nächsten Wache wurde ich für 21:00 Uhr auf Ausguck gestellt, das heißt, ich hatte vorn auf der Back zu stehen und in die subantarktische Nacht hinauszustarren, um nach der weißen Masse eines Eisbergs oder – obwohl wir weit genug von der Küste entfernt sein sollten – nach weißer, wirbelnder Gischt Ausschau zu halten, die anzeigte, dass sich dort Wellen an einem Felsen brachen. Das Schiff stampfte durch die See, und ich stand in meinem gischttriefenden Ölzeug da und sah zu, wie der fünfzehn Meter lange Klüverbaum der *Pamir* in die schäumende See tauchte, um sich im nächsten Moment wieder hoch in die kalten, schwarzen Himmel zu strecken. Ich hatte das Gefühl, tatsächlich ans Ende der Welt gesegelt zu sein. Ich sehnte mich danach, die Heimreise anzutreten.

Kurz nach Mitternacht wurde ich am Ausguck abgelöst. Der Erste Steuermann Liewendahl schickte zwei von uns hoch, um das Großroyal loszumachen, das oberste Segel am Großmast und in diesem Fall das letzte Segel, das gesetzt wurde. Mit mir ging ein achtundzwanzigjähriger Neuseeländer namens Denis «Snowy» Priest hinauf, der seinen Spitznamen seinem dichten, frühzeitig ergrauten Haarschopf verdankte. Als Snowy und ich das schwere Segeltuch losmachten, als der eiskalte Wind hineinfuhr und die weiße Leinwand sich in der Dunkelheit bauschte, waren alle zweiunddreißig Segel der *Pamir* gesetzt. Ich glaube, Kapitän Björkfelt wollte sie für den großen Moment unter Vollzeug sehen, in ihrer ganzen Pracht, auch wenn nur seine Offiziere und die Mannschaft Zeuge waren.

Während Snowy und ich durchs Rigg nach unten kletterten, spürten wir, wie die *Pamir* den Kurs änderte, als der Rudergänger das große Steuerrad drehte. Wir stiegen aus den Wanten aufs Brückendeck. Unser Erster Steuermann Liewendahl hatte soeben den Sextanten sinken lassen, mit dem er anhand der Sterne die genaue Position des Schiffes ermittelt hatte. Neben ihm stand Kapitän Björkfelt.

Im schwachen gelblichen Licht der Kompassbeleuchtung konnte ich das Gesicht des Kapitäns sehen. Er sah stolz und überglücklich aus – eines von wenigen Malen auf der gesamten Reise, dass er in meinem Beisein echte Gefühle zeigte.

«So», sagte er zu Snowy und mir. «Gleich haben wir Kap Horn umrundet.»

Es war Montag, der 11. Juli 1949, 1:00 Uhr nachts. Ich bin sicher, dass sich Kapitän Björkfelt schon zu jenem Zeitpunkt der historischen Bedeutung dieses Augenblicks an Bord der *Pamir* bewusst war, wenn auch niemand sonst. Es war immer ein großer Moment, Kap Horn auf einem Segelschiff zu runden, und für Kapitän Björkfelt war es das fünfzehnte Mal. Doch in jenem Moment, so glaube ich, war er sich über zwei Dinge im Klaren, von denen wir anderen nichts ahnten. Erstens, dass der Eigner der *Pamir* und der *Passat* – die Reederei Erikson, die zu jenem Zeitpunkt, zwei Jahre nach dem Tod seines Vaters, von Edgar Erikson geführt wurde – die Schiffe aller Wahrscheinlichkeit nach außer Dienst nehmen würde, sobald sie in Finnland waren. Es war immer schwieriger geworden, mit Frachtseglern Geld zu verdienen. Edgar hatte sich vorgenommen, die familieneigene Flotte auf Motorschiffe umzustellen. Zweitens ahnte Kapitän Björkfelt sicherlich, dass die *Passat* uns ausgesegelt hatte. Schließlich fuhr sie unter dem überragenden Kapitän Hagerstrand, der alles aus ihr herausholen würde.

Kurz gesagt, ich bin der festen Überzeugung, dass Kapitän Björkfelt in jenem Moment wusste, dass dieser Augenblick das Ende einer Ära markierte: die *Pamir* war der letzte Frachtsegler, der Kap Horn umrundet hatte.

Unser Erster schickte Snowy und mich nach achtern zur Heckreling und befahl Snowy, der ein erfahrener Vollmatrose war, die Logleine einzuholen. Sie war an der Heckreling angeschlagen und wurde durchs Wasser gezogen, um die Geschwindigkeit des Schiffes zu messen – für die Navigation eines Schiffes unverzichtbar.

In der sternklaren Nacht holten Snowy und ich die Leine ein, und Snowy machte das Log los, um es dem Steuermann zu bringen, damit der es lesen konnte. Als er mit dem Log zurückkam und wir es wieder angeschlagen hatten, hörten wir Jubelrufe vom Brückendeck. Die versammelte Mannschaft feierte die Kunde, dass wir Kap Horn soeben gerundet hatten und unsere vierundvierzigtägige Fahrt durch das wilde Südliche Eismeer damit beendet war. Kapitän Björkfelt verteilte Rumflaschen an beide Wachen. Es würde bis tief in die Nacht gefeiert werden.

Doch bevor wir uns den anderen anschlossen, drehte Snowy sich zu mir. Wir standen an der Heckreling, dem hintersten Punkt des Schiffes. Über uns leuchteten die Sterne. Das Meer ringsum war tiefschwarz. Ungefähr siebzig Meilen nördlich von uns lag die scharfe, zerklüftete Spitze eines Kontinents, die zahllose Schiffe und Seeleute vor uns an ihre Grenzen gebracht und zerstört und zugleich den Charakter und den Ruf zahlloser anderer geformt und begründet hatte.

«Nun», sagte Snowy, «sieht ganz so aus, als wären wir zwei die letzten Männer um Kap Horn.» Er meinte unsere Position an der Heckreling der *Pamir*, doch ohne es zu wissen, sprach er zugleich von der langen Reihe zahlloser Handelsmatrosen, die vor uns um Kap Horn gefahren waren.

10. Kapitel

Nach Norden

K aum hatten wir das Kap gerundet, schien es wärmer zu werden. Die See ging weniger hoch, schien sanfter. Der Wind wurde beständiger und nicht mehr so bösartig. Während für Magellan der Ozean westlich von Kap Horn im Vergleich zum Atlantik friedlich gewesen war und er ihm den Namen Pazifik gab, war für uns das Gegenteil der Fall. Auch im Atlantik war die See in keinster Weise friedvoll oder ruhig, aber wenigstens hatten wir die heulenden Böen und die turmhohe Dünung des Südlichen Eismeers hinter uns gelassen.

Mit der Rundung des Kaps flammte auch unser sportlicher Ehrgeiz wieder auf. Jeder Einzelne von uns gab sein Bestes, um die *Pamir* zu Höchstleistungen anzutreiben und um die *Passat* und ihren altgefahrenen Kapitän Hagerstrand zu schlagen. Unter hundert Tage für die Fahrt vom Spencer Gulf in Australien nach Falmouth in England galt als gute Passage. Wir hatten bisher für die Fahrt von Port Victoria zum Horn respektable vierundvierzig Tage gebraucht und hofften jetzt auf eine schnelle Fahrt gen Norden zum Äquator. Und kurz nach dem Kap erfüllten die Winde unsere Wünsche. Schon bald bekamen wir die Westwinde zu fassen, die von der wilden Küste Patagoniens aus über den Südatlantik fegen. Der kräftige und beständige Wind kam aus Backbord achtern, das heißt, er kam am Heck zwischen sechs und neun Uhr ein, wenn der Bug als zwölf Uhr gesetzt wird. Ein beinah perfekter Wind für einen Rahsegler, um Zeit gutzumachen.

Mit der Leereling unter Wasser pflügte die *Pamir* gen Norden. Die unteren Decks schöpften immer wieder Wasser, dennoch wirkte das Schiff sicher und stabil – im Gegensatz zu dem Stampfen und Rollen im sprunghaften Wetter über dem Südlichen Eismeer und der Schwerfälligkeit in den frustrierend unbeständigen Winden, die wir in den ersten Tagen auf See bisweilen erlebt hatten. Die *Pamir* war ganz in ihrem Element – einem stehenden, steifen Wind.

Kapitän Björkfelt ließ seinem Schiff die Zügel schießen – zur allgemeinen Zufriedenheit der Mannschaft. Alles an der *Pamir* schien vorwärts zu drängen. Die Masten und Segel spannten sich wie eine Bogensehne nach vorn gegen Stagen und Schoten, und der Bug pflügte durch statt über die Dünung. Manchmal fühlte es sich an, als ob der gewaltige Druck des achterlichen Winds sie mit dem Bug voran in die Wogen stoßen und sie sich Hals über Kopf überschlagen würde, aber Kapitän Björkfelt war nicht gewillt, auch nur ein einziges Royalsegel einzuholen. Er wusste ganz genau, wo ihre Grenzen lagen – und dieses Wissen nutzte er aus. Erst jetzt, im Südatlantik, spürte ich – spürten wir alle –, dass es mit dem Rennen zwischen der *Pamir* und der *Passat*, zwischen Kapitän Björkfelt und Kapitän Hagerstrand, ernst war.

Mit vollen Segeln preschte die *Pamir* voran, parallel zur Küste Südamerikas, jedoch mehrere hundert Meilen weit draußen auf dem Atlantik. Unter blauem Himmel, über den weiße Wolken jagten, machte sie Etmale von zweihundert bis zweihundertfünfzig Meilen. Anders als bei der Fahrt von Port Vic nach Kap Horn hatten wir nun das Gefühl, dass die Temperaturen mit jeder Stunde kletterten. Die Sonne ließ nicht mehr bis neun Uhr morgens auf sich warten, um dann tief über dem Horizont zu verharren und um drei Uhr nachmittags wieder unterzugehen.

Wir bekamen wieder Vögel und Meerestiere zu sehen, seit wir die subpolaren Stürme hinter uns gelassen hatten. Riesige Albatrosse – mit einer Spannweite von bis zu drei Metern – segelten über unserem Kielwasser dahin.

Und das waren noch lange nicht die einzigen Tiere, die wir zu Gesicht bekamen. Nach der ersten Woche im Atlantik kam ich mit meinen Wachkameraden eines Morgens um acht Uhr an Deck, um die Steuerbordwache abzulösen. In der Nacht war der Wind abgeflaut, aber die *Pamir* machte noch immer ansehnliche sieben oder acht Knoten bei mittlerem Seegang. Erstaunlicherweise wollte die Steuerbordwache offensichtlich nicht abgelöst werden. Alle Mann standen aufgereiht an der Steuerbordreling. Alle, einschließlich der Steuermänner, starrten gebannt auf einen gewaltigen Pottwal, der nur wenige hundert Meter vom Schiff entfernt lag.

Selbst ich erkannte, dass mit diesem wunderschönen Geschöpf irgendetwas nicht stimmte. Der Wal schien zu verenden. Nach all den Stürmen und Qualen, die wir durchgemacht hatten, war dies, von seiner Freude bei der Rundung des Horns abgesehen, das erste Mal, dass ich unseren stämmigen, schweigsamen Kapitän in heller Aufregung sah. Gewöhnlich strahlte er eine unbeschwerte Souveränität aus – schließlich gehörte er einer Seefahrernation an und war unter Segel aufgewachsen – und vermittelte ein Gefühl gelassener Sicherheit, wie sie nur aus jahrelanger Erfahrung im Führen von Männern und Schiffen unter härtesten Bedingungen erwächst. Doch in jenem Moment war all das wie weggeblasen.

«Boot eins wegfieren, sofort!», rief er aufgeregt.

Um ein Rettungsboot erfolgreich von einem fahrenden Schiff wegzufieren, würde man normalerweise beidrehen, also den Kurs ändern, um gegen den Wind zu fahren. Unter idealen Bedingungen dauerte diese Prozedur mindestens eine halbe Stunde. Kapitän Björkfelt aber wollte zu dem Wal, bevor die *Pamir* vorbeisegelte und das Tier weit hinter sich brachte.

Wie ich später erfuhr, hatte unser Erster eine halbe Stunde vor Wachwechsel mit Adleraugen den kranken Wal an Steuerbord voraus entdeckt. Als die *Pamir* näher kam, holte Liewendahl das Fernglas hervor und geriet völlig aus dem Häuschen, als er sah, dass der Wal eine zähe Substanz erbrach. Liewendahl und der Kapitän wussten, dass es sich um Ambra handelte.

Erst Stunden später, während der Plattfüße, klärte Hotcha King mich und die anderen Unwissenden auf, die keinen blassen Schimmer hatten, was die ganze Aufregung eigentlich sollte.

«Ambra», hob er gewichtig und mit schulmeisterlicher Miene an, als wir zu viert oder zu fünft an einem Tisch in der Messe saßen, «wird von kranken Pottwalen erbrochen. Manchmal treibt es auf dem Meer, manchmal wird es an Land gespült.»

Das weiche, gelbe Licht der hin und her schwingenden Kerosinlampe warf unruhige Schatten auf Hotchas erregtes Gesicht. Er liebte es, große Reden zu schwingen. War er wieder dabei, sein Seemannsgarn zu spinnen? Was um alles in der Welt wollte der Kapitän mit dem Erbrochenen eines Pottwals?

«Es ist von gräulicher Farbe und klebrig und unglaublich wertvoll», fuhr er fort. «Es wird für die Parfümherstellung verwandt. Hätte der Alte die Ambra heute Morgen gekriegt», schloss er mit ausholender Geste, «er wäre jetzt Millionär!»

Meistens glaubten wir nur die Hälfte von dem, was der geschwätzige Neuseeländer und Vollmatrose so von sich gab, aber diesmal kauften wir ihm seine Geschichte ab, nicht zuletzt deshalb, weil wir mit eigenen Augen gesehen hatten, in welche Aufregung Kapitän Björkfelt schon bei der Aussicht geraten war, die Ambra an sich zu bringen. Die Kapitäne der Rahsegler wurden in der Regel nicht übermäßig gut entlohnt, weshalb die Reedereien ihnen meistens gestatteten, in den verschiedenen Anlaufhäfen in kleinem Umfang auf eigene Rechnung Handel zu treiben. Hätte Kapitän Björkfelt die Ambra aus dem Meer gefischt, hätte er vermutlich das Recht gehabt, sie für sich zu behalten und zu verkaufen.

Unglücklicherweise war Kapitän Björkfelt kein Vermögen beschert, zumindest nicht an jenem Tag im Südatlantik. Auf seinen Befehl wurde das Rettungsboot Nummer eins mit drei oder vier Matrosen an Bord hastig über die Seite weggefiert, um zum Pottwal zu rudern und die Ambra einzusammeln, die dort noch auf dem Wasser trieb. Doch als das hölzerne Boot auf dem Wasser aufsetzte, während die *Pamir* eine Fahrt von sieben oder acht Knoten machte, wurde es von der Dünung in die Luft geschleudert, das Krachen von Holz war zu hören; das Boot war kurz davor, auseinander zu brechen.

Notgedrungen musste der Kapitän sich alle Hoffnungen auf schnellen Reichtum aus dem Kopf schlagen, um die Sicherheit der Mannschaft nicht zu gefährden, und so gab er frustriert Befehl, das Rettungsboot wieder hochzuziehen. Und genau das machte aus Björkfelt den guten Kapitän, der er war: die Fähigkeit, auch im Angesicht der Versuchung – und der Gefahr – einen klaren Kopf zu bewahren. Wir setzten unseren Weg nach Norden fort, und die klebrige Alterssicherung unseres Kapitäns versank im Kielwasser der *Pamir*.

Wie Hunderte von Rahseglern vor uns nahm auch die *Pamir* einen Kurs den Südatlantik hinauf, der uns vorhersehbare Winde bescherte. Zunächst fuhren wir mit den kräftigen Westwinden der Brüllenden Vierziger, die von der Küste Argentiniens bliesen und uns mit hoher Geschwindigkeit von Kap Horn bis auf ungefähr

35 Grad Süd trugen. Danach durchquerten wir mehrere Tage lang einen relativ bekalmten Gürtel südlich des Wendekreises des Steinbocks. Dieses kalme, trockene Gebiet war unter Seeleuten vergangener Zeiten auch als «Rossbreiten» bekannt, da bei völliger Windstille bisweilen Pferde über Bord geworfen werden mussten, um Wasser zu sparen. Bald darauf bekamen wir nahe dem Wendekreis, den wir am 26. Juli kreuzten, nur zwei Wochen von Kap Horn, den Südostpassat zu fassen. Wir wussten, dass wir gegenüber der *Passat* viel Zeit gutmachten, wo auch immer sie gerade stand.

Es waren die ersten europäischen Seeleute gewesen, die diese östlichen Winde auf beiden Seiten des Äquators «Passat» getauft hatten, da sie eine leichte Passage mit dem Wind von Europa über den Atlantik zu den Reichtümern Westindiens ermöglichten. Sie waren so beständig und so zuverlässig, dass tagelang weder die Rahen gebrasst noch Segel eingeholt werden mussten. Das Segeln im Passat ist eine wahre Freude. Das Wetter ist durchgängig angenehm, der Himmel blau mit weißen Wattewölkchen, und es geht ein frischer und beständiger Wind, der das Schiff sanft durch die gleichmäßige Dünung treibt. Die hektischen Alle-Mann-Wachen und die brutale Kälte in den Brüllenden Vierzigern gerieten langsam in Vergessenheit. Das Leben an Bord verlief in einem ruhigen, arbeitsreichen und doch beinah gemächlichen Rhythmus.

Schon vor den Passatwinden hatte Kapitän Björkfelt seine Steuerleute angewiesen, die so genannten Tagelöhner zu bestimmen – eine alte Tradition auf einem Kap-Horn-Windjammer. Aus der Mannschaft von vierundzwanzig Seeleuten wählten die Steuermänner nur die neun Vollmatrosen. Das größte Privileg der Tagelöhner war es, dass sie aus dem normalen Wachsystem ausschieden. Statt vierstündiger Wachen und Freiwachen genossen die Tagelöhner den Luxus ungestörter Nachtruhe. Sie mussten um sieben Uhr morgens auf Deck erscheinen und hatten ab fünf Uhr nachmittags frei. Sonntags mussten sie gar nicht antreten.

Im Nachhinein scheint es mir unglaublich, dass die verbliebenen sechs Seeleute jeder Wache – vier Leichtmatrosen (einer davon ich) und zwei Decksjungen – in den nächsten drei Wochen das riesige Schiff allein segelten, bis wir in den Kalmengürtel fuhren.

Die erste Aufgabe der Tagelöhner war es, die Segel zu schiften, wie der Seemann sagt, also die Schlechtwettersegel, die wir in den stürmischen Breiten um Kap Horn gebraucht hatten, abzuschlagen und für die Passatwinde und die Tropen durch leichtere zu ersetzen. Mit den leichteren Segeln wurde der leichtere Wind besser aufgenommen und effektiver genutzt. Außerdem war das starke Schlechtwettertuch von so entscheidender Wichtigkeit bei der Fahrt durch die Brüllenden Vierziger, dass die Kapitäne es in tropischen Breiten nicht unnötig verschleißen wollten. Die Schlechtwettersegel, die es mit einem Orkan aufnehmen konnten, waren aus stärkstem Tuch gefertigt, das drei Mal so schwer, drei Mal so dick und doppelt so teuer war wie die leichteren Segel, und außerdem für die Mannschaft sehr viel schwerer zu handhaben.

Ich war heilfroh, dass ich mit dem Segelschiften nichts zu tun hatte, denn mir wurde bald vor Augen geführt, dass dazu alle möglichen gymnastischen Verrenkungen hoch oben auf den Rahen vonnöten waren. Die Schlechtwettersegel wurden abgeschlagen und an Leinen aufs Deck hinabgefiert. Das Tuch war zu fest, um gefaltet zu werden, also rollte die Mannschaft das gewaltige Segel zu einem riesigen, sperrigen Schlauch auf. Acht oder neun Seeleute nahmen das schwere Ding auf die Schulter und schleppten es wie ein riesiger Tausendfüßler zur Segelkoje im Zwischendeck.

Dort wurde das passende Schönwettersegel auf die Schulter genommen und die Prozedur in umgekehrter Richtung wiederholt. Zuerst wurde das gerollte Segel an den so genannten Gordings zur Rah aufgeheißt. Dann wurde ein Tau durch die Ösen an der oberen Seite des Segels gezogen, das so genannte Rahliek. Dieses wiederum wurde mit Hilfe einer Reihleine am Jackstag befestigt – einem Draht längs der Oberseite der Rah. Zwei Mal auf jeder Reise mussten sämtliche Segel geschiftet werden, was jedes Mal mehrere Tage harter und in meinen Augen gefährlicher Arbeit bedeutete.

Außerdem gehörte es zu den Aufgaben der Tagelöhner, das stehende und laufende Gut der Takelung zu überholen. Zum stehenden Gut gehörten Stagen, Schoten und andere Leinen, die an beiden Enden festgemacht waren. Laufendes Gut waren die Leinen, die über Blöcke (wie bei einem Flaschenzug), Spills, Winschen oder andere Vorrichtungen liefen und dazu dienten, die Rahen zu brassen, zu fieren oder zu heißen oder die Segelfläche zu verändern. Und nicht zuletzt oblag auch die Schönheitspflege des Schiffes den Tagelöhnern.

Unter neuseeländischer Flagge waren die Masten und Rahen der *Pamir* in einem dunklen Gelbbraun gestrichen worden. Während wir nun nach Norden in Richtung Äquator fuhren und das Wetter mit jedem Tag wärmer wurde, kletterten die Tagelöhner mit Farbeimern bewaffnet ins Rigg, um die Masten und Rahen im hellen Biskuitton der Reederei Erikson zu streichen. Auch die Einrichtungen an Deck wurden vom alten Lack befreit und neu gestrichen und die Kennzeichnung der Rettungsboote von «*Pamir* – NZ» in «*Pamir* – Mariehamn» geändert.

Es gab so viel zu streichen, dass jeder Decksjunge oder Leichtmatrose, der erübrigt werden konnte, für einige Stunden zum Tagelöhner ernannt wurde. Und so kam es für mich zu einem weiteren unangenehmen Erlebnis.

Eines frühen Nachmittags, als ich gerade von meiner einstündigen Ruderwache abgelöst worden war, fing Gerry der Bootsmann mich auf dem Brückendeck ab.

«Yank», rief er. «Heute machen wir einen Anstreicher aus dir.» Er deutete auf die untere Gaffel des Besanmastes. «Geh rauf und lös Suters ab.»

Harry Suters, ein Australier und Vollmatrose, war der einzige Tagelöhner in unserem Logis. Ich kletterte nach oben, während er auf einen Befehl des Bootsmanns hin abenterte.

«Pass auf», warnte er mich, als wir uns auf halbem Wege begegneten. «Die Gaffel ist ganz schön rutschig.»

Der Besanmast war der hinterste und kleinste der vier Masten der *Pamir*, der immer noch respektable einundvierzig Meter vom Flaggenknopf (dem Topp) bis zum Deck maß. Am Besanmast waren zwei Gaffeln befestigt, die diagonal in den Himmel ragten und die gleiche Funktion hatten wie eine Rah, nämlich die Segel zu halten – in diesem Fall dreieckige Segel. An den Gaffeln gab es keine Fußpferde wie bei den Rahen, weil die Besansegel mit Hilfe von Leinen vom Deck aus gesetzt und eingeholt werden konnten. Somit musste im normalen Betrieb niemand auf die Gaffeln klettern. Aber sie brauchten einen neuen Anstrich, und Streichen gehörte eben nicht zum normalen Betrieb.

Der Himmel war klar, und es ging ein mäßiger und beständiger Wind.

Keine Webeleinen führten die schräg stehende Gaffel hinauf. Also schwang ich Arme und Beine fest um die ungefähr sechzig Zentimeter dicke untere Gaffel und robbte hinauf. Ich trug nur Khakishorts und kam dennoch ordentlich ins Schwitzen. Die

Gaffel war tatsächlich rutschig, und meine Schweißausbrüche machten die Sache nicht gerade leichter. In einer Höhe von gut fünfzehn oder zwanzig Metern über dem Deck war ich endlich dort angekommen, wo Suters mit dem Streichen aufgehört hatte. Den großen Farbeimer hatte er nach Seemannsart an der Gaffel festgemacht.

Ich machte den Eimer los, um ihn dort wieder anzuschlagen, wo ich streichen wollte. Das Ding war höllisch schwer. Verschwitzt, wie ich war, konnte ich dem Gewicht des Eimers nicht viel entgegensetzen und drehte mich langsam um die rutschige Gaffel. Ich war drauf und dran abzustürzen.

«Ach du heilige Scheiße!», entfuhr es mir.

Gerry der Bootsmann hatte mich von Deck aus beobachtet.

«Lass fallen!», schrie er.

Das tat ich, und der Eimer landete mit einem gewaltigen Platschen auf dem Deck. Ich klammerte mich fest. Hinterher wurde mir gesagt, dass ich den Eimer niemals hätte losmachen dürfen. Meine Karriere als Anstreicher hatte ein jähes Ende gefunden.

Während wir mit dem Südostpassat unter blauem Himmel über den Wendekreis des Steinbocks und stetig auf den Äquator zu fuhren, stiegen die Temperaturen auf siebenundzwanzig Grad. Das Ölzeug verschwand ganz hinten im Spind. Alle liefen nur noch in Shorts herum, und wir wurden langsam braun, immer brauner und schließlich fast schwarz. In einer besonders stürmischen Periode in den Brüllenden Vierzigern war ich einmal volle elf Tage nicht aus meinen Kleidern gestiegen, jetzt trug ich kaum noch einen Faden am Leib.

Wir hatten nun die Muße, uns verschiedenen Freizeitaktivitäten zu widmen, während wir in den wachfreien Stunden auf dem Deck faulenzten und neben uns Fliegende Fische über die tropischen Wasser sausten. Einige von uns beschäftigten sich mit Schnitzereien, andere bastelten Schiffsmodelle oder lasen die zerfledderten australischen Cowboy-Heftchen, die irgendjemand an Bord gebracht hatte, oder – heiß begehrt – einen dicken Schmöker mit dem Titel *Liebe und Ehe*, ein Aufklärungsbuch für junge Paare.

Obwohl wir jetzt ausreichend Zeit hatten, blieben die Gespräche zwischen den Kameraden eher oberflächlich. Meistens ging es um Segelschiffe, ein Thema, bei dem sich jeder an Bord – mit Ausnahme meiner Wenigkeit – für einen führenden Experten hielt. Und jede Expertenmeinung wurde des Langen und Breiten diskutiert und auseinander genommen. Auch Fußball rangierte bei den Lieblingsthemen ganz oben, vor allem bei den Neuseeländern, die von den *All-Blacks* schwärmten, ihrem Nationalteam, das seinen Namen der Farbe der Trikots verdankt. Einmal im Südpazifik hatte Gerry der Bootsmann nachts Eisbergwache auf der Back auf Ausguck gestanden und danach in der Messe mit großem Enthusiasmus und kräftigen Tritten demonstriert, wie er während der Wache imaginäre Tore für die *All-Blacks* geschossen hatte.

Selbstredend war auch Sex ein beliebtes Thema. Ich weiß noch, dass einer meiner Kameraden den Reuters-Artikel über meinen Flug von Europa nach Australien in der DC-2 ½ las, in dem ich auch von Yvette erzählte. Von da an löcherte er mich mit der Frage, ob ich nun mit ihr geschlafen hatte oder nicht. Auch Politik kam ab und an auf den Tisch. Während meiner Zeit in Zürich war die Luftbrücke nach Berlin eingerichtet worden, und einige aus der Mannschaft waren der Meinung, der Dritte Weltkrieg stehe vor der Tür. An Bord der *Pamir* konnten wir keine Nachrichten empfangen. Wir hätten es gar nicht mitbekommen, wenn ein Krieg ausgebrochen wäre.

In meiner Freizeit suchte ich mir einen Platz unter den creme-weißen Wolken aus Segeltuch und schrieb. Dabei ging es nicht um die *Pamir* – ich hatte noch nicht den Abstand, um darüber schreiben zu können –, sondern um verschiedenste Facetten des Lebens in Wisconsin, die Feiern zum *Labour Day* zum Beispiel. Vermutlich war dies ein Zeichen dafür, dass ich es nach zwei Monaten auf See vermisste, festen Boden unter den Füßen zu haben, «gestrandet zu sein», wie die alten Cap Horniers das nannten, obwohl die Fahrt mit den Passatwinden der bei weitem angenehmste Teil der Reise war.

Während wir durch diese friedlichen Breiten segelten, kam mir der Gedanke, dass dies bereits mein fünftes Schiff war, jedoch vollkommen anders als die vier Vorgänger. Die meisten Unterschiede lagen auf der Hand: Die *Pamir* war ein Segelschiff, die anderen vier waren entweder Motor- oder Dampfschiffe gewesen. Meine längste Zeit an Bord hatte ich auf einem Erzfrachter auf den Great Lakes verbracht, der *Carl C. Conway*, und es waren weniger als zwei Monate gewesen. Auf der *Pamir* hatte ich schon in Port Vic fast zwei Monate gewohnt, und wir waren bereits seit zwei Monaten auf See und hatten noch mehrere tausend Meilen vor uns.

Auch die Beziehung zu den Mannschaftskameraden und sogar zu den Offizieren war eine andere. Nachdem wir die schrecklichen sechs Wochen bis nach Kap Horn gemeinsam überstanden hatten, fühlte ich mich ihnen sehr viel stärker verbunden als beispielsweise meinen engsten Verbindungsbrüdern auf dem College, vielmehr sah ich sie, vielleicht ein wenig pathetisch, als Kameraden, mit denen ich eine Schlacht geschlagen hatte. Ich glaube, wir alle wussten bereits zu jenem Zeitpunkt, dass wir im gemeinsamen Kampf Bande geschmiedet hatten, die ein Leben lang halten würden.

Als wir uns dem Äquator näherten, flauten die Passatwinde ab, und die Temperaturen stiegen auf über dreißig Grad. Auf Deck und auf den Rahen ließ es sich bei leichtem und beständigem Wind sehr gut aushalten. Unter Deck jedoch herrschte eine höllische Hitze, fast wie im Maschinenraum der *Booker T. Washington*.

Alle Kojen lagen entlang der Schiffsseite. Einzig und allein ein Stahlschott – die Innenwand des Rumpfes – trennte unsere Kojen von Ozean und Wetter. Ich erinnere mich lebhaft, dass das Schott auf dem Weg nach Kap Horn dermaßen eisig gewesen war, dass die Hand daran kleben blieb. In den Tropen, als die äquatoriale Sonne auf den schwarzen Rumpf des Schiffes niederbrannte, konnte man das Schott keine zwei Sekunden anfassen, ohne sich zu verbrennen.

Einer meiner Mannschaftskameraden erzählte mir, dass so das britische Wort «*posh*» entstanden war. Es stammte aus der Zeit der alten, eleganten Passagierschiffe, die in den goldenen Tagen des Britischen Empires von England nach Indien segelten, wobei die gefragten Kabinen immer die auf der Schattenseite waren. «POSH» auf der Passagierliste bedeutete «Port side out, Starboard side home» – «Backbord hin, Steuerbord zurück».

Der Südostpassat begleitete uns länger als erwartet und füllte noch immer die zweiunddreißig Segel der *Pamir*, als sie am 5. August den Äquator überquerte. Es waren siebzig Tage vergangen, seit wir aus Port Victoria ausgelaufen waren, und sechsundzwanzig seit der Fahrt um Kap Horn. Eine ausgesprochen schnelle Fahrt den Südatlantik hinauf. Die Aussichten standen gut, dass wir Falmouth in einhundert Tagen oder weniger erreichen und die *Passat* schlagen konnten. Uns blieb ein voller Monat.

Noch am selben Tag, als die *Pamir* den Äquator überquerte, vollzog König Neptun mit seinem Hofstaat in einer traditionellen

Zeremonie, die seit Jahrhunderten auf Segelschiffen gepflegt wurde, die feierliche Taufe von sieben Neubekehrten in der Mannschaft der *Pamir*, die zum ersten Mal über den Äquator gefahren waren.

Ich wusste, dass es bei diesen Zeremonien recht rau zugehen konnte. Im gleißenden Sonnenschein auf Deck brachte ich meinen Fall vor König Neptun vor, Bootsmann Gerry Rowe mit großer weißer Perücke und schwarzer, mit Seegras behängter Robe, sodass er aussah wie ein englischer Lord, der soeben den Fluten entstiegen war. Seine Meeresgöttin war der kanadische Vollmatrose Nick Belloff, üppig ausgestattet mit zwei großen Seemuscheln als Brüste.

«Wie sollte ich von Italien nach Australien gelangt sein, ohne den Äquator zu überqueren?», fragte ich den König.

Er dachte eine Weile über diese Frage nach.

«Wenn das mal keine faule Ausrede ist», sagte er schließlich. Dennoch schlossen er und seine Meeresgöttin mich glücklicherweise von der Zeremonie aus.

Die sieben Täuflinge mussten stundenlange Härtetests über sich ergehen lassen, bevor sie in den Königlichen Orden aufgenommen wurden. Halb ertränkt vom Untertauchen in einer großen Wanne – einer umfunktionierten Winschabdeckung – und über und über mit rotem Blei, Firnis und Farbe bedeckt, taten die Täuflinge alles, was von ihnen verlangt wurde, sie sangen «*Waltzing Matilda*» und tranken Alaunwasser, ein Adstringens, das Übelkeit hervorrufen kann. Vermutlich hätten sie sich für die gesamte Zeremonie splitterfasernackt ausziehen müssen, wären nicht die zwei Frauen an Bord gewesen.

Ein Teil der Zeremonie geriet ein wenig außer Kontrolle, und der arme Murray Henderson, einer der Täuflinge, brach sich einen Handknöchel, als er in die Eisenwanne gestoßen wurde. Der

Kapitän verarztete die Hand nach der Zeremonie. Als schließlich das festliche Mittagessen, von Andy dem Smutje und Frank dem Hilfskoch zubereitet, mit Bier und Rum, einer kleinen Spende von Kapitän Björkfelt, hinuntergespült war, vergnügte sich die Mannschaft mit Spielen, Gesang und Ringkämpfen an Deck.

Es war ein festlicher, fröhlicher Tag. Für den Moment sah es so aus, als lägen alle Härten der Reise hinter uns und als würde unsere Fahrt nach England ein Spaziergang werden. Am nächsten Tag jedoch flaute der Südostpassat ab. In spätestens sechsunddreißig Stunden würden wir im Kalmengürtel treiben.

11. Kapitel

Von Kalmen und Hurrikans

Die See im Kalmengürtel ist mit einem einzigen Wort zu beschreiben: «ölig». Nicht der Hauch einer Brise kräuselt die glänzend glatte Oberfläche. Heißer Dunst hängt am Himmel und wirft einen silbrig grauen Schimmer aufs Meer. Eine lange, sanfte Dünung, die von weit entfernten Stürmen kündet, schaukelt das Schiff. Die Segel, alle zweiunddreißig gesetzt, hängen schlaff von den Rahen und schlagen lustlos, wenn die Dünung unter dem Schiff durchrollt. Die Blöcke schwingen vor und zurück, ein unheimliches Knarren erfüllt die Luft. Es ist wie auf einem Geisterschiff mitten im Nirgendwo, bekalmt. Aggressionen kommen auf. Männer drehen durch. Wenn auf einem Segelschiff unterschwellig die Gewalt brodelt, dann wird sie aller Wahrscheinlichkeit nach im Kalmengürtel ausbrechen. Anderen schlägt dieser fast vollkommene Stillstand aufs Gemüt.

Doch was einen im Kalmengürtel wirklich in den Wahnsinn treibt, ist die Tatsache, dass kein Mensch weiß, wie lange man darin treiben wird oder wo genau er eigentlich verläuft, da sich Lage und auch Breite des Gürtels ständig verändern. Er zieht sich ungefähr auf Höhe des Äquators oder leicht nördlich davon über die Weltmeere. Verursacht wird er von den Passatwinden. Der Südostpassat bläst aus Süd Richtung Äquator, der Nordostpassat aus Nord. Ungeheure Luftmassen treffen also am Äquator zusammen, und die müssen irgendwohin – also weichen sie nach oben aus. Die Luft steigt bis in die obersten Schichten der Atmosphäre und fließt von dort zu beiden Seiten des Äquators wieder nach unten, um erneut die Passatwinde zu bilden – das Ganze nennt man Hadley-Zelle. Und dort, wo die aufeinander prallenden Passatwinde in der Nähe des Äquators nach oben steigen, entsteht ein Bereich mit wenig oder gar keinem Wind und hoch aufgetürmten Regenwolken: die Kalmen.

«Die Kalmen waren der Fluch der Segelschiffe», schrieb Alan Villiers, «der große Schwachpunkt auf all ihren Reisen.» Und es waren tatsächlich die Kalmen, die der Segelschifffahrt schließlich den Todesstoß versetzten. Der 1914 eröffnete Panamakanal brachte den Dampfschiffen einen gewaltigen Vorteil, da Segelschiffe den Kanal nicht befahren konnten, weil die westliche Einfahrt mitten im berüchtigten Kalmengürtel liegt.

Zur allgemeinen Überraschung hielt der Südostpassat noch einige Tage an, nachdem wir den Äquator überquert hatten, und wir bekamen zum ersten Mal seit achtundsechzig Tagen, als wir drei Tage von Port Vic in der Ferne einen norwegischen Frachter gesichtet hatten, andere menschliche Wesen als unsere Mannschaftskameraden zu Gesicht. Am frühen Morgen nach der Äquatortaufe sichtete einer der Wachen fern am Horizont Dampfwolken. Keine halbe Stunde später sahen wir eine Meile an Steuerbord voraus ein majestätisches Passagierschiff, das direkt auf uns zuhielt. Die Freiwache sprang aus den Kojen, und alles stürzte zum Bug.

Der gigantische Linienfahrer änderte den Kurs und fuhr eine Viertelmeile entfernt an uns vorbei. Ich weiß nicht, ob der Kapitän uns absichtlich so nahebei passierte, damit seine Passagiere einen Blick auf uns werfen konnten, oder ob es der normale Kurs war, der den Dampfer so dicht an uns heranführte. An der Reling drängten sich die Passagiere und bestaunten die *Pamir*. Sie muss ein wunderschönes Bild abgegeben haben, mit vollen Segeln vor tropischem Himmel.

Zum Zeichen gegenseitigen Respekts dippten beide Schiffe ihre Flaggen, in unserem Fall die finnische Nationalflagge. Der Dampfer tutete zum Gruß, und einer von uns antwortete überschwänglich mit dem Nebelhorn. Wir waren vollkommen aus dem Häuschen vor Aufregung, wir schrien und winkten und machten so viel Lärm wie möglich. Niemals hätte ich für möglich gehalten, dass der bloße Anblick eines anderen menschlichen Wesens nach über zwei Monaten auf See mich – und alle anderen – in einen solchen Freudentaumel versetzen könnte.

Wenige Sekunden später hatte der gigantische Rumpf uns passiert. An seinem Heck sahen wir in großen eisernen Lettern die Worte *Marco Polo – Genova*. Das bedeutete, dass wir die Schifffahrtswege des Atlantischen Ozeans erreicht hatten. Wir machten gute Fahrt, und wir näherten uns der Heimat.

Die Begeisterung verpuffte wenige Tage später, auf ungefähr 5 Grad Nord, als der Südostpassat schlicht erstarb. Es war dies ein weiteres lebhaftes Beispiel für die Launenhaftigkeit der See, unter der vor allem Segelschiffe zu leiden haben. Um uns herum der silbrig graue Glanz der öligen See. Nicht der leiseste Windhauch, den man hätte einfangen können. Die Segel hingen schlaff herunter und schlugen lustlos im Rhythmus der Dünung, das Rigg knarrte. Es herrschte drückende Hitze und eine enorme Luftfeuchtigkeit. Die Hitze der Sonne schien durch den dünnen Dunst wie durch eine Linse noch verstärkt zu werden. In kurzen Hosen und barfuß lungerten wir auf Deck herum, ungeduldig, gelangweilt und schweißgebadet. Wir sehnten uns nach einer Brise. Wie viel lieber hätten wir oben im Rigg geschuftet oder an den Winschen geackert, um die Rahen zu brassen.

Aber es gab keinen Wind.

Die Kombüsenabfälle, die über die Reling geworfen wurden, trieben langsam und für alle sichtbar am Rumpf entlang, ebenso die Exkremente aus den vorderen Toiletten. Einmal legten wir in vierundzwanzig Stunden kümmerliche siebzehn Meilen zurück.

Dann kamen die Haie, die der Mannschaft eine Zeit lang ein wenig Abwechslung verschafften. Nicht ein oder zwei Haie, sondern Dutzende, kleine und große, die gemächlich in der Nähe des Schiffes ihre Runden drehten. Der Meister – der Schiffsmechaniker – schmiedete aus Stahlstangen schwere Haken. Die jeweilige Freiwache holte sich Essensreste aus der Kombüse, steckte sie auf die Haken und ließ sie an dicken Tauen über die Seite oder am Heck hinunter ins Wasser.

Bald gingen alle auf Haifang, und einige von uns waren mit echter Begeisterung und Sportsgeist bei der Sache. Manche Haie waren so groß, dass sie mit vier oder fünf Mann an Deck gehievt werden mussten. Zu jener Zeit galt Haifleisch für die meisten Menschen noch nicht als sonderlich schmackhaft, und Haie wurden als bösartige Raubtiere angesehen, die, wo immer möglich, ausgerottet werden mussten. Also wurden Kopf- und Schwanzflosse abgeschnitten, die Kiefer für Schnitzereien zurückbehalten und der Rest wieder über die Reling ins Meer befördert. Die Schwanzflosse des größten gefangenen Hais – der fast viereinhalb Meter lang war – wurde wie eine grausige Trophäe ganz vorn am Klüverbaum angebracht und hing nun gut zwölf Meter über dem Wasser. Dort blieb sie bis zum Ende der Reise.

Als sich schließlich auch die wachhabenden Seeleute zum fröhlichen Haifang zu den anderen gesellten, setzten Kapitän Björkfelt und Steuermann Liewendahl der Sache ein Ende.

Manchmal fiel plötzlich tropischer Regen wie ein Wasserfall aus den dunkler werdenden Himmeln. Im Gegensatz zu den böigen und stürmischen Regenfällen in den Brüllenden Vierzigern herrschte bei diesen Schauern absolute Windstille. Der Regen fiel schnurgerade, als hätte jemand eine Dusche angedreht, und man konnte vom Heck aus den Bug des Schiffes nicht mehr erkennen. Millionen tanzender Tropfen prasselten auf die glatte, dunkle See, als brodle und koche das Meer selbst.

Wir standen in kurzen Hosen im Regen und ließen uns von dem kühlen Nass den Schweiß und Schmutz und das Salz der Reise von der Haut waschen. Auf dem Vordeck stand ein großes Auffangbecken aus Segeltuch, das das Regenwasser in einen Tank leitete. Die Mannschaft wurde mit Eimern und 20-Liter-Milchkanistern übers Deck geschickt, um möglichst viel Wasser aufzufangen und in zwei Tanks auf dem Brückendeck zu füllen. Von dort floss es in zwei große zylinderförmige Lagertanks im unteren Frachtraum der *Pamir*, von denen einer achtzehn Tonnen fasste, der andere siebenundzwanzig. Es war ein beruhigendes Gefühl, wieder reichlich Frischwasser an Bord zu haben.

Nach mehreren Tagen absoluter Flaute sahen wir in der Ferne eine von einer leichten Brise bewegte Wasserfläche. Damit fing die Plackerei erst richtig an, in mancherlei Hinsicht sehr viel schlimmer als die Arbeit in eisigen Höhen bei der Fahrt um Kap Horn. Das Thermometer maß fast vierzig Grad im Schatten. Kapitän Björkfelt wollte jeden kleinen Windhauch ausnutzen und ließ die *Pamir* im Zickzack fahren, um auch noch das kleinste Lüftchen einzufangen. Wir standen an den großen Brasswinschen und warteten auf seinen Befehl: «Jetzt!» Dann kurbelten wir wie wild, um die Rahen herumzuschwenken, während der Rudergänger das Steuerrad drehte. Kaum waren alle Rahen rundgebrasst, ließ der Kapitän den Kurs erneut ändern, um einen anderen Lufthauch einzufangen, also gab er wieder seinen Befehl, und wir kurbelten wieder wie verrückt an den Winschen.

Nach vier Stunden Schufterei bei knapp vierzig Grad waren wir am Ende unserer Wache völlig erledigt. Die meisten ließen sich direkt auf Deck auf ihre Schlafmatten im Schatten fallen. Dabei war es gar nicht so einfach, ein schattiges Plätzchen zu finden, da die Sonne genau über uns stand. Vollkommen ausgetrocknet und am Ende unserer Kräfte, dösten wir vier Stunden vor uns hin, bis wir wieder an die Winschen gerufen wurden. Im Kalmengürtel war die meiste Arbeit an Deck zu erledigen.

So fuhren wir eine Woche lang im Schneckentempo gen Norden und hofften, endlich den Nordostpassat zu fassen zu kriegen und den verhassten Kalmengürtel hinter uns zu lassen. Doch als endlich Wind aufkam, war er stärker, als uns lieb war.

Sonntag, den 14. August, – neun Tage nachdem wir den Äquator überquert hatten – stand die *Pamir* ungefähr zweihundert Meilen südwestlich der Kapverdischen Inseln und war den 79. Tag auf See. Tagsüber hatte eine sehr schwache Brise geweht, und wir waren mäßig gut vorangekommen – achtunddreißig Meilen. Als sich der Abend über die Tropen senkte, war die leichte Brise wieder einer völligen Flaute gewichen, und die letzten Strahlen der untergehenden Sonne glühten vor dem dunklen, wolkenbeladenen Himmel.

Wir waren in der vergangenen Woche oft genug bekalmt gewesen, doch in jener Nacht schien die Luft noch regloser und die Hitze noch drückender. Das Schiff schaukelte sanft auf ruhiger See, und dennoch schien eine gewisse Spannung, schien ein Brodeln in der Luft zu liegen.

Ich saß mit ein paar anderen auf Luke II und beobachtete, wie sich Wolke über Wolke in den immer schwärzer werdenden Himmel türmte. Frank Gardiner, ein zweiundzwanzigjähriger Segelmacher aus Neuseeland, für den die *Pamir* in den letzten fünf Jahren sein Zuhause gewesen war, brach das Schweigen.

«Wir sind nicht weit von den Kapverdischen Inseln», sagte er. «So eine Nacht habe ich hier schon einmal erlebt. Ich wette, das Barometer fällt gerade auf Tiefststand, und spätestens im Morgengrauen steht auf der Kiste» – der Kosename der Mannschaft für die *Pamir* – «kein einziges Segel mehr.»

Niemand antwortete. Zweifelsohne dachten wir alle das Gleiche: hoffentlich würde Gardiner nicht Recht behalten.

Bis Mitternacht war es heiß und schwül. Dann frischte der Wind auf. Das Barometer fiel rasch. Auch Kapitän Björkfelt schwante, was das in diesen tropischen Gewässern bedeuten konnte. Ich hatte von Mitternacht bis vier Uhr Wache. Um zwei Uhr gab der Kapitän Befehl, die Royalsegel aufzugeien, sie also von Deck aus an den Geitauen und Gordings zu den Rahen hochzuziehen. Dann wurden wir nach oben geschickt, um sie festzumachen. Eine halbe Stunde später fiel das Barometer noch immer, und der Wind frischte rasch auf. Damit war endgültig klar, was auf uns zukam. Der Kapitän ließ vom Ersten Steuermann Liewendahl alle Mann an Deck rufen. Nach den drei schrillen Pfiffen stürmte die Freiwache augenblicklich auf Deck, und alle Mann gingen nach oben, um uns zur Hand zu gehen. Wir arbeiteten so schnell wir konnten und holten ein Segel nach dem anderen ein, beginnend mit den Oberbramsegeln, dann die Unterbramsegel, dann die Untersegel.

Wenn alles gut lief, dauerte es etwa sechs Stunden, alle zweiunddreißig Segel der *Pamir* zu bergen. In jener Nacht war es ein Rennen gegen die Zeit, alle dreitausendachthundert Quadratmeter Segel einzuholen, bevor uns der Hurrikan mit aller Kraft traf.

Seltsamerweise brachte der drohende Hurrikan mich nicht allzu sehr aus der Ruhe – am Anfang zumindest. Anders als bei den Stürmen vor Kap Horn, als wir ausreichend gewarnt gewesen waren und wussten, was auf uns zukam, und wo ich noch immer ein ziemlicher Neuling gewesen war, kam der Hurrikan jetzt plötzlich über uns. Außerdem wusste ich inzwischen, was die *Pamir* zu leisten imstande war, und ich hatte vollstes Vertrauen in die Urteilskraft von Kapitän Björkfelt.

Es wurde langsam Tag, die gesamte Mannschaft war noch immer auf den Rahen, und es waren noch einige Segel zu bergen. Als die Morgendämmerung den Himmel im Osten grau färbte, traf uns der Hurrikan mit voller Wucht. Um sechs Uhr betrug die Windgeschwindigkeit bereits weit über einhundertsechzig Kilometer pro Stunde. Plötzlich flogen uns vier Segel auf einmal in Fetzen davon. Wir waren alle Mann auf der Fockrah und versuchten, die riesige Fock einzuholen, das unterste Segel am vorderen Mast. Die Gewalt des Windes verschlug uns im wahrsten Sinne des Wortes den Atem. Wir hielten uns an allem fest, was wir greifen konnten, die Füße in die Fußpferde gestemmt. Ich musste den Kopf zur Seite drehen, um Atem zu holen, sonst wäre mir die Luft vom Wind ganz einfach bis tief in die Lungen gepresst worden. Der Regen prasselte mir ins Gesicht wie kleine Schrotkörner. Er hämmerte mir auf die nackten Beine. Es war praktisch unmöglich, mit dem Gesicht im Wind die Augen zu öffnen. Es war, als stünden wir direkt im Strahl eines Feuerwehrschlauchs.

Das Schiff holte gewaltig über, als der Wind mit voller Kraft gegen die Sparren und die noch stehenden Segel fuhr. Wir klammerten uns an die Fockrah, die genau wie das Schiff immer weiter und weiter aus der Horizontalen kippte, bis sie mit der Leenock fast das Wasser berührte. So hingen wir einen unendlichen Moment lang in der Luft, bis die *Pamir* sich wieder ein Stück aufrichtete. Gott sei Dank hatte keiner von uns den Halt verloren.

Dann bekamen wir den Befehl abzuentern – anscheinend war es offensichtlich, dass wir dort oben nichts mehr ausrichten konnten. Tastend arbeiteten wir uns die Wanten hinunter. Auf Deck konnten wir nicht viel mehr tun, als auszuharren, während das Schiff immer und immer wieder gefährlich überholte. Die Leeseite lag komplett unter Wasser, und die aufgewühlte See brandete über die tiefer liegenden Decks. Die Männer, die an Lee an den Leinen arbeiteten, standen bis zum Hals in Wasser. Unter ihnen auch der vierschrötige englische Bootsmann Gerry Rowe, der von einer Sturzsee gegen eine Decksstütze geworfen wurde, einen Eisenpfahl zum Belegen von Kabeln. Er brach sich mehrere Rippen, aber er arbeitete weiter.

Am großen Steuerrad hatten mehrere Rudergänger alle Hände voll zu tun, um das Schiff einigermaßen auf dem Kurs zu halten, den der Kapitän befohlen hatte – leicht beigedreht und dennoch mit Fahrt voraus, sodass das Schiff maximale Stabilität erlangte. Die drei Unterbramsegel waren noch gesetzt, außerdem zwei Stagsegel – kleine dreieckige Segel, die an den Drahttauen zwischen den Masten angeschlagen waren. Damit hatte die *Pamir* auch im tosenden Hurrikan noch einen kleinen Vorwärtsdrang, sodass das Ruder ordentlich im Wasser lag und der Bug in den Wind gehalten werden konnte.

Doch der Wind war einfach zu stark. Um 6:40 Uhr erreichte er in Böen eine Geschwindigkeit von einhundertneunzig Kilometern pro Stunde. Die *Pamir* neigte sich auf die Seite. So lag sie und richtete sich nicht wieder auf. Der Wind drückte sie nach unten.

Überall an Deck sah ich meine Kameraden, alle in normaler Kleidung, weil wir keine Zeit gehabt hatten, das Ölzeug anzuziehen, wie sie sich an die Strecktaue klammerten, an die Takelung, die Reling oder was immer sie zu fassen kriegten. Die Neigung der Decks war der Vertikalen näher als der Horizontalen – eher eine Wand, die in den Himmel wuchs, als ein Deck unter unseren Füßen.

Keiner ahnte es, aber später erzählte Kapitän Björkfelt Keith McCoy, dass er an diesem Punkt drauf und dran war, die Spannschrauben zerschlagen zu lassen – die drastischste Maßnahme, ein Schiff zu retten, wenn sonst nichts mehr hilft. Die Spannschrauben hielten die zwei Teile eines Stags zusammen. Die Stagen waren die Spannseile, die die Masten hielten. Wenn die wichtigsten Spannschrauben mit einem Vorschlaghammer zerschlagen wurden, sprangen die Stagen auseinander, und der Mast stürzte mitsamt Rahen, Segeln und Takelung aufs Deck.

Man hoffte darauf, dass das Schiff sich ohne die Segel und ohne das kopflastige Gewicht wieder aufrichte. Doch wenn die drei bis vier fast zwanzig Stockwerke hohen Stahlmasten mitsamt Rahen und Stahlkabeln niederkrachten, bestand die Gefahr, dass sie alles und jeden unter sich begruben, der sich gerade auf Deck befand. Und es gab keine Garantie, dass das Schiff sich auch wirklich aufrichtete. Und selbst wenn es das tat und den Sturm überstand, war es nur noch ein verkrüppelter Rumpf, der hilflos, ohne Motor und ohne Funk, auf dem Atlantischen Ozean trieb.

Das Zerschlagen der Spannschrauben war daher das absolut letzte Mittel, und verständlicherweise setzten Kapitäne es nur sehr selten ein. Während die *Pamir* vom Hurrikan auf die Seite gedrückt wurde, hielt Kapitän Björkfelt den Befehl so lange wie irgend möglich zurück – und wir hielten so lange wie möglich durch. Endlich, ganz langsam, richtete das Schiff sich ein wenig auf. Bald stand das Deck wieder mehr horizontal als vertikal, obwohl Wind und Regen noch immer auf uns einpeitschten.

Um acht Uhr ließ der Wind leicht nach. Kapitän Björkfelt gab Befehl zum Halsen – das Gegenteil von Wenden. Dabei wird das Schiff, um die Richtung zu ändern, nicht in den Wind gedreht, sondern mit dem Heck durch den Wind auf den anderen Bug gelegt. Für einen rahgetakelten Windjammer ist dies bei starkem

Wind die bessere, weil sicherere Methode, um von der anderen Seite in den Wind zu kommen.

Gegen neun Uhr war der Wind sehr viel beständiger geworden. Kapitän Björkfelt gab erneut den Befehl zum Halsen. Im Laufe des Vormittags ließ er mehr Segel setzen. Gegen Mittag hatten wir den Hurrikan hinter uns gelassen und waren, angetrieben von einem stetigen Wind und eingehüllt in gleichförmigen Regen, wieder auf Kurs.

Von Mitternacht bis Mittag hatten wir hart und ohne Unterbrechung geschuftet – auf den Rahen genauso wie an Deck. Und auch jetzt gab es noch einiges zu tun, um das Schiff wieder klarzumachen – neue Segel waren anzuschlagen, wo die alten davongeflogen waren, Wanten zu flicken, die es in Stücke gerissen hatte, und die gefluteten Quartiere trockenzulegen. Dennoch hatten Schiff und Mannschaft den gewaltigsten Sturm, den die Weltmeere gegen ein Segelschiff schleudern können, recht gut überstanden. Wenige Jahre später sollte die *Pamir* tragischerweise nicht so glimpflich davonkommen.

Später an jenem Tag erzählte Kapitän Björkfelt Keith McCoy, dass dies der schlimmste Tropensturm gewesen sei, den er jemals auf See erlebt habe. In den Stürmen auf dem Weg nach Kap Horn hatte ich auf den Rahen immer Ängste durchlitten, bei diesem Hurrikan jedoch war ich seltsamerweise recht gelassen geblieben, hatte sogar voller Staunen seine enorme Kraft bewundert und mich an dem überwältigenden Spektakel erfreut.

Ich hatte zu keinem Zeitpunkt geglaubt, dass die *Pamir* wirklich kentern würde. Und auch das Segelbergen auf den Rahen im erbarmungslosen Wind war nicht so schlimm gewesen. Ich fragte mich, ob ich einfach zu naiv war, die Gefahr zu erkennen, der wir soeben entronnen waren, oder ob ich mich langsam zu einem echten Windjammermatrosen mauserte.

12. Kapitel

Der weite Weg nach Haus

M eine lebendigste Erinnerung an das letzte Stück der Reise den Nordatlantik hinauf nach England ist das Gefühl der Frustration, das Steuermänner und Mannschaft der *Pamir* befiel. Nach dem Hurrikan waren uns für kurze Zeit blauer Himmel und bestes Segelwetter beschieden gewesen, so als habe der Sturm die Atmosphäre gereinigt und den Himmel poliert, und es folgte eine Woche guten, steten Fortkommens dicht am Nordostpassat. Der 23. August war unser 88. Tag auf See, und wir standen auf 26 Grad Nord mitten auf dem Atlantik, ungefähr auf einer Linie zwischen Miami und den Kanaren. Wir konnten uns noch immer Hoffnungen auf eine gute Passage machen, wenn die Winde günstig standen.

Doch das taten sie nicht. Als wir die Kalmen beim Wendekreis des Krebses durchquerten – einen schmalen Kalmengürtel zwischen Passat und Westwinden –, flaute der Wind ab. Das war zu erwarten gewesen. Von nun an hielten wir tagtäglich Ausschau nach den kräftigen, steten Westwinden, die über den Nordatlantik fegen. Doch als endlich Wind aufkam, blies er aus Nord und manchmal sogar aus Ost, und außerdem sehr schwach. Das bedeutete, dass die *Pamir* auf ihrem Weg nach Europa über den Atlantik kreuzen musste, um bei diesem Wind überhaupt irgendwie voranzukommen, statt leicht und locker mit den Westwinden in den Hafen zu laufen.

Alle waren unzufrieden. Kapitän Björkfelt und der Erste Liewendahl waren vielleicht nicht gerade ungehalten, aber doch mürrisch, als die *Pamir* gezwungen war, weit vom direkten Kurs nach Europa abzuweichen. Einmal waren wir mit den Nord- und Ostwinden so weit nach Westen gefahren, dass die *Pamir* nur noch siebenhundert Meilen südwestlich von Neufundland lag. Und auch die Mannschaft war mit diesem Gang der Dinge alles andere als glücklich. Nicht nur, dass die Winde unsere Hoffnungen auf eine schnelle Passage zunichte machten, noch dazu mussten wir ständig Segel und Rahen brassen, um das Schiff immer wieder von einem auf den anderen Bug zu legen, ständig auf der Suche nach dem günstigsten Wind.

Derweil gingen unsere Vorräte zur Neige. Es stellte sich heraus, dass die restlichen Kartoffeln aufgrund mangelnder Belüftung verfault waren, und wir warfen sie allesamt über Bord. Die zwei Schweine, die wir als Frischfleischlieferanten an Bord hatten, kamen unters Messer, um unsere schwindenden Vorräte aufzustocken. Hotcha King nahm es auf sich, den wild quiekenden Tieren, die wohl ahnten, dass ihr letztes Stündlein geschlagen hatte, mit einem Schlachtermesser den *coup de grâce* zu versetzen. Dann war die Kohle für den Kombüsenherd aufgebraucht. Wir mussten die Ersatzbretter für die Lukendeckel zerschlagen, um den Herd zu feuern. Als ich Jahre später den Film *In 80 Tagen um die Welt* sah, in welchem dem Dampfschiff eines Kontrahenten die Kohle ausgeht und die Mannschaft ihr Schiff zerlegt, um die Tanks zu feuern, dachte ich an jene Tage auf der *Pamir* zurück, als einige Seeleute mit Äxten bewaffnet auf dem Vordeck standen und alles in Stücke schlugen, was an unserem Windjammer nicht niet- und nagelfest war.

Auf der *Pamir* kam es trotz ungünstiger Winde und allgemein schlechter Laune nicht, wie auf vielen anderen Schiffen, zu Schlägereien, aber die Frustration machte sich auf anderen Wegen

Luft. Eines Tages war es an mir, als Sündenbock herzuhalten. Als wir uns langsam über den Nordatlantik vorarbeiteten und den Seefahrtswegen näher kamen, begegneten wir mehreren Motorschiffen. Die Begegnung zweier Schiffe auf See ist durch ein strenges Protokoll geregelt. Unter anderem gebietet es die Höflichkeit, dass beide Schiffe zum Zeichen der Anerkennung und des Respekts die Flaggen dippen. Treffen ein Motorschiff und ein Segelschiff aufeinander, verlangt das Protokoll nicht nur, dass das Motorschiff den Segler in dessen Kielwasser passiert, wenn beide einen Kurs aufeinander zu fahren, sondern auch, dass das Motorschiff zuerst die Flagge dippt und das Segelschiff dann mit der gleichen Geste dankt.

Alle Dampfer, denen wir begegnet waren – Norweger, Briten, Italiener, Franzosen –, hatten sich an diese Benimmregel gehalten und auch auf andere Weise gezeigt, dass sie den Anblick eines majestätischen alten Rahseglers zu schätzen wussten. Am Morgen des 31. August jedoch, als wir uns bereits seit einer Woche mit wechselhaftem Wind herumschlugen, wurde ein großer Tanker gesichtet, der sich auf Gegenkurs näherte. Bald konnten wir das Emblem einer amerikanischen Ölgesellschaft auf dem Schornstein erkennen, und kurz darauf lasen wir auf dem Bug den Namen *Mission of San Luis Rey*.

Die komplette Mannschaft der *Pamir* drängte sich an der Reling. Genau wie alle anderen wartete ich darauf, die amerikanische Flagge am hinteren Flaggenmast des Tankers gehisst zu sehen. Auf unserer Poop hielten sich Kapitän Björkfelt und der Bootsmann bereit, als Antwort auf den erwarteten Salut die finnische Flagge zu hissen.

Der große Yankee-Tanker schoss dicht an unserem Heck vorbei. Er hatte die Flagge nicht nur nicht gedippt, sondern sich gar nicht erst die Mühe gemacht, überhaupt eine zu hissen.

Meine Kameraden schimpften lauthals hinter dem Schiff her, als sein gewaltiges Kielwasser unter der *Pamir* durchrollte. Ich saß zwischen den Stühlen. Schließlich war der unhöfliche Tanker sozusagen mein Landsmann. Sollte ich ihn in Schutz nehmen oder mit den anderen auf ihn schimpfen? Ich blickte ihm schweigend nach, wie er weiter gebieterisch durch die See stampfte.

Wir gingen wieder an die Arbeit. Ich war mit Snowy dabei gewesen, Luke I auf dem Vordeck direkt unter der Laufbrücke zu reparieren. Die Laufbrücke war ein gut einen Meter breiter Laufsteg aus Holz, der über die ganze Schiffslänge lief, von der erhöhten Poop am Heck über das tiefer liegende Achterdeck zum erhöhten Brückendeck, über das tiefer liegende Vordeck zur wiederum erhöhten Back im vordersten Teil des Schiffes. Mit ihrer Hilfe konnten alle Seeleute und vor allem die Steuermänner schnell und leicht von einem Aufbau zum anderen gelangen.

Schon bald hörte ich über mir Schritte auf der fliegenden Brücke. Ich blickte nach oben. Es war Kapitän Björkfelt, und er war direkt über mir stehen geblieben. Ich senkte den Kopf und konzentrierte mich wieder auf meine Arbeit.

Seit drei Monaten, seit ich Kapitän Björkfelt auf dem Kai von Port Victoria zum ersten Mal begegnet war, lieferten wir uns immer wieder Wortgefechte. Er hatte einen scharfen Verstand und war nie um Sprüche verlegen, die gerade in Kombination mit seinem skandinavischen Akzent zum Schreien komisch waren.

Ich hinwiederum hielt mich aus Respekt und weil er mein Vorgesetzter war zurück. Doch des Öfteren hatte ich gesehen, dass meine Entgegnungen ihm ein kurzes Lächeln entlockten.

Ich machte mich also auf einen seiner verbalen Nadelstiche gefasst. Und der ließ nicht lange auf sich warten.

«Wo lernt ihr Amerikaner eigentlich das Einmaleins der Seefahrt?», fragte er. «Auf dem Bauernhof?»

Ich blickte nicht auf.

«Klar, wenn sich zwei Farmer mit ihren Kühen auf der Straße begegnen, muss keiner die Flagge dippen. Das wird's wohl sein, die Amis lernen's auf dem Bauernhof.»

Er setzte seinen Weg zur Back fort. Dann blieb er stehen, drehte sich um, kam gemessenen Schrittes zurück und blieb wieder direkt über mir stehen.

«In Amerika gibt es doch diese berühmte Segelschule – Annapolis. Die besten amerikanischen Seeleute kommen von Annapolis, heißt es. Lernt man in Annapolis nicht den Respekt vor den Traditionen der Seefahrt? Haben die Leute da noch nie was von Höflichkeit gehört? Schon Kinder lernen, dass man anderen die Hand schüttelt. Nur nicht die Amis von Annapolis.»

Er ließ sich noch eine ganze Weile über das Seefahrtsprotokoll und die Unzulänglichkeiten von Annapolis aus – ich war überrascht, dass er die Schule überhaupt kannte –, dann marschierte er über die Laufbrücke zurück zum Kartenhaus.

Eine halbe Stunde später, ich war noch immer auf dem Vordeck beschäftigt, hörte ich wieder seine Schritte über mir.

«Ich weiß, wo das Problem liegt bei den Amerikanern», verkündete er.

Diesmal waren mehrere Mannschaftskameraden in Hörweite. Er wusste, er hatte ein dankbares Publikum.

«Die Amis stecken so viel Geld in den Marshall-Plan, dass es bei den eigenen Schiffen nicht mal mehr für eine Flagge reicht!»

Die Mannschaft brach in lautes Gelächter aus. Selbst ich musste lachen. Der Kapitän schlenderte über die Laufbrücke zurück zum Kartenhaus.

Eine Woche später kam es zu einer weiteren Begegnung auf See, die Frustrationen ganz anderer Art hervorrief. Der norwegische Tanker *Hamlet* kam aus achtern auf die *Pamir* zu und passierte uns, nachdem er ordnungsgemäß die Flagge gedippt hatte, dicht an Backbord, um einen guten Ausblick auf uns zu haben. Die Besatzung stand an der Reling, und von der *Pamir* aus sahen wir mehrere junge, blonde und äußerst attraktive skandinavische Stewardessen.

Der Anblick dieser Frauen «versetzte die kraftstrotzenden jungen Kerle auf der *Pamir* in einen Zustand, der einem Fieberanfall nahe kam», wie Murray Henderson in seinem Tagebuch schrieb.

Die Mannschaft brach in ein irrsinniges Geschrei aus, die Damen wurden eingeladen, uns auf einer kleinen Segeltour zu begleiten, die, wie mit wenig gewählten Ausdrücken verkündet wurde, der beste Teil ihrer Reise werden könnte. Die Reaktion der Stewardessen fiel freundlich aus – ohne Zweifel in dem sicheren Wissen, dass sie unbehelligt an uns vorbeifahren würden.

In jener Nacht wurde die *Pamir* um ein Haar von einem anderen Tanker gerammt, der platt auf sie zuhielt. Die Positionslichter der *Pamir* brannten, dennoch machte der Tanker keinerlei Anstalten, seinen Kurs zu ändern. Als es langsam brenzlig wurde, wurde Kapitän Björkfelt gerufen, der dem Ersten Steuermann Befehl gab, den grellen Scheinwerfer der Aldislampe in die Segel zu richten. (Eine Aldislampe ist ein gigantischer tragbarer, batteriebetriebener Scheinwerfer mit sehr hellem und geradem Lichtstrahl.) Offensichtlich bemerkte die Besatzung des Tankers die großen erleuchteten Rechtecke der Segel, denn kurz vor dem Zusammenstoß änderte er plötzlich den Kurs und verfehlte uns nur knapp.

Wir quälten uns weiter gegen den Wind den Nordatlantik hinauf nach England. In der leichten Brise legten wir selten mehr als einhundert Meilen pro Tag zurück. Alle Hoffnungen auf eine schnelle Passage schwanden. Tag für Tag schlichen wir im Zeitlupentempo voran. Ich wollte nur noch runter vom Schiff. Eigentlich hatten Frank Gardiner, der Segelmacher, und ich geplant, im Anschluss an diese Reise in Norwegen auf Kanutour zu gehen. Doch es sah mehr und mehr danach aus, dass wir einfach nicht die Zeit haben würden. Ich war in Eile, aber das ist Segelschiffen manchmal herzlich egal.

«Es treibt einen doch in den Wahnsinn, so in die falsche Richtung zu fahren», sagte ich einmal im Vorübergehen zu dem Australier Fred Gunnar, dem Meister, als wir bereits näher an Kanada als an England kreuzten.

«Macht mir nichts», sagte er sehr zu meiner Überraschung. «Ich hab's nicht eilig. Das hier ist mein Leben.»

Wahrscheinlich war das der größte Unterschied zwischen einem echten Windjammermatrosen und mir. Es ging gar nicht so sehr um Standhaftigkeit im Sturm oder Furchtlosigkeit im Rigg. Für mich war diese Reise ein Zwischenspiel auf meinem Lebensweg, ein Intermezzo zwischen der Universität und einer beruflichen Karriere. Für den echten Windjammermatrosen jedoch, der für mehrjährige Fahrten anheuerte, war das Leben an Bord eben *sein* Leben. Für den Seemann durch und durch waren die kurzen Aufenthalte an Land ein Zwischenspiel.

Am Morgen des 23. September, als sich die *Pamir* bereits seit einem Monat den Nordatlantik hinaufkämpfte, dampfte das Cunard-Passagierschiff *Queen Mary* auf dem Weg nach Europa eine knappe Viertelmeile achteraus an uns vorbei. Für mich lag darin eine gewisse Ironie. Vierzehn Monate zuvor war ich auf genau diesem Schiff über den Atlantik gefahren, um ein Jahr an der

Züricher Universität zu studieren. Doch es hatte mich hierher verschlagen, ich hatte mein Auslandsjahr mittendrin abgebrochen und versuchte nun, auf einem Segelschiff zurück nach Europa zu gelangen.

Die Queen Mary, ganz die «Königin der Meere», die sie war, zollte uns allen Respekt, dippte ihre Flagge und ließ dreimal das Horn tönen. Mit stolzgeschwellter Brust stand Kapitän Björkfelt auf der Poop und sorgte dafür, dass auch die finnische Flagge ordnungsgemäß gedippt wurde.

Endlich näherten wir uns der Küste Südenglands. Einige Seeleute hatten kleine Radios dabei, mit denen sie nun wieder Musik und Nachrichten empfangen konnten. So erfuhr ich, dass der Dollar gegenüber dem Pfund soeben um ungefähr vierzig Prozent abgewertet worden war. Da ich in Pfund Sterling ausbezahlt wurde und das Geld danach in den USA in Dollar umtauschen würde, erklärte mir Kapitän Björkfelt, dass meine Heuer dramatisch an Wert verlieren würde, sobald ich England verließ. Er riet mir, möglichst viel Geld vor Ort auszugeben.

Aber wir waren noch lange nicht in England. Dichter Nebel senkte sich um das Schiff und umhüllte uns Tag und Nacht. Der Wind flaute fast vollständig ab, und die Pamir trieb ohnmächtig nahe der Einfahrt zum Englischen Kanal umher, wo einige der meistbefahrenen Schifffahrtswege der Welt zusammenlaufen. Um uns herum hörten wir das Tuten der Nebelhörner anderer Schiffe. Auch auf der Pamir war ständig einer von uns abgestellt, um unser handbetriebenes Nebelhorn zu betätigen. Außerdem ließ Kapitän Björkfelt beide Anker klarmachen und in die Slipvorrichtungen hängen, damit sie innerhalb kürzester Zeit fallen gelassen werden konnten, sollten wir auf die Küste zutreiben.

Am Morgen des 27. September lichtete sich der Nebel für

kurze Zeit, und ein Schlepper hielt auf die *Pamir* zu. Die Besatzung brachte uns eine enttäuschende Nachricht: Die *Passat* hatte uns auf dem Weg nach Hause geschlagen. Sie war in einhundertzehn Tagen von Port Vic nach Queenstown an der irischen Südküste gesegelt. Vor der Südküste Englands hatte sie mit den gleichen unsteten Winden zu kämpfen gehabt, die uns so lange bekalmt hatten. Doch statt wie wir gegen den Wind zu fahren, um in Falmouth einzulaufen, dem ersten Anlaufhafen im Weizenrennen und eigentlich günstigsten Ankerplatz an der Küste von Cornwall, war Kapitän Hagerstrand so schlau gewesen, nach Queenstown zu fahren, das als Anlaufhafen ebenfalls infrage kam, und hatte so den Wind zu seinem Vorteil genutzt.

Die *Pamir* war jetzt seit mehr als hundertzwanzig Tagen auf See und noch immer nicht am Ziel. Einigen Matrosen stand die Enttäuschung über das verlorene Rennen ins Gesicht geschrieben, während es mir nur noch darum ging, endlich an Land zu gehen.

Doch wir trieben weiter in Nebel und Flaute vor der Küste Cornwalls. In den seltenen Stunden, in denen ein günstiger Wind wehte, war der Nebel so dicht, dass wir die Hand vor Augen nicht sehen konnten und es in Küstennähe einfach zu gefährlich war, Segel zu setzen. Manchmal gab Kapitän Björkfelt sogar Befehl, die Segel zu backen – das heißt, die Rahen so weit zu schwenken, bis die Segel den Wind von vorn bekamen. Damit wurde die Fahrt vollständig aus dem Schiff genommen.

Eines Nachts lichtete sich plötzlich der Nebel, und wir hatten guten Wind. Kapitän Björkfelt und der Erste Steuermann Liewendahl konnten endlich mit Hilfe der Sterne und der Leuchtturmlichter unsere Position bestimmen. Sie fürchteten, beim Leuchtturm von Lizard Point, der Spitze einer kleinen Halbinsel südlich von Falmouth, auf Grund zu laufen.

Zufällig hatte ich gerade Ruderwache. Ich war immer ein lausiger Rudergänger gewesen, und auch die tägliche Praxis auf unserer viermonatigen Fahrt hatte daran nicht viel geändert. Der Kapitän und der Erste Steuermann standen ganz in der Nähe auf dem Brückendeck, um die Sterne oder den Leuchtturm anzupeilen oder beides, ich hatte keine Ahnung. Es war unübersehbar, dass die Nähe zur Küste sie nervös machte. Ohne es zu merken, brachte ich das Schiff so weit vom Kurs, dass unser Erster aufsah und mir einen vernichtenden Blick zuwarf, als wollte er sagen: «Ist es denn so schwer, einen geraden Kurs zu halten?»

Ich versuchte, das Schiff wieder auf geraden Kurs zu bringen und das Ruder zu halten. Offensichtlich ohne Erfolg. Liewendahl legte irgendwann mit verächtlicher Miene seine Instrumente beiseite und rief Snowy, der das Ruder übernehmen sollte. Nicht gerade mein schönstes Erlebnis an Bord der *Pamir*.

Als am Samstag, dem 1. Oktober, der Morgen dämmerte, sahen wir zum ersten Mal seit vollen vier Monaten Land. Es war von unfassbarer Schönheit – die saftig grünen Wiesen der Küste Cornwalls, die in sanften Hügeln zum Meer abfielen, die dunklen Klippen und kleinen Buchten, die Bauernhäuser, die im Vergleich zu den spartanischen, seegefluteten Quartieren der *Pamir* so heimelig und einladend aussahen. Der Geruch der fruchtbaren Erde stieg uns in die Nase. Ich hätte niemals für möglich gehalten, dass Land – einfach nur Land – eine solche Anziehungskraft auf mich ausüben kann.

Die Mannschaft stand an der Reling und starrte wie gebannt zur Küste hinüber. Derweil stellte Kapitän Björkfelt fest, dass wir es gegen den Wind nicht um die Landzunge von Lizard Point schaffen würden, also befahl er, die *Pamir* zu wenden. Alle nahmen ihre Plätze ein, die Rahen wurden auf Befehl gebrasst, und die *Pamir* entfernte sich langsam von der Küste, um auf günstigen Wind zu warten, der sie um die Landzunge herum in den Hafen von Falmouth bringen würde.

Dann beobachteten wir mit großen Augen, dass die Kunde von der *Pamir* vor der Küste Cornwalls anscheinend schnell die Runde machte. Für einen Bauern auf seinem Feld oder die Dorfbewohner entlang der Küste musste der gewaltige Viermaster, der langsam und majestätisch vor der Küste kreuzte, einen seltenen und faszinierenden Anblick bieten. Innerhalb weniger Stunden legten zahlreiche kleine Boote voller Neugieriger von der Küste ab und umkreisten die *Pamir*. Über uns drehten Flugzeuge ihre Kreise. Die *Pamir* war schon vor dem Krieg, zur Hochzeit der Weizenrennen, in England berühmt gewesen, denn die Rennen waren von der britischen Presse und Öffentlichkeit aufmerksam verfolgt worden, und so erregte ihre jetzige Ankunft landesweit großes Aufsehen.

Am nächsten Tag, Sonntag, dem 2. Oktober 1949, fuhr die *Pamir* mit einer leichten Brise unter Vollzeug bei strahlend blauem Himmel um Lizard Point. Ein kleiner Kutter ging längsseits, und ein Hafenlotse kletterte an Bord, um die *Pamir* in den Hafen zu bringen, während der Kutter sie wegen des leichten Windzugs schleppte. An diesem Sonntag kamen noch mehr Boote heraus, uns zu begrüßen, noch mehr Flugzeuge zogen über uns ihre Kreise, und Reporter der großen britischen Tageszeitungen kamen an Bord, um uns zu interviewen. Die Nachricht von unserer Ankunft fand schnell ihren Weg nach Amerika, und Frank Hotchkiss erzählte mir später, dass unsere College-Zeitung *The Daily Dartmouth* mich nur einen Tag später auf der Titelseite brachte.

Als wir uns dem Hafen näherten, gab unser Erster, der seine neueste Uniform angelegt hatte, Befehl zum Bergen der Segel.

Um uns herum wimmelte es von Booten. Seit Ewigkeiten hatten wir außer den Mannschaftskameraden keine Menschenseele zu Gesicht bekommen, und jetzt waren wir auf einmal umringt von Menschen, die nur wegen uns gekommen waren. Unsere Reaktion lässt sich in wenigen Worten beschreiben: Wir drehten durch. Wir kletterten im Rigg auf und ab, damit die Leute was zu sehen hatten. Einige Matrosen ließen sich an den Händen von den Fußpferden der obersten Rahen baumeln, andere schwangen in einer Höhe von dreißig Metern über dem Deck an einer Hand an den Klüverleitern. Die Leute in den Booten und Yachten jubelten uns zu, was uns nur zu noch tolleren Kunststückchen antrieb.

Nur ich war in eigener Mission im Rigg unterwegs. Ich hatte den Ersten Steuermann gebeten, mich aus dem Dienst zu entlassen, sobald das Schiff in Falmouth vor Anker lag, während der Großteil der Besatzung noch an Bord bleiben musste, bis der endgültige Bestimmungshafen in England erreicht war, über den Erikson noch zu entscheiden hatte. Ich hatte dem Ersten erzählt, dass mir die Zeit davonlief, da ich rechtzeitig zum Herbstsemester in Dartmouth sein müsse. Eine überzeugende Ausrede. In Wahrheit jedoch wollte ich nach 128 Tagen auf See nichts sehnlicher, als so schnell wie möglich von Bord zu gehen.

Der Erste hatte mir mitgeteilt, Kapitän Björkfelt habe nichts dagegen, mich in Falmouth zu entlassen, sofern die gewerkschaftlich organisierte Besatzung keine Einwände erhob, den Rest der Reise mit einem Mann weniger zu fahren. Während meine Kameraden also die Segel einholten, kletterte ich im Rigg umher, um jeden einzelnen zu fragen, ob er einverstanden sei, wenn ich das Schiff früher verließ. Alle gaben mir ihren Segen.

Am späten Nachmittag ließ die *Pamir* die Anker fallen. Ich hatte meinen Seesack bereits gepackt – was bei den wenigen Habseligkeiten nicht allzu lange gedauert hatte. Als kurz darauf die Motorbarkasse des Kapitäns auf die Küste zuhielt, saß ich zusammen mit Kapitän Björkfelt, dem Ersten Steuermann Liewendahl und dem Bootsführer Jimmy Inglis an Bord.

Ich hatte kaum Zeit gehabt, meinen Kameraden Lebewohl zu sagen. Als das Boot nun auf den Kai zuhielt, blickte ich zur *Pamir* zurück, zu ihren gewaltigen Masten, die majestätisch in den blauen Nachmittagshimmel ragten.

Ich fing an zu weinen. Ich saß im Heck des Bootes und wandte mein Gesicht ab, sodass der Kapitän und der Erste meine Tränen nicht sehen konnten. Ich wusste selbst nicht, warum ich eigentlich weinte. Vielleicht war ich einfach rührselig. In den letzten vier Monaten hatte es Momente gegeben, in denen ich mir nichts sehnlicher gewünscht hatte, als von Bord dieses Schiffes zu gehen, aber jetzt, wo es endlich so weit war, überkam mich eine unbeschreibliche Traurigkeit. Vielleicht ahnte ich bereits, dass diese letzten vier Monate eine unwiederbringliche Zeit in meinem Leben waren. Ich wusste, dass ich niemals wieder auf einem Schiff wie der *Pamir* segeln würde – und dass dieses Kapitel hiermit abgeschlossen war. Vielleicht war mir unterschwellig auch bewusst, dass dies die letzte kommerzielle Fahrt der *Pamir* gewesen war – die letzte kommerzielle Fahrt eines großen alten Windjammers überhaupt. Nach uns würde niemand mehr diese unwiederbringlichen Erfahrungen machen können.

Wir legten am Kai an, und ich ging nach dem Kapitän und dem Ersten Steuermann von Bord. Wir lachten, als wir auf wackeligen Beinen an Land kaum geradeaus laufen konnten – seit vier Monaten hatten wir das erste Mal festen Boden unter den Füßen. Wir gingen die Küste entlang auf ein altes Gebäude zu, das wie eine Art Zollgebäude aussah. Auf dem kaum hundert Meter langen Weg gratulierten zahlreiche Menschen den stolzen Offizieren der *Pamir* in ihren frisch gebügelten Uniformen.

Im Büro wurden Kapitän Björkfelt und unser Erster herzlich begrüßt, und man stellte ihnen einen Magenwärmer in Aussicht, sobald die Formalitäten erledigt seien. Ein weiß bekittelter Dorfbewohner unterzog mich einer medizinischen Untersuchung, die im Wesentlichen daraus bestand, dass er prüfend meine Handflächen betrachtete und mir mit dem üblichen «aaah» meinerseits in den Rachen schaute.

Dann wurde ich von einem Beamten in Pfund Sterling ausgezahlt. Vor der Abwertung hätte ich damit den Gegenwert von über eintausend amerikanischen Dollar in Händen gehalten. Kapitän Björkfelt unterzeichnete meinen Entlassungsschein, und bevor er mir das Dokument überreichte, setzte er die Buchstaben «V. G.» hinter meinen Namen. Erst Monate später erfuhr ich, was diese Buchstaben bedeuteten – *Very Good*, sehr gut –, und fragte mich, ob der gestrenge und doch feinfühlige Finne alle Freischeine der *Pamir* mit diesem Zusatz versah.

In diesem Moment betrat ein großer, gut gekleideter Mann mittleren Alters das Büro und begrüßte die beiden Offiziere herzlich. Es war offensichtlich, dass die drei gut bekannt waren, vermutlich gehörte er entweder zur Reederei Erikson oder zur englischen Schiffsagentur Clarkson Ltd. Ich wollte mich gerade aus der Tür schleichen, als Kapitän Björkfelt, weniger um mich vorzustellen, sondern vielmehr als ginge es um einen alten Bekannten, sagte: «Das ist unser Amerikaner.»

Ich schüttelte dem Fremden die Hand und freute mich über die Selbstverständlichkeit, mit der Kapitän Björkfelt mich zu seiner Mannschaft zählte. In diesem Moment fühlte ich mich der *Pamir* stärker verbunden als je zuvor. Doch es war vorbei. Ich drückte dem Ersten und dem Kapitän ein letztes Mal die Hand. Dann ging ich zur Tür hinaus und marschierte mit dem Seesack über der Schulter auf den kleinen Bahnhof von Falmouth zu.

Epilog

Ein Leben an Land und ein Schiff, das auf See geblieben ist

Ich bin nie wieder zur See gefahren. Weniger weil ich es nicht gewollt hätte, all meinen Schwüren in den schlimmsten Stürmen auf unserem Weg nach Kap Horn, nie wieder einen Fuß auf ein Schiff zu setzen, zum Trotz. Doch nachdem ich von Bord der *Pamir* gegangen war, passierten in meinem Leben so viele Dinge so schnell, dass sich einfach keine Gelegenheit mehr ergab, zur See zu fahren. Die Milchfarm, von der ich in den dunklen Tagen auf dem Südlichen Eismeer geträumt hatte, habe ich allerdings nie gekauft. Im Grunde hatte ich den Plan bereits fallen lassen, als wir in den milden Passatwinden segelten. Und doch haben die *Pamir* und die Fahrt um Kap Horn mein Leben in vielerlei Hinsicht verändert.

An jenem Tag in Falmouth, als ich von Bord der *Pamir* gegangen war, marschierte ich zum Bahnhof und kaufte einen Fahrschein für den Abendzug nach London, dann ging ich auf einen kühlen Cidre in den nächstgelegenen Pub. Als ich still da saß und versuchte, mir auf die Erfahrungen der letzten Monate einen Reim zu machen, als ich traurig war, der *Pamir* den Rücken zu kehren, und zugleich voller Vorfreude auf die Rückkehr in die USA, sprang auf einmal die Tür auf, und Hotcha King und sechs oder sieben Kameraden von der *Pamir* stürmten wie ein Wirbelwind herein und rissen mich aus meinen Gedanken. Zahlreiche Cidre später hatten sie mich überredet, mir als Erinnerung an meine Tage auf der *Pamir* das Schiff auf den Oberarm tätowieren zu lassen. Das war meine Bedingung gewesen, denn auf gar keinen Fall wollte ich eine Tätowierung auf der Brust wie die Rogerson-Zwillinge.

Glücklicherweise war der Tätowierladen am Sonntag geschlossen, also blieben wir im Pub und kippten noch ein paar Cidre. Das Schiff hatte die Order bekommen, nach Penarth in Wales weiterzufahren, um dort die Ladung zu löschen. Als meine Abreise näher rückte, nahmen Hotcha und ein paar andere meinen Seesack und trugen ihn zum Bahnhof, während ich im Pub zurückblieb. Auf der Suche nach dem besten Abteil für mich – oder vielmehr der besten Reisebegleitung – durchkämmten sie den gesamten Zug. Kurz darauf waren sie zurück im Pub.

«Wir haben dir die kesseste Biene von ganz Falmouth ausgesucht», berichtete Hotcha.

Als sie ihren Kameraden standesgemäß versorgt wussten – randvoll mit Cidre, die Taschen voller Geld, untätowiert, aber immerhin mit einer gut aussehenden Frau im Abteil –, sagte das Ad-hoc-Abschiedskomitee mir am Bahnhof Lebewohl.

Die «Biene» und ich – eine freundliche, attraktive junge Lehrerin, kürzlich geschieden – kamen uns in dem dunkler werdenden Abteil langsam näher, bis auf halber Strecke nach London eine Familie auf dem Rückweg aus dem Urlaub am Meer unsere traute Zweisamkeit störte und der Zugführer auf einmal das Licht anmachte. In London trennten sich unsere Wege, nicht zuletzt weil mich in jenem Moment mehr noch als nach weiblicher Gesellschaft nach einem tiefen, weichen, bequemen Bett verlangte und der Freiheit, darin mehrere Tage am Stück zu schlafen. Mit meinen Geldbündeln – die enorm an Wert verlieren würden, wenn ich sie in Dollar eintauschte, um sie zu Hause auszugeben – mietete ich mir eine Suite im Claridge's.

Die nächsten Tage verbrachte ich mit Schlafen, Essen, Trinken und wieder Schlafen, unterbrochen nur von wenigen Erkundungstouren in die Stadt, um Bücher zu kaufen und mein Geld so sinnvoll wie möglich anzulegen. Außerdem benachrichtigte ich meine Eltern per Telegramm, dass ich wohlauf und auf dem Weg nach Hause sei. Ich kaufte ein Flugticket von London nach New York mit einem Stratocruiser der Northwest Airline – dem zu jener Zeit modernsten Passagierflugzeug, einer großen Maschine mit vier Propellern, die den Passagieren den Luxus einer Bar auf einer zweiten Etage bot.

Kurz nach dem Start saß ich in einem dick gepolsterten Sessel in der Bar, nippte an einem Drink und blickte auf den Nordatlantik hinunter. Aus dieser Höhe sah die enorme Dünung aus wie winzige blaue Rippeln mit weißer Krone. Ich wusste, wie brutal diese Dünung sein konnte. In jenem Moment, im Stratocruiser einige tausend Meter über dem Atlantik, fühlte ich mich plötzlich vollkommen fehl am Platze. Nur wenige Tage zuvor war ich durch das Meer da unter mir gefahren, hatte mich über die Rahen eines Großseglers gebeugt, der genauso gut im letzten Jahrhundert hätte fahren können oder im vorletzten oder davor.

Doch schon bald lag die Fahrt auf der *Pamir* weit hinter mir. Ich hatte es eilig, den Rest meines Lebens zu beginnen. Bis zum Beginn des Herbstsemesters in Dartmouth verbrachte ich zwei Monate in Wisconsin und arbeitete in der Süßwarenfabrik meines Vaters, um mir ein wenig Geld dazuzuverdienen. Eine Zeit lang sonnte ich mich im warmen Schein der familiären Anerkennung, und das, obwohl mein Vater einen formellen Brief an den Dekan in Dartmouth hatte schreiben müssen, um ihn von der irrigen Meinung abzubringen, ich hätte einfach eine «Reise in den sonnigen Süden» unternommen, wie mein persönlicher Freund in

Zürich, Dr. Mueller, dem Dekan mein plötzliches Ausscheiden aus dem Stipendiatenprogramm anscheinend begründet hatte. Erst danach war dieser bereit, mich wieder auf dem College aufzunehmen. Mein Vater nahm mich mit zum wöchentlichen Frühschoppen mit seinen Kumpeln und saß stolz dabei, als ich meine Geschichte erzählte, und mein Großvater, der ebenfalls stolz auf mich war, lud mich in sein großes Haus am Lake Drive ein, um mich über die *Pamir* auszufragen.

Meine Reiseberichte wurden im *Milwaukee Journal* veröffentlicht – was ein gut Teil dazu beitrug, mein Image von dem eines Studienabbrechers in das eines heldenhaften Abenteurers zu verwandeln, zumindest bildete ich mir das ein. Ich genoss die öffentliche Aufmerksamkeit, aber zugleich hatte ich mit den Nachwirkungen der Reise zu kämpfen. Als meine Mutter mich einmal aus irgendwelchen Gründen mitten in der Nacht weckte, war ich kurz davor, ihr einen Kinnhaken zu verpassen, weil ich vergessen hatte, wo ich war. Einmal ging ich mitten im Zentrum von Milwaukee über die Straße, als ein Verkehrspolizist drei Mal pfiff, was sich ganz genauso anhörte wie die drei Pfiffe zur Alle-Mann-Wache bei Sturm, und mir brach der kalte Schweiß aus, und die Spucke blieb mir im Halse stecken vor Angst.

Mit der Zeit verschwanden diese Nachwirkungen. Im Winter 1950 ging ich zurück nach Dartmouth. Ein Jahr später hatte ich mein Studium mit Hauptfach Geschichte beendet. Zwei Tage nach meinem Abschluss arbeitete ich schon wieder in der Süßwarenfabrik meines Vaters, kochte Karamell und fuhr ab und an über Land, um mit unseren Großhändlern zu verhandeln. Ich brauchte die Arbeit, und ich brauchte das Geld: Ich wollte mich niederlassen und eine Familie gründen.

Kurz vor meinem Abschluss in Dartmouth hatte ich ein Mädchen aus Milwaukee kennen gelernt, sie war achtzehn Jahre alt, und ihr Name war Judith Zentner. Sie studierte am Smith College nicht weit von Dartmouth. Wenige Monate später waren wir fest zusammen, und im August 1951 heirateten wir. Aus den Baumstämmen einer alten Siedlerhütte bauten wir in Wisconsin nicht unweit des Pine Lake ein Haus. In den nächsten fünf Jahren bekamen wir vier Kinder, zwei Mädchen und zwei Jungen.

Ich habe das Leben auf See nie sonderlich vermisst – im Grunde habe ich kaum daran gedacht, ich hatte immer so viel anderes um die Ohren. Im Laufe der Jahre beförderte mein Vater mich zuerst in den Verkauf, dann zum Vizedirektor und schließlich zum Direktor unserer kleinen Süßwarenfabrik. Statt ans Meer, das über tausend Kilometer weit weg ist, nahmen Judy und ich unsere Kinder mit zum Pine Lake, an dessen Ufern meine Eltern inzwischen lebten. Meine Abenteuerlust wurde in regelmäßigen Abständen befriedigt, wenn ich mit Judy – die genau wie ich das Reisen liebt – in den Tiroler Alpen Ski fuhr, mit dem Fahrrad durch den Westen Irlands tourte oder mit dem Kanu die Donau hinunterpaddelte. Auf einem Segelboot Urlaub zu machen hatte für mich keinen Reiz. Am Anfang erschien es mir nach den extremen Erfahrungen auf der *Pamir* schlichtweg zu langweilig. Und als ich älter wurde, fand ich es nur noch beengend und unbequem. Ich hatte meine Zeit im überfüllten, nasskalten Logis eines Segelschiffs hinter mir. Ich musste das nicht wiederholen.

Kurz und gut, als ich an jenem Tag in Falmouth von Bord der *Pamir* ging, wurde ich zur Landratte. Und weder die *Pamir* noch ein anderer lasttragender Windjammer würde je wieder um Kap Horn fahren. Sie war das letzte in einer langen und stolzen Reihe von Tausenden von Schiffen in über drei Jahrhunderten, die jene trügerischen Wasser mit einer Handelsfracht unter Segel durchquerten. Die letzte Fahrt der *Pamir* um Kap Horn markierte für viele Menschen das Ende des großen Zeitalters der Segelschiffe.

Im Jahr 1957, acht Jahre nachdem ich von Bord gegangen war, tauchte die *Pamir* plötzlich wieder in den Nachrichten auf – aus tragischem Anlass. Kurz nach ihrer letzten Frachtfahrt um Kap Horn 1949, auf der ich als Leichtmatrose gefahren war, hatte Edgar Erikson die *Pamir* an einen Abwracker verkauft. Während sein Vater Gustaf, der 1947 verstorben war, bis zum Schluss an die Segelschifffahrt geglaubt hatte, wollte Edgar die Reederei Erikson auf moderne Motorschiffe umstellen. Er glaubte weder die *Pamir* noch die *Passat* profitbringend im Frachtverkehr einsetzen zu können, was teilweise auf moderne Seemannsgesetze zurückzuführen war. Die Seefahrergewerkschaften, oder vielmehr bestimmte Regierungen, ließen Schiffe nicht länger mit dem traditionellen Zwei-Wachen-System fahren, sondern forderten ein Drei-Wachen-System wie auf modernen Motorschiffen. Damit hätte die *Pamir* plötzlich eine viel größere Besatzung benötigt, was eine enorme Kostensteigerung bedeutet hätte.

Ein belgischer Abwracker zahlte im März 1951 für die *Pamir* und die *Passat* zusammen 40 000 Pfund. Die *Pamir* war bereits zum Abwracken nach Belgien geschleppt worden, da kaufte ein deutscher Reeder, dessen Kapitän 1929 selbst auf der *Pamir* gefahren war, die beiden Schiffe auf, um sie als frachtfahrende Schulschiffe einzusetzen. Die deutsche Öffentlichkeit begrüßte diese Entscheidung mit Euphorie. Offiziere der deutschen Handelsmarine wurden traditionell auf Segelschiffen ausgebildet, und die beiden Windjammer waren für diesen Zweck bestens geeignet. Zusätzlich konnten sie eine gewisse Menge Fracht führen, um so für einen Teil der Kosten aufzukommen, was bereits seit Anfang des 20. Jahrhunderts von vielen Schulschiffen praktiziert wurde.

Die Quartiere wurden aufpoliert, eine moderne Funkanlage und Wasserballasttanks installiert. Die nächsten sechs Jahre verkehrten die *Pamir* und die *Passat* mit Koks, Zement und Getreide und mit einer Besatzung von 80 Mann einschließlich 50 Kadetten in der Ausbildung zwischen Europa und der Ostküste Südamerikas – jedoch nicht um Kap Horn, da die Eigner keine Erlaubnis gaben, den Atlantik zu verlassen. Nach Jahren mussten die Rahsegler zwangsversteigert werden, wurden aber später von einem Konsortium deutscher Reeder aufgekauft, um weiter als Schulschiffe zu dienen – und als Quell nationalen Stolzes.

Mitte August 1957, wie Jack Churchouse in seinem Buch *The Pamir Under The New Zealand Ensign* erzählt, war die *Pamir* unterwegs von Buenos Aires nach Hamburg. Sie hatte 3780 Tonnen Gerste geladen – größtenteils lose im Laderaum und nicht in Säcken – und außer dem Kapitän und der Mannschaft eine Reihe von Kadetten an Bord. Ihr eigentlicher Kapitän Hermann Eggers wurde wegen Krankheit von Kapitän Johannes Diebitsch vertreten, der einige Erfahrung als Kapitän auf Segelschiffen hatte, jedoch nicht auf frachttragenden Segelschiffen. Der Erste Steuermann war vor dem Auslaufen der *Pamir* nach Südamerika noch nie auf einem Segelschiff gefahren.

Am 21. September um 14:00 Uhr westeuropäischer Zeit fingen Schiffe in der Nähe der Azoren die ersten SOS-Signale der *Pamir* auf. Das erste nannte ihre Position und erklärte, sie habe bei schwerer See eine Schlagseite von 35 Grad, und bat alle Schiffe in der Nähe um Antwort. Beim zweiten Notruf kurze Zeit später hieß es, sie sei in einem schweren Hurrikan in Seenot geraten, habe sämtliche Segel verloren und eine Schlagseite von mittlerweile 45 Grad, sie sei kurz davor zu sinken. Mehrere Schiffe waren bereits zu ihrer Rettung unterwegs. Das dritte und letzte SOS-Signal, mit ähnlichem Inhalt wie die ersten beiden, wurde um 15:01 westeuropäischer Zeit erfasst – etwas über eine Stunde nach dem ersten. Danach nur noch Stille von der *Pamir*.

Als die anderen Schiffe die angegebene Position der *Pamir* erreichten, war der Hurrikan weitergezogen. Von der *Pamir* und den 86 Mann an Bord konnten nur sechs aus zertrümmerten Rettungsbooten geborgen werden.

«Es war schrecklich», erzählte einer der Überlebenden später. «Als die Boote weggefiert wurden, wurden sie von den turmhohen Seen erfasst und mehrere hundert Meter vom Schiff weggeschleudert. Der Ansturm der See ... legte das Schiff mehr und mehr auf die Seite. Es war unmöglich, die *Pamir* mit dem Bug voran in die riesigen Wellen zu halten. Sie lag quer zum Wind. Wir hatten nicht mehr die Zeit, noch ein SOS zu funken. Es war zu spät. Es dauerte nur dreißig Sekunden. Im Tal einer gigantischen Welle rollte sie einfach über, und das Letzte, was wir von ihr sahen, war der Kiel oben, der mit dem Bug voran langsam unterging wie ein abtauchendes U-Boot. Die wenigen Männer, die noch an Bord gewesen waren, kämpften hilflos im Wasser. Ich weiß nicht, wie wir davongekommen sind, aber ich glaube, unser Rettungsboot war das einzige, das heil zu Wasser kam.»

Als ich die Nachricht las, die auf der ganzen Welt Schlagzeilen machte und in Deutschland als Tragödie von nationalem Ausmaß empfunden wurde, war ich schockiert. Der Hurrikan hatte bemerkenswerte Ähnlichkeit mit dem, den wir bei der letzten Reise der *Pamir* um Kap Horn überstanden hatten. Er war in der gleichen Jahreszeit aufgetreten – Spätsommer, früher Herbst – und im gleichen Gebiet des Nordatlantiks, das als Bahn und Entstehungsort von Hurrikans berüchtigt war. Ich hatte unseren Hurrikan zu jener Zeit nicht besonders ernst genommen (obwohl Kapitän Björkfelt mit dem Gedanken gespielt hatte, die Spannschrauben zu zerschlagen), doch jetzt hatte ein ganz ähnlicher Hurrikan die *Pamir* zum Kentern gebracht und fast ihre gesamte Mannschaft in den Tod gerissen.

Bei der folgenden Untersuchung wurden als Ursache die unzureichende Flutung der Ballasttanks und der Ladungsübergang der losen Gerste ausgemacht, der das Überholen des Schiffes nach Backbord noch verstärkt hatte, und, möglicherweise, die mangelnde Erfahrung von Kapitän und Erstem Steuermann mit Schiffen wie der *Pamir*. Vielleicht war genau das der Knackpunkt, warum wir davongekommen waren, während die letzte Mannschaft der *Pamir* auf so tragische Weise ums Leben kam: das enorme Wissen der Reederei Erikson, von Kapitän Björkfelt und dem Ersten Steuermann Liewendahl über das sachgerechte Beladen eines großen Rahseglers und ihre Ruhe und Erfahrung beim Führen der *Pamir* unter schwierigsten Bedingungen.

Infolge des Verlusts der *Pamir* wurde die *Passat* dauerhaft in Travemünde aufgelegt und in eine Jugendherberge umgewandelt.

Seitdem sind inzwischen mehr als vierzig Jahre vergangen. Meine Fahrt auf der *Pamir* liegt über ein halbes Jahrhundert zurück. Mit der See verbindet mich nicht viel mehr als eine alte Seekiste auf dem Dachboden unseres Hauses am Pine Lake. Ich hatte sie fast vergessen, bis ich vor einigen Jahren ein paar alte Briefe suchte. Dabei stieß ich zufällig auf die hölzerne Seekiste, öffnete sie und nahm ihren Inhalt in Augenschein. Stundenlang saß ich da, versunken in meine Erinnerungen an die *Pamir*. Mein Freischein, gezeichnet von Kapitän Björkfelt, mit dem V.G. neben meinem Namen. Vergilbte Zeitungsausschnitte über die Ankunft der *Pamir* in Falmouth. Ein Brief von Kapitän Björkfelt, in dem er sich für das gerahmte Foto bedankt, das ich auf dem Deck der *Pamir*, im Hintergrund ein Regenbogen, von ihm geschossen und ihm zwei oder drei Jahre nach der Fahrt geschickt hatte. Der Brief beginnt mit den Worten: «An meinen amerikanischen Freund Bill, den letzten Mann um Kap Horn».

Und dann der Brief von Yvette, den ich in Port Victoria erhalten hatte. Fünfzig Jahre lang hatte er in dieser Kiste gelegen, noch immer nicht aus dem Französischen übersetzt, noch immer ungelesen von mir oder irgendjemand anderem. Der Anblick des Umschlags und ihrer Handschrift brachte eine Flut von alten Erinnerungen zurück. Ich bat einen Freund, der des Französischen mächtig war, den Brief für mich zu übersetzen. Und das sind Yvettes Worte:

Mein liebster Bill, 11. April 1949

ich habe mich sehr gefreut, von dir zu hören ... Endlich weiß ich, wie deine Reise ausgegangen ist. Ich bin gut angekommen mit der KLM – ein himmelweiter Unterschied zu unserem Flugzeug! ...
Aber es war eine traurige Ankunft, denn du warst nicht an meiner Seite.
Diese wunderbaren zehn Tage werde ich – bei allen Unannehmlichkeiten, die wir hatten – immer in süßester Erinnerung bewahren.
Ja, mein lieber Bill, ich vermisse dich sehr, und meine Gedanken wandern immer wieder übers Meer nach Australien zu einem jungen Mann, der das Abenteuer liebt und der sehr genau weiß, was er will und wie er es bekommt.
Ach, nur zu gern würde ich diese Reise mit dir machen.
Doch so vieles steht zwischen uns!
Bitte schreib mir von Zeit zu Zeit eine Postkarte und lass mich wissen, wie es dir ergeht.
Lebe wohl, mein lieber Bill, viel Glück. Gott schütze dich.

In Liebe,
Yvette

Das war das Letzte, was ich je von Yvette hörte.

All dies ist vor langer Zeit geschehen, aber manche Erinnerungen – wie die an Yvette oder die Stürme – sind noch immer so glasklar, als sei es erst gestern gewesen. Wenn ich meine Seekiste durchforste, frage ich mich manchmal, wie mein Leben verlaufen wäre, wenn sich irgendetwas zufällig anders gefügt hätte und ich nicht auf der *Pamir* gelandet wäre. Wenn es zum Beispiel an jenem Samstagnachmittag in Port Vic nicht diese Kneipenschlägerei gegeben hätte, aufgrund deren auf der *Pamir* auf einmal drei Plätze frei waren, von denen ich einen bekam. Wenn ich Kapitän eines kleinen Perlenbootes auf den Thursday Islands geworden wäre, statt auf der *Pamir* zu segeln. Oder wenn ich Yvette nach Batavia gefolgt wäre, statt ihr in jener Nacht auf Borneo Lebewohl zu sagen, oder wenn Frank Hotchkiss und ich in jener letzten Nacht in Kitzbühel in eine andere Kneipe gegangen wären und die britischen Marineoffiziere in der Stube des Tennerhofes nie getroffen hätten. Ich werde niemals erfahren, was geschehen wäre, ich weiß nur, dass mein Leben völlig anders verlaufen wäre. Ohne die Zeit auf der *Pamir* würde ich vielleicht noch immer durch die Welt ziehen und ein unstetes Leben führen, immer auf der Suche nach dem großen Abenteuer. Doch stattdessen lebe ich mit Judy in einem großen Haus am Pine Lake, die Süßwarenfabrik ist längst verkauft, ich bin im Ruhestand, die Kinder sind seit langem aus dem Haus, und unsere neun Enkelkinder wachsen viel zu schnell.

Wenn ich zurückblicke, inwiefern die Erfahrungen auf der *Pamir* mich verändert oder was sie mich gelehrt haben, dann kommt mir nicht als Erstes in den Sinn, dass ich Entbehrungen und Härten kennen gelernt oder mich «bewiesen» hätte. Nein, zuerst denke ich an die enge Kameradschaft der Mannschaft. Auf der Fahrt auf einem Kap-Horn-Segler war man für die Dauer eines halben Jahres, die Zeit im Hafen mitgerechnet, mit den Kameraden auf einem Schiff von der Länge eines Footballfeldes zusammengepfercht. Wir standen uns sehr nahe. Wir lernten einander sehr gut kennen. Auch heute noch, ein halbes Jahrhundert später, habe ich alle Namen im Kopf, ich weiß, wie wer aussah und wer welche Eigenheiten hatte. Ich hatte großes Glück, dass die *Pamir* ein «glückliches» Schiff war; alle Eigenheiten, die guten wie die schlechten, wurden von den anderen toleriert. Auf der *Pamir* gab es keine Beleidigungen und keine Schlägereien. Es herrschte ein starkes Gefühl der Kameradschaft, fast von Anfang an.

Ich weiß noch, wie der riesige Bootsmann Gerry Rowe mir einmal zu Beginn der Reise einen Befehl gab und ich mir einen neunmalklugen Spruch erlaubte.

«Spar dir deinen Spott, Stark», sagte er.

Und ich gehorchte seinem Rat. Ich sparte mir meinen Spott. Und das taten wir alle. Stattdessen arbeiteten wir Hand in Hand, bei guten Winden und bei Sturm, in glühender Hitze und eisiger Kälte, im Rigg und auf Deck, wir zogen alle an einem Strang, und keiner ließ den anderen im Stich. Ich lernte, welch eine tiefe Befriedigung damit einhergeht. Und dafür bin ich der *Pamir* dankbar.

Anhang I

Die Besatzung

Mit vielen meiner Schiffskameraden habe ich über die Jahre Kontakt gehalten, vor allem mit Murray Henderson. 1976 kamen wir bei einem Treffen der Cap Horniers in Port Victoria zusammen, um den Hafengeburtstag zu feiern. Ich freute mich, nicht nur Murray zu treffen, der heute in Neuseeland als Hafenmeister arbeitet, sondern auch Ross Osmond, heutzutage Rechtsanwalt in Adelaide mit Spezialgebiet Seerecht, und Keith McCoy, der Pilot geworden ist. Murray hat den Werdegang der übrigen Besatzungsmitglieder verfolgt, von denen viele mittlerweile verstorben sind.

Besatzung der *Pamir* auf der Ausreise 1949 und Dienstgrade
am 10. Februar 2002

Vierzehn Besatzungsmitglieder am Leben, zwanzig verstorben.

Name   LAND   *Position*

Verner Björkfelt   FINNLAND (ÅLAND)   *Kapitän*
Blieb der Seefahrt als Kapitän von Motorschiffen der Reederei
Erikson treu. Ruhestand auf der Insel Brandö (Åland).
1985 verstorben.

Ake Liewendahl   FINNLAND (ÅLAND)   *Erster Steuermann*
Fuhr weiter zur See, Kapitän bei der *Manners Navigation Co.*,
Singapur. Scheidung von Molly und erneute Heirat in
Melbourne, Australien. Gestorben in den siebziger Jahren.

David Smyth   EHEMALS BRITE   *Zweiter Steuermann*
Fuhr weiter zur See. «Aus den Augen verloren» – lebte zuletzt
in Tasmanien. Möglicherweise noch am Leben.

Oswald «Ossie» Ayling
AUSTRALIEN   *Dritter Steuermann ohne Patent*
Fuhr sein ganzes Leben lang zur See. Ruhestand in Umina,
New South Wales, Australien. 1998 verstorben.

Gerry Rowe   GROSSBRITANNIEN   *Bootsmann*
Fuhr noch einige Zeit zur See, arbeitete dann an Land als
Tallymann bei der *Union SS Co.*, Neuseeland. 1996 verstorben.

Nick Belloff KANADA *Vollmatrose*
Ging kurz nach der *Pamir* an Land, ließ sich in Australien nieder.
Wurde ein sehr guter Helikopterpilot und Fluglehrer.
Lebt heute im Ruhestand in Gold Coast, Queensland.

David Davey AUSTRALIEN *Vollmatrose*
Ging an Land und wurde Farmer in Queensland, Australien.
Seit längerer Zeit kein Kontakt, vielleicht ist er noch am Leben.

Frank Gardiner NEUSEELAND *Vollmatrose*
Fuhr noch einige Jahre zur See, bevor er an Land ging.
Arbeitete für die Hafenbehörde in Wellington als Decks-
matrose auf Lotsenschiffen. Lebt heute im Ruhestand in
Upper Hut in der Nähe von Wellington.

Jimmy Inglis AUSTRALIEN *Vollmatrose*
Fuhr noch viele Jahre auf australischen Schiffen zur See.
Vor einigen Jahren verstorben.

Royden «Taffy» Jenkins
GROSSBRITANNIEN (WALES) *Vollmatrose*
Fuhr noch kurze Zeit zur See, ging dann an Land und lebte
in Christchurch, Neuseeland. 1998 verstorben.

George «Hotcha» King NEUSEELAND *Vollmatrose*
Verbrachte sein ganzes Arbeitsleben auf Schiffen.
Ruhestand in Auckland, Neuseeland. 1982 verstorben.

Wally King GROSSBRITANNIEN *Vollmatrose*
Fuhr noch viele Jahre zur See. Ruhestand in Cheshire, England.
1997 verstorben.

George Lee AUSTRALIEN *Vollmatrose*
Fuhr weiter auf australischen Schiffen zur See.
Vor einigen Jahren gestorben.

Ross Osmond AUSTRALIEN *Vollmatrose*
Fuhr noch einige Jahre lang zur See. Ging an Land und
wurde Rechtsanwalt, außerdem Winzer in Südaustralien.
Lebt heute im Ruhestand in Adelaide, Südaustralien.

Frank Patterson SCHOTTLAND *Vollmatrose*
Fuhr weiter auf britischen Schiffen zur See. 1981 verstorben.

Roy Pilling GROSSBRITANNIEN *Vollmatrose*
Fuhr noch kurze Zeit zur See, ging dann an Land und arbeitete
bei der Neuseeländischen Zollbehörde, Wellington.
Lebt heute im Ruhestand in Foxton, sechzig Meilen nördlich
von Wellington.

Bill Sprague NEUSEELAND *Vollmatrose*
Fuhr noch viele Jahre zur See, ging dann an Land und trat
wegen Krankheit bald in den Ruhestand. 1979 verstorben.

Harry Suters AUSTRALIEN *Vollmatrose*
Fuhr noch einige Jahre zur See, ging an Land und arbeitete auf
Schleppern in Geelong, Victoria, Australien. Lebt im Ruhestand
in Geelong.

Maurice Pearson NEUSEELAND *Leichtmatrose*
Fuhr noch einige Jahre zur See, ging an Land und arbeitete
für die *Shaw Saville Shipping Co.*, Lyttelton, Neuseeland.
Lebt heute im Ruhestand in Christchurch, Neuseeland.

Denis «Snowy» Priest   NEUSEELAND   *Leichtmatrose*
Ging an Land und wurde Farmer. Anfang der siebziger Jahre
Rückkehr zur See. Gestorben Ende der siebziger Jahre.

Allan Rogerson   NEUSEELAND   *Leichtmatrose*
Verbrachte sein ganzes Arbeitsleben auf australischen Schiffen.
Hat sich in Australien niedergelassen. 1989 verstorben.

Ron Rogerson   NEUSEELAND   *Leichtmatrose*
Verbrachte sein ganzes Arbeitsleben auf See auf neuseeländischen Schiffen. Heiratete seine «Liebste», Elsie, erst spät
in Penarth, South Wales. Lebte viele Jahre in Wales.

Bill Stark   USA   *Leichtmatrose*
Lebt im Ruhestand in Wisconsin, USA.

Stan Davey   AUSTRALIEN   *Decksjunge*
Fuhr noch einige Jahre auf australischen und neuseeländischen
Schiffen zur See. Vermutlich vor vielen Jahren gestorben.

Murray Henderson   NEUSEELAND   *Decksjunge*
Wurde Hafenmeister in Neuseeland. Lebt im Ruhestand in
Wellington, Neuseeland.

Keith McCoy   AUSTRALIEN   *Decksjunge*
Ging nach der *Pamir* an Land. Wurde Pilot und arbeitete
bis zum Ruhestand bei den *Ansett Airways*, Südaustralien.
Lebt im Ruhestand in Adelaide, Südaustralien.

Bill McMeikan NEUSEELAND *Decksjunge*
Fuhr noch ein paar Jahre zur See. Erkrankte an Tuberkulose
und ging an Land. Arbeitete für das Neuseeländische Landwirt-
schaftsministerium und lebt heute im Ruhestand in Whangarei,
Neuseeland.

Rob Mowat NEUSEELAND *Decksjunge*
Fuhr noch einige Zeit zur See. Hafenarbeiter in Auckland,
Neuseeland. Ruhestand, 1998 verstorben.

Andy Rae SCHOTTLAND *Smutje*
Ging kurz nach der *Pamir* an Land. Hotelier in Far North,
Neuseeland. Ging in den Ruhestand, kleine Ausflüge in die
Politik, 1998 verstorben.

Frank Crofskey NEUSEELAND *Hilfskoch*
Fuhr noch kurze Zeit zur See. Ging an Land und wurde Maurer.
1993 verstorben.

Arthur Ebbet NEUSEELAND *Chefsteward*
Fuhr noch einige Zeit zur See. Ging an Land und starb in den
sechziger Jahren.

Des Fisher NEUSEELAND *Stewardsmaat*
Fuhr noch einige Zeit zur See. Ging an Land, lebt heute
im Ruhestand in Canterbury, Neuseeland.

Fred Gunnar AUSTRALIEN *Schiffsmechaniker*
Seit der *Pamir* aus den Augen verloren.

Molly Liewendahl

NEUSEELAND   *Frau des Ersten Steuermanns*

Nach der Scheidung von Ake erneute Heirat. Vermutlich vor einigen Jahren verstorben.

May Smyth   NEUSEELAND   *Frau des Zweiten Steuermanns*

Siehe unter ihrem Ehemann Smyth. Vielleicht noch am Leben.

Anhang II

Die Gesellschaft der Cap Horniers

AICH, Saint-Malo

Schon im Jahr 1936 war für viele Männer, die die alten Kap-Horn-Segler kannten, klar ersichtlich, dass die majestätischen Großsegler bald von den Weltmeeren verschwinden würden. In jenem Jahr kamen ein halbes Dutzend Männer, allesamt ehemalige oder noch aktive Kapitäne von Kap-Horn-Seglern, in einer Taverne im französischen Saint-Malo zusammen, einer Hafenstadt an der Kanalküste.

Um diese Treffen von nun an regelmäßig in einem geordneten Rahmen abzuhalten, gründeten sie eine Gesellschaft, die als *Amicale Internationale des Capitaines au Long-Cours, Cap Horniers* eingetragen wurde – kurz AICH.

Anfänglich konnte nur derjenige Mitglied werden, der als Kapitän eines Handelsseglers Kap Horn gerundet hatte. 1961 wurde die Mitgliedschaft auf alle Seeleute unabhängig vom Dienstgrad ausgedehnt, die auf einem Handelssegler um Kap Horn gefahren waren.

In vielen Ländern wurden mit großem Enthusiasmus so genannte Sektionen der Cap Horniers gegründet, unter anderen in Finnland, Norwegen, Dänemark, Schweden, Deutschland, Spanien, Chile, Australien, Neuseeland. In den 1970er Jahren gehörten der Gesellschaft mehr als 5000 Cap Horniers an.

Im Jahr 1994 bin ich in die Sektion Nordamerika (USA und Kanada) eingetreten. In jenem Jahr hatte diese insgesamt 29 Mitglieder, von denen einige bereits 1930 um Kap Horn gefahren waren. In den acht Jahren seit meinem Eintritt haben sich die Reihen der Cap Horniers auf der ganzen Welt dramatisch gelichtet, denn die damals jungen Seeleute, Steuermänner und Kapitäne der großen Frachtsegler haben mittlerweile ein hohes Alter erreicht.

Die Gesellschaft kommt jährlich in verschiedenen Hafenstädten der Welt zu so genannten Kongressen zusammen. Ich selbst habe nie an einem solchen Kongress teilgenommen, aber ich weiß, dass sie mit großem Ernst begangen und von Cap Horniers aus vielen Ländern besucht werden.

Das letzte Treffen der Internationalen Gesellschaft der Cap Horniers wird im Sommer 2003 im französischen Saint-Malo stattfinden, wo die Gesellschaft siebenundsechzig Jahre zuvor gegründet wurde. Vermutlich werden nur noch wenige Dutzend Cap Horniers an dem Treffen teilnehmen. So Gott will und ein günstiger Wind weht, werde ich dabei sein.

Ende der achtziger und Anfang der neunziger Jahre hat die chilenische Abteilung der AICH mit großem logistischen und finanziellen Aufwand mehrere Denkmäler und Navigationshilfen an der Spitze der *Isla de Hornos* aufstellen lassen – dem noch immer rauen und menschenleeren Kap Horn. Dazu gehören der Leuchtturm von Kap Horn und eine sechs Meter hohe Stele aus Stahl mit einer großen Marmorplatte, auf der eine Tafel angebracht ist. Darauf stehen die Worte:

«A los que lo cruzaron y a los que perdieron la vida en su demanda.»

Übersetzt bedeutet das: «Denen, die es rundeten, und denen, die ihr Leben dabei verloren haben.»

Auf der Stele steht in spanischer Sprache ein Gedicht der chilenischen Lyrikerin Sara Vial:

Ich bin der Albatros, der auf dich wartet
am Ende der Welt.
Ich bin die vergessene Seele der toten Seeleute,
die von allen Meeren kamen
und vor Kap Horn blieben.
Doch starben sie nicht
im Toben der Wellen.
Sie reisen auf meinen Schwingen
mit den antarktischen Winden
in die Ewigkeit.

Danksagung

Am meisten Dank schulde ich Murray Henderson aus
Wellington, Neuseeland, der über ein halbes Jahr lang mein
Schiffskamerad auf der *Pamir* war. Murray hat 1949 auf
unserer Fahrt um Kap Horn seinen 21. Geburtstag gefeiert
und seither sein ganzes Leben mit Schiffen und dem geliebten Meer verbracht. Er war Hafenmeister in Neuseeland und ist erst kürzlich in den Ruhestand getreten. Seine
detaillierten Aufzeichnungen über unsere Reise haben
viel zu diesem Buch beigetragen.

Im April dieses Jahres habe ich drei wolkenlose Tage
unter der Führung von Kapitän Henrik Karlsson verbracht,
der in Mariehamn geboren ist, der malerischen Hauptstadt
der finnischen Ålandinseln mit 10 000 Einwohnern. Die
Inselgruppe ist die ursprüngliche Heimat der Reederei
Erikson und der letzten Flotte der Kap-Horn-Segler. Der
zweiundvierzigjährige Henrik ist Leiter des renommierten
Maritimen Museums Åland.

Sollte ich noch einmal auf den Gedanken verfallen, ein
Buch zu schreiben, werde ich vermutlich die Kündigung
von Kathleen Wollin, die seit mehr als 23 Jahren meine persönliche Sekretärin ist, auf meinem Schreibtisch vorfinden.
Mit großer Sorgfalt und ohne ein Blatt vor den Mund zu
nehmen, wenn sie ein Problem sah, das einer Lösung bedurf-
te, war sie mir bei der Erstellung des Manuskripts eine große
Hilfe. Neben ihrer eigentlichen Bürotätigkeit hat Kathy
mich bereits bei der Arbeit an sieben anderen Büchern und
zahlreichen Zeitungskolumnen und Magazinartikeln unter-
stützt.

Vor sieben Jahren lernte ich am Flughafen Innsbruck in Österreich, das außerhalb der USA mit Abstand meine Lieblingsstadt ist, Helmut Kainberger kennen, einen lebenslustigen fünfundfünfzigjährigen Taxifahrer. Seither haben dieser Mann, der findigste Mensch, dem ich je begegnet bin, und ich in Österreich, in Bayern und der Schweiz gemeinsam für verschiedene Storys Recherchen angestellt. Sobald wir die Stadtgrenzen hinter uns lassen, wird das Taxischild vom Mercedes abmontiert. Helmut war mir auch bei den Recherchen für dieses Buch in vielerlei Hinsicht behilflich.

Mein Schwager Norman Paulsen, ehemals Geschäftsführer der führenden Public-Relations-Agentur in Wisconsin und heute im Ruhestand, hat das Manuskript in seinen verschiedenen Stadien gelesen und mir viele nützliche Tipps zum Schreiben gegeben.

Mein Sohn Peter, der von der Schriftstellerei lebt und selbst mehrere Reisebücher verfasst hat, war mir bei den Feinarbeiten am Manuskript eine große Hilfe, ebenso Laura Hohnhold, eine freie Lektorin, die seit langem für *Outside* arbeitet. Auch Peters Frau Amy Ragsdale hat das Manuskript gelesen und mich mit ihren Kommentaren auf den richtigen Weg gebracht. Die Ermutigungen ihres Vaters Wilmot Ragsdale, der genau wie ich Autor und Seemann ist, waren für mich bei der Vollendung dieses Projekts von unschätzbarem Wert.

Fast von dem Tag an, an dem ich von der *Pamir* ging und mein Leben als Landratte antrat, hat Judith Zentner Stark, die seit mittlerweile 51 Jahren meine Frau ist, mich unerschrocken und mit Enthusiasmus auf vielen Reisen begleitet, sowohl daheim in den USA als auch in die fernsten Winkel unseres Globus.

Pine Lake, Oktober 2002